प्रथम विश्व युद्ध

(World War - I)

प्रथम विश्व युद्ध

(World War-I)

मेजर राजपाल सिंह

प्रकाशक

प्रभात प्रकाशन प्रा. लि.

4/19 आसफ अली रोड, नई दिल्ली–110002

फोन : 23289777 • हेल्पलाइन नं. : 7827007777

इ–मेल : prabhatbooks@gmail.com ❖ वेब ठिकाना : www.prabhatbooks.com

संस्करण

2026

पेपरबैक मूल्य

पाँच सौ रुपए

मुद्रक

नरुला प्रिंटर्स, दिल्ली

---★---

PRATHAM VISHWA YUDDHA (World War-I)
by Maj. Rajpal Singh

Published by **PRABHAT PRAKASHAN PVT. LTD.**
4/19 Asaf Ali Road, New Delhi-110002

ISBN 978-93-5186-424-0

₹ 500.00 (PB)

अपनी बात

प्रथम विश्व युद्ध (1914-1919) तथा द्वितीय विश्व युद्ध (1939-1945) ने दुनिया को ऐसी अपूरणीय क्षति दी, जिसकी भरपाई वह आज भी कर रही है। हिरोशिमा-नागासाकी के जख्म आज भी हरे हैं। हिटलर ने यहूदियों को जो घाव दिए, उनसे वे आज भी आतंकित हैं। पर्ल हार्बर का हमला अमरीकियों में आज भी टीस भर देता है।

भारतीय वैदिक साहित्य का अध्ययन करें तो वहाँ हमें दैत्यों और देवों के युद्धों के वर्णन मिलते हैं। दैत्य भी साम्राज्यवादी लालसा में कभी इंद्र के स्वर्गासन पर हमला करते हैं, तो कभी ऋषि-मुनियों का कत्लेआम कर उन्हें अपनी पूजा को बाध्य करते हैं। जैसे यहूदियों का कत्लेआम कर नाजियों को सर्वश्रेष्ठ सिद्ध करने की कुचेष्टा की गई। वैसे दैत्यों ने भी अपना अस्तित्व बचाने के लिए युद्ध किया। लेकिन दैत्यों ने अपने लोगों से कभी युद्ध नहीं किया; जबकि प्रथम और द्वितीय विश्व युद्ध में एक इनसान ने दूसरे के साथ छल, बलात्कार, लूट-खसोट किया, नरसंहार का नंगा नाच किया। इन युद्धों में उन्होंने इनसानियत की सारी हदें तोड़कर राक्षसों को भी शर्मिंदा कर दिया।

आँकड़ों की बात करें तो इन युद्धों में लगभग 10 करोड़ लोग मारे गए और अरबों डॉलर की संपत्ति स्वाहा हो गई। अगर इतना मानव संसाधन और आर्थिक संसाधन हम रचनात्मक कार्यों पर खर्च करते तो चंद्रमा पर एक नई बस्ती बसा सकते थे।

आज अनेक देश युद्ध में लगे हैं। कुछ ने तो युद्ध को अपनी राष्ट्रीय नीति का हिस्सा बना लिया है। पीछे लड़े गए युद्धों पर दृष्टि डालें तो पता चल जाएगा कि वे कितने पानी में हैं। युद्ध हमेशा विनाश का मार्ग प्रशस्त करते हैं। दूसरों का घर जलाने पर उसकी चिनगारी हमारा घर भी जलाएगी। स्मरण रखें—

- आप हिटलर से अधिक ताकतवर नहीं हो सकते, जिसके आह्वान पर लाखों लोग कट मरने को तैयार थे। लेकिन युद्ध की आग ने उसे भी लील लिया। उसे पत्नी सहित आत्महत्या करनी पड़ी।
- इटली के तानाशाह मुसोलिनी ने राज्य-विस्तार की लालसा में हिटलर का साथ दिया और आँख मूँदकर उसकी हाँ-में-हाँ मिलाई। परिणाम, उसे चौराहे पर पागल कुत्ते की तरह गोली मार दी गई।
- सोवियत संघ के तानाशाह स्टालिन ने तो क्रूरता में दानवों को भी पीछे छोड़ दिया था। वह अपनी सेना के योग्य कमांडरों का कत्ल करवा देता था, ताकि कोई उसकी एकच्छत्र सत्ता को चुनौती न दे सके। हजारों लोगों को वह बातों-ही-बातों में कत्ल करवा देता था। अपनी स्वार्थ-पूर्ति के आगे इनसान उसे कीड़े-मकोड़ों से भी बदतर नजर आते थे। उसका कहना था कि एक आदमी की मौत एक त्रासदी है और लाखों की आँकड़ा।
- जापानी तानाशाह हिदेकी तोजो ने विश्व में अपनी श्रेष्ठता सिद्ध करने के लिए युद्ध को हथियार बनाया। पर्ल हार्बर पर हमला कराया। आसपास के मुल्कों पर ताबड़तोड़ हमले किए। शांति-प्रस्तावों को हेकड़ी के साथ ठुकरा दिया। परिणाम हिरोशिमा और नागासाकी पर परमाणु हमले झेलने पड़े। हिरोशिमा में लगभग एक लाख लोग मारे गए और इससे आधे घायल हुए। नागासाकी में 1 लाख से कुछ कम लोग मारे गए और लगभग 50 हजार लोग घायल हुए। बाद में युद्ध-अपराध के लिए इस तानाशाह को फाँसी पर चढ़ा दिया गया। एक आदमी की गलती की सजा इतने आदमी क्यों भुगतें?
- दुनिया में अमन, शांति, विकास और सौहार्द के लिए हिंसक लोगों की नहीं, गांधी जैसे लोगों की जरूरत है। हिंसक लोग इनसानियत को तोड़ते हैं और गांधी जैसे लोग राक्षसों को भी इनसान बना देते हैं। हिंसक लोग मुल्कों के बीच नफरत फैलाते हैं और आपसी संबंधों में दरार डालने का प्रयास करते हैं; वहीं गांधी जैसे लोग मुल्कों के बीच प्रेम बढ़ाने का प्रयास करते हैं और आपसी संबंधों में आई दरार को पाटने का काम करते हैं।

आप सोच सकते हैं, हमें कैसे लोगों की जरूरत है? हम अपने नेतृत्वकर्ताओं पर देश को अमन और शांति के मार्ग पर आगे बढ़ाने के लिए दबाव बना

सकते हैं। लोकतंत्र में यह किया जा सकता है। जनता की आवाज जनार्दन की आवाज होती है। हमें तय करना होगा कि देश और दुनिया में कहीं युद्ध न हों, क्योंकि युद्ध किसी समस्या का हल नहीं है। युद्ध से हमें तात्कालिक लाभ हो सकता है, लेकिन इसके दूरगामी परिणाम पक्ष और विपक्ष दोनों को भुगतने पड़ते हैं। पिछले युद्धों पर दृष्टि डालें तो निष्कर्ष हमें झकझोरकर रख देते हैं।

युद्ध रिक्टर स्केल पर 12 की तीव्रतावाले भूकंप के समान होता है, जो कुछेक सेकंडों में ही किसी देश को भयानक विनाश के तूफान में झोंकता है। वह अपने पीछे त्रासदी, विनाश, सिसकियाँ, तबाही और न जाने क्या कुछ छोड़ जाता है। उससे उबरने में वर्षों लग जाते हैं।

एक कहावत है, 'लबे शीरीं तो मुलक गीरी'। यानी हम मीठी बोली से पूरी दुनिया को वश में कर सकते हैं। आज जब संसार एक 'वैश्विक गाँव' बन गया है, ऐसे में युद्ध की सुदूरस्थ धमक भी घर के आँगन में गूँजती सुनाई देती है। इन परिस्थितियों में हमें युद्ध की बात सोचनी भी नहीं चाहिए, क्योंकि आज दुनिया चाँद पर पहुँच गई है। उसने अंतरिक्ष में प्रयोगशाला स्थापित कर ली है। जासूसी उपग्रहों की पैनी नजरों से लोगों के स्नानगृह भी निरापद नहीं बचे हैं; ऐसे में युद्ध की एक छोटी सी चिनगारी भी ज्वालामुखी का रूप धारण कर सकती है। तीसरा विश्व युद्ध कभी छिड़ा तो वह पृथ्वी से ही नहीं, चाँद से, उपग्रहों से, अंतरिक्ष से और न जाने कहाँ-कहाँ से लड़ा जाएगा। न जाने कौन-कौन से घातक अस्त्र-शस्त्रों का इस्तेमाल होगा।

आइंस्टीन ने कहा है, "मुझे यह नहीं मालूम कि तीसरा विश्व युद्ध कैसे लड़ा जाएगा, लेकिन चौथा विश्व युद्ध अवश्य ही डंडों और पत्थरों से लड़ा जाएगा।" अर्थात् तीसरा विश्व युद्ध हमें पुनः आदिम युग में पहुँचा देगा।

अतः यह प्रयास होना चाहिए कि अब धरती पर कोई युद्ध न हो। इस पुस्तक का उद्देश्य यही है कि विश्व युद्धों की विभीषिका से सीख लेकर हम युद्धों से तौबा कर लें और ऐसी परिस्थितियाँ पैदा न होने दें, जो कड़वाहट को जन्म दें।

इसी आशा और विश्वास के साथ।

विषय-सूची

प्रथम विश्व युद्ध

प्रथम विश्व युद्ध
(1914 - 1918)

प्रथम विश्व युद्ध की चिनगारी

''युद्ध मानव जाति को समाप्त कर दें, उससे पहले मानव जाति को युद्ध समाप्त करने होंगे।''

—जॉन एफ. केनेडी

मानव सभ्यता के विकास के साथ उसकी महत्त्वाकांक्षा बढ़ती गई। इसी ने उसे हिंसक बना दिया। महत्त्वाकांक्षा और वर्चस्व की होड़ में बीसवीं शताब्दी में साम्राज्यवादी देशों के बीच सामंजस्य नहीं हो सका। नतीजतन यूरोपीय देश, जो दुनिया के मानचित्र पर उभरे हुए थे, आपस में लड़ने-झगड़ने लगे। उनके बीच का राजनीतिक माहौल कटु हो गया। 28 जून, 1914 को बालकन राज्य के छोटे से शहर साराजेवो में ऑस्ट्रिया के आर्क ड्यूक फर्डिनेंड और उसकी पत्नी सोफिया चोटेक की हत्या कर दी गई। हमलावर सर्बियाई था, जबकि मरनेवाले ऑस्ट्रो-हंगेरियाई साम्राज्य के हैव्स बुर्क राजवंश के उत्तराधिकारी। इसी हत्या ने विश्व युद्ध को भड़का दिया और इस आग की लपटों में पूरी दुनिया घिर गई।

राजकुमार फर्डिनेंड और उनकी खूबसूरत पत्नी की हत्या सर्बियाई उग्रवादियों ने की थी। जिस व्यक्ति ने भावी सम्राट् की हत्या की वह बोस्निया का युवा सर्ब गेवरीलो प्रिंसिप था। हत्यारे की उम्र महज 19 वर्ष थी। इतनी छोटी उम्र में भावी सम्राट् की हत्या कर देना इसका प्रमाण था कि सर्बियाई लोगों में राजशाही के प्रति कितना आक्रोश था।

सोफिया चोटेक, आर्क ड्यूक फर्डिनेंड और उनका हत्यारा गेवरीलो प्रिंसिप।

गेवरीलो प्रिंसिप बाल्यावस्था में चरवाहे का काम करता था। इसी दौरान उसे पहाड़ी किसानों के साथ समय व्यतीत करने का अवसर मिला, जहाँ उसने उन किसानों से सर्बिया के सुनहरे इतिहास की गाथा सुनी। उन किसानों ने प्रिंसिप को बताया कि एक समय सर्बिया बहुत ही महान् और विशाल देश हुआ करता था और जिसे ऑस्ट्रिया एवं हंगरी ने किस प्रकार गुलामी की जंजीरों में जकड़ लिया। उस जंजीर से सर्बियावासी अब तक आजाद नहीं हो पाए और आज तक ऑस्ट्रो-हंगरी के जुल्मों के साए में जीवन व्यतीत कर रहे हैं।

किशोरावस्था से ही उस युवा सर्बियाई के मन में यह बात घर कर गई कि सर्बिया की गुलामी और पतन का कारण ऑस्ट्रो-हंगेरियन राजवंश है। अपने देश के अपमान व दुर्दशा का बदला लेने और उसे आजाद करने का प्रण सर्बियाई युवा प्रिंसिप ने किशोरावस्था में ही कर लिया था।

गेवरीलो प्रिंसिप (1894-1918) का जन्म 25 जुलाई, 1894 को हुआ था। प्रिंसिप एक पोस्टमास्टर का बेटा था। उसके माँ-बाप (मारीजा और पीटर) के नौ संतानें थीं, जिनमें पाँच बेटे और चार बेटियाँ थीं। उनमें से छह की मृत्यु बाल्यावस्था में ही कमजोर स्वास्थ्य के कारण हो गई। प्रिंसिप का स्वास्थ्य बचपन से बहुत कमजोर था। अंत में उसकी मृत्यु तपेदिक से हुई।

प्रिंसिप का पढ़ाई में मन नहीं लगता था। उसके अंतर्मन में हमेशा देश की आजादी का विचार चलता रहता था। इतनी छोटी आयु में ही देश के प्रति इतना अटूट प्रेम उसके मन में समा चुका था। प्रिंसिप अपने स्कूल की पढ़ाई अधिक दिनों तक नहीं कर पाया। कुछ ही दिनों के पश्चात् वह बोस्निया की राजधानी साराजेवो चला गया; साराजेवो में प्रिंसिप एक उग्रवादी संगठन में शामिल हो

गया, परंतु उनके साथ प्रिंसिप के क्रांतिकारी विचारों के न मिलने की वजह से उग्रवादियों ने प्रिंसिप को वहाँ से भागने पर मजबूर कर दिया। वहाँ से भागकर प्रिंसिप सन् 1912 में सर्बिया की राजधानी बेलग्रेड आ गया। उस शहर में उसे कोई जाननेवाला नहीं था। वहाँ वह बंजारों की तरह अपने दिन काटता फिरता। कई-कई दिनों तक उसे भोजन नसीब नहीं होता। पर इस आजादी के दीवाने का एक ही सपना था कि वह अपने देश को गुलामी की जंजीरों से पूरी तरह आजादी दिलाए। करीब साल भर बाद प्रिंसिप को साराजेवो जाने का अवसर प्राप्त हुआ। सन् 1913 में प्रिंसिप साराजेवो के एक क्रांतिकारी संगठन ब्लैकहैंड संगठन (यंग बोस्निया) का सक्रिय सदस्य बन गया, जो राष्ट्रवादी संघ बोस्निया-हरजेगोविना और सर्बिया का समर्थन करता था।

प्रिंसिप आयु में अन्य सदस्यों से काफी छोटा था परंतु उसका देश के प्रति कुछ भी कर गुजरने का जज्बा काबिले तारीफ था। संगठन से जुड़े उसे एक साल भी नहीं हुआ था और वह दुनिया को एक नए परिदृश्य से परिचित कराने का निश्चय कर चुका था। जब उसे पता चला कि ऑस्ट्रो-हंगेरियाई राजकुमार

आर्क ड्यूक फर्डिनेंड का भरा-पूरा परिवार।

फ्रेंज फर्डिनेंड साराजेवो आने वाला है और संगठन ने उसकी हत्या कर राजशाही साम्राज्य को समाप्त करने की सोची है, तो प्रिंसिप ने इसका जिम्मा अपने ऊपर लिया और इसमें उसे कामयाबी भी मिली।

राजकुमार फर्डिनेंड की हत्या को किस प्रकार अंजाम दिया गया, इसका खुलासा करते हुए उसी क्रांतिकारी संगठन के वरिष्ठ नेता बोरीजोव जैंटिक ने अदालत को बताया,''बेलग्रेड में उसके संगठन के पास क्रोसिया की राजधानी जेग्रेब से किसी उग्रवादी संगठन द्वारा भेजे गए एक समाचार-पत्र में छपे संदेश का कटा हुआ हिस्सा आया, जिसमें लिखा था कि 28 जून, 1914 को ऑस्ट्रिया के राजकुमार फ्रेंज फर्डिनेंड अपनी पत्नी सोफिया चोटेक के साथ साराजेवो के निरीक्षण के लिए आ रहे हैं। इस खबर को पाकर पूरे संगठन में कोलाहल-सा मच गया। हम सबके लिए यह बहुत ही महत्त्वपूर्ण खबर थी; क्योंकि हम यह मानते हैं कि जिस देश के सिंहासन का वारिस फ्रेंज फर्डिनेंड को बनाया गया, वह हमारे देश के गौरव व सम्मान को पूरी तरह बरबाद कर बनाया गया है। अत: हम इस मौके का पूरा-पूरा फायदा उठाना चाहते थे।''

संगठन के अग्रणी सदस्यों ने तुरंत एक बैठक बुलाई। इसका मुख्य उद्‍देश्य यह तय करना था कि फर्डिनेंड और उनकी पत्नी की हत्या को किस प्रकार अंजाम दिया जाए, जिससे कि शाही राजवंश को पूरी तरह से समाप्त किया जा सके। यह बात सुनते ही गेवरीलो प्रिंसिप एकदम से उठ खड़ा हुआ और हत्या को अंजाम देने का जिम्मा अपने ऊपर लेने की बात संगठन के सामने रखी, जिस पर संगठन के कुछ सदस्यों ने उसे बहुत समझाया कि यह कार्य उतना सरल नहीं जितना कि वह समझता है। इसमें उसकी जान भी जा सकती है और अभी वह इस काम के लिए काफी छोटा एवं अपरिपक्व है। किंतु उसकी जिद और देश-प्रेम के जुनूनी जज्बे के सामने किसी की एक न चली। उसने विरोध कर रहे लोगों से कहा कि यदि उसका निशाना चूकता है तो उसे गोली मार दी जाए। आखिर संगठन के कुछ प्रमुख नेताओं ने इस काम की जिम्मेदारी प्रिंसिप को सौंप दी।

प्रिंसिप उन तीन व्यक्तियों में से एक था, जिसे ड्रेगुवीन दिमित्रीजेवीक ने भेजा था। दिमित्रीजेवीक सर्बियन आर्मी में सूचना विभाग का प्रमुख और ब्लैकहैंड सोसाइटी का मुख्य संचालक भी था, जिसने ऑस्ट्रो-हंगेरियाई सिंहासन के वारिस आर्क ड्यूक फ्रेंज फर्डिनेंड की हत्या 28 जून, 1914 को साराजेवो के निरीक्षण के दौरान करवाई। वहाँ के तत्कालीन आर्मी इंस्पेक्टर जनरल

ऑस्कर पॉटयोरिक ने फर्डिनेंड को अपनी युद्ध-नीति एवं सेना की ताकत के निरीक्षण करने का न्योता दिया, जिसे उन्होंने स्वीकार किया। फर्डिनेंड की हत्या में शामिल अन्य व्यक्ति, जिन्हें दिमित्रीजेवीक ने भेजा, वे नेडजेल्को कैब्रीनोवीक और ट्रीफको ग्राबेज थे।

इन तीनों को फर्डिनेंड की हत्या के तुरंत बाद स्वयं को समाप्त करने का निर्देश दिया गया था। इन तीनों को सारी बातें बताने के उपरांत एक-एक सायनाइड की गोली और साथ में एक रिवॉल्वर व हथगोले दिए गए। इन तीनों में एक बात खास थी, जो दिमित्रीजेवीक के लिए बड़ी अच्छी थी वह यह कि ये सभी तपेदिक जैसी जानलेवा बीमारी से ग्रस्त थे, जिसकी जानकारी उन्हें स्वयं थी और वे इससे भली-भाँति अवगत थे कि उनका जीवनकाल अब अधिक नहीं है। अपने देश की स्वाधीनता एवं अपने राज्य के लोगों की आजादी के लिए अपनी जान की कुर्बानी देने का यह सुनहरा अवसर वे अपने हाथों से जाने नहीं देना चाहते थे, जिसका लाभ दिमित्रीजेवीक और उसकी संस्था को सीधे तौर पर होना था; क्योंकि वह नहीं चाहता था कि इस षड्यंत्र की समाप्ति के बाद इनमें से कोई भी व्यक्ति जीवित बचे, यह बताने के लिए कि इस हत्याकांड के पीछे कौन था।

बोस्निया-हरजेगोविना में तीनों आरोपी एक साथ अपने छह अन्य षड्यंत्रकारी साथियों से मिले और फिर साराजेवो के लिए आगे साथ चल पड़े।

फर्डिनेंड के काफिले पर हमला

फ्रेंज फर्डिनेंड साराजेवो 28 जून, 1914 को पहुँचे, जो रविवार का दिन था। उनके स्वागत के लिए रेलवे स्टेशन पर स्वयं जनरल पॉटयोरिक उपस्थित थे। वहाँ उनके स्वागत की भरपूर तैयारी की गई थी। स्टेशन से निकलने के बाद फ्रेंज फर्डिनेंड का काफिला जिस रास्ते से होकर गुजर रहा था, उस रास्ते में ब्लैकहैंड के सात सदस्य पहले से ही कतारबद्ध खड़े होकर बड़ी उत्तेजना व उत्सुकता से उनका इंतजार कर रहे थे कि कब वे उनके पास से गुजरें और वे अपने काम को अंजाम दे सकें। मोटरकार पहले हमलावर मोहमद मेहमेदबासीक के पास से गुजर गई और वह कुछ न कर सका। डेनीलो लीक ने मोस्टर कैफे के अहाते के ठीक आगे स्वयं को तैनात किया था और मेहमेदबासीक के आगे वासो क्यूब्रीलोवीक को स्वचालित पिस्टल और एक बम के साथ तैनात किया था। परंतु मेहमेदबासीक की तरह वह भी असफल रहा। उसी रास्ते पर डेनीलो

लीक ने नेदजेल्को क्यूब्रीनोबीक को सड़क के दूसरी तरफ मील्जाका नदी के पास बम के साथ तैनात कर रखा था। आखिर वह पल आ ही गया, जब फर्डिनेंड की गाड़ी उसके सामने से निकल रही थी। नेदजेल्को क्यूब्रीनोवीक ने एक ग्रेनेड फर्डिनेंड की गाड़ी की तरफ उछाल फेंका। परंतु कार चालक ने बड़ी ही चुस्ती, फुरती और चतुराई से इस विध्वंसकारी दुर्घटना को तत्काल होने से रोक दिया। फर्डिनेंड भी बड़ी तेजी से अपनी पत्नी सोफिया को पिछली सीट के नीचे की तरफ छुपाकर दुर्घटना से आहत होने से बच गए; परंतु उनके ठीक पीछे आ रही गाड़ी उस बम की चपेट में आने से न बच सकी। बम फर्डिनेंड की गाड़ी पर न गिरकर सड़क पर जा गिरा और लुढ़कता हुआ पीछे आ रही गाड़ी के नीचे चला गया था। कुछ ही पल में एक तेज धमाका हुआ और उस कार में सवार 2 लोगों सहित कुल 20 लोग बुरी तरह जख्मी हो गए, जिन्हें तुरंत ही सिटी हॉस्पिटल ले जाया गया।

उधर दूसरी तरफ कैब्रीनोवीक ने अपने निशाने को चूकते देखकर तुरंत ही सायनाइड की गोली निगल ली, जैसा कि उसे प्रशिक्षण के दौरान समझाया गया था और मील्जाका नदी में कूद पड़ा। फिर भी वह मरने में कामयाब नहीं हो सका, क्योंकि दुर्भाग्य से नदी में पानी कम था। पुलिस उसे पकड़कर घसीटते हुए बाहर लेकर आई, जहाँ भीड़ ने उसकी बुरी तरह से पिटाई कर डाली और अंततः उसे गिरफ्तार कर लिया गया। सायनाइड की गोली खाने के उपरांत उसे केवल उलटियाँ हो रही थीं। शायद सायनाइड काफी पुराना होने की वजह से उसके अंदर की सामग्री में हानिकारक मिश्रण के अतिरिक्त और कुछ भी नहीं रह गया था, जिस कारण कैब्रीनोवीक की मृत्यु नहीं हो सकी।

प्रिंसिप और उसके साथी इस असफल घटना के बाद कुछ न कर सके, क्योंकि फर्डिनेंड का काफिला काफी सतर्कता के साथ तेजी से टाउनहॉल के लिए प्रस्थान कर गया।

नगर भवन में फर्डिनेंड का स्वागत

दुर्घटना-स्थल से राजकुमार सीधे नगर भवन पहुँचे, जहाँ उनके स्वागत की पूरी तैयारी की गई थी। फ्रेंज फर्डिनेंड ने उनके स्वागत में भाषण दे रहे मेयर करसिक को बीच में ही रोकते हुए कहा—"श्रीमान मेयर साहब, मैं यहाँ आपके शहर के निरीक्षण के लिए आया हूँ और मुझ पर बम फेंके जा रहे हैं। यह बहुत ही घोर उपद्रव है।" इतने में रानी सोफिया ने फर्डिनेंड के कान में कुछ कहा जिस

पर वे रुक गए और मेयर को पुन: बोलने को कहकर पीछे आ गए। इसके उपरांत वे बिलकुल ही शांत हो गए और मेयर ने अपना भाषण दिया।

फर्डिनेंड के सुरक्षाकर्मी एवं निजी अधिकारी उनकी सुरक्षा को लेकर चिंतित थे। जनरल पॉटयोरिक ने तय किया कि राजकुमार को शहर से बाहर दूसरे रास्ते से ले जाया जाएगा। तत्पश्चात् उन्होंने राजकुमार से कहा कि यह जगह अभी उग्रवादियों के निशाने पर है। वे यहाँ से निकल जाएँ तो बेहतर होगा। राजकुमार जनरल की बातों से सहमत हुए; लेकिन वहाँ से जाने से पहले सिटी हॉस्पिटल में भरती धमाके में जख्मी हुए लोगों से मिलने की इच्छा प्रकट की।

फ्रेंज फर्डिनेंड की हत्या

राजकुमार के साथ उनकी पत्नी सोफिया भी उसी कार में सवार हो जख्मी लोगों से मिलने चल पड़ी। जनरल पॉटयोरिक भी उसी कार में सवार हो

राजकुमार फर्डिनेंड और सोफिया चोटेक की हत्या को दर्शाता एक कलात्मक चित्र।

गए, परंतु जनरल निर्धारित रास्ते में हुए परिवर्तन के विषय में कार चालक को बताना भूल गए, जिस कारण कार चालक आगे जा रही दो गाड़ियों के साथ न जाकर पूर्व निर्धारित फ्रेंज जोसफ रोड की ओर ही जाने लगा। यह देख जनरल ने कार चालक को वापस दूसरे रास्ते से चलने को कहा। जिस जगह जनरल ने चालक से कार को पीछे कर दूसरे रास्ते से लेने को कहा वहाँ बहुत ही तीखा मोड़ था, जिस वजह से गाड़ी अत्यंत धीमी गति से चल रही थी।

गेवरीलो प्रिंसिप उसी सड़क पर नाश्ते के लिए जलपान गृह की ओर जा रहा था। इतने में उसे राजकुमार की गाड़ी दिखी। उसने हाथ आए इस सुनहरे अवसर का भरपूर लाभ उठाना उचित समझते हुए अपने कोट में से स्वचालित रिवॉल्वर निकालकर तकरीबन 5 फीट की दूरी से बड़ी ही फुरती से दो फायर किए। पहली गोली रानी सोफिया के पेट में लगी, जो कि गर्भवती थी और दूसरी गोली फर्डिनेंड के गले में जा लगी। कार चालक अरबन गाड़ी को भगाता हुआ गवर्नर के घर कोनक ले गया; परंतु उसी दरम्यान उनकी मौत हो चुकी थी।

गोली चलाने के तुरंत बाद प्रिंसिप ने रिवॉल्वर से स्वयं को मारने की कोशिश की, पर गोली नहीं चली। तभी उसने सायनाइड की गोली खा ली, पर क्रेबीनोविक की तरह उसे भी केवल उलटी हुई। तब तक उसे पुलिसकर्मियों ने धर दबोचा।

सभी आठ व्यक्तियों पर राजद्रोह और फ्रेंज फर्डिनेंड की हत्या का आरोप लगा। उनमें से तीन आरोपियों को मौत की सजा सुनाई गई। ऑस्ट्रो-हंगेरियन कानून के तहत 20 वर्ष से कम आयुवाले अपराधी को मौत की सजा नहीं दी जा सकती थी और प्रिंसिप की आयु उस समय तक 20 वर्ष नहीं हुई थी। इस कारण उसे केवल 20 वर्ष की सजा सुनाई गई। परंतु उसकी मृत्यु 28 अप्रैल, 1918 को ही टी.बी. की वजह से हो गई।

सर्बिया और ऑस्ट्रो-हंगेरियन साम्राज्य के मध्य कटु संवाद

राजकुमार फर्डिनेंड की हत्या की गूँज बालकन क्षेत्र (अल्बानिया, ग्रीस, बुल्गारिया, मोंटेनेग्रो, सर्बिया, बोस्निया हर्जेगोविना, क्रोएशिया, मेसिडोनिया, रूमानिया और आंशिक तुर्की) में विषाक्त वातावरण बना रही थी। ऑस्ट्रो-हंगेरियन साम्राज्य के राजकुमार एवं उसकी पत्नी की हत्या सर्बियन क्रांतिकारियों द्वारा कर दिया जाना उनके लिए असह्य पीड़ादायक बन गई थी। किसी भी स्थिति में सर्बिया से इसका हिसाब चुकता करने को ऑस्ट्रो-हंगेरियन आमादा थे। परंतु

हंगेरियाई सरकार फर्डिनेंड की हत्या के तीन हफ्ते बाद तक सर्बियाई सरकार की किसी कार्रवाई का इंतजार करती रही और अपनी ओर से कोई औपचारिक प्रतिक्रिया व्यक्त नहीं की। ऑस्ट्रो-हंगेरियाई सरकार ने 7 जुलाई, 1914 को मंत्रिपरिषद् की बैठक बुलाई, जिस का मुख्य मुद्दा था सर्बियन सरकार को एक लंबी प्रश्न-सूची भेजकर जवाब-तलब करना, उस घटना के संदर्भ में जो साराजेवो में घटित हुई थी। ऑस्ट्रो-हंगेरियन सरकार का यह मानना था कि इस हत्याकांड में सर्बियाई सरकार शामिल है। उनकी शह पर ही इस घटना को अंजाम दिया गया है।

बदले की भावना के साथ ऑस्ट्रो-हंगेरियन विदेश मंत्री ने सर्बियाई सरकार को पूरी तरह मजा चखाने के लिए जर्मनी से मदद माँगी। जर्मनी ने आश्वासन दिया कि वे उनकी किसी भी तरह की मदद के लिए हमेशा तैयार हैं। इस सहमति के बाद ऑस्ट्रिया की ताकत और बढ़ गई तथा सर्बिया को सबक सिखाने की उसकी मंशा को काफी बल मिला।

इसी संदर्भ में ऑस्ट्रिया के विदेश मंत्री ने सर्बिया को एक पत्र लिखकर अल्टीमेटम भेजा। पत्र में स्पष्ट लिखा था—"आपको दो दिन का समय दिया जाता है, जिसमें अपने देश में मौजूद सभी सर्बियाई क्रांतिकारियों को गिरफ्तार करें या उन सबको मार डालें। हमें इतने ही समय में सर्बिया एक क्रांतिकारी-मुक्त राज्य चाहिए। आदेश का पालन न होने पर इसके भयंकर परिणाम भुगतने को तैयार रहें।"

यह पत्र ऑस्ट्रिया ने गुरुवार 23 जुलाई, 1914 की शाम 6 बजे सर्बिया को सौंपा और यहाँ तक कह दिया कि उनकी माँगों को शनिवार 25 जुलाई, 1914 की शाम 6 बजे तक पूरा किया जाए। पत्र के विषय में ब्रिटिश विदेश सचिव सर एडवर्ड ग्रे ने टिप्पणी की थी कि "उन्होंने आज तक ऐसा कभी नहीं देखा कि एक राज्य ने दूसरे राज्य को संबोधित करते हुए दस्तावेजों में इतने कठोर शब्दों का प्रयोग किया हो।"

ऑस्ट्रो-हंगेरियन सरकार ने 23 जुलाई, 1914 की शाम 6 बजे अपने धमकी भरे पत्र में दस विभिन्न माँगें रखी थीं, जिन्हें पूरा करने के लिए सिर्फ 48 घंटे की मोहलत दी गई थी। उन दस माँगों का विवरण निम्नलिखित है—

1. घृणास्पद और उत्तेजित करनेवाले प्रकाशन का दमन किया जाए, जो ऑस्ट्रिया के राजतंत्र की अवमानना करता हो।
2. सर्बिया के राष्ट्रीय सुरक्षा विभाग नारोडना आडब्राना और उससे मिलते-जुलते

विभागों को निरस्त करना, जो ऑस्ट्रो-हंगेरियन साम्राज्य के खिलाफ प्रचार करते हों।

3. सर्बिया में विद्यालयों में पढ़ाई के दौरान या किसी अन्य निर्देश द्वारा मूर्खतापूर्ण दुष्प्रचार बंद कराएँ।
4. सुरक्षा विभाग एवं अन्य प्रशासनिक विभागों के पदाधिकारियों को पद-च्युत करें, जो कि ऑस्ट्रो-हंगेरियन साम्राज्य के खिलाफ दुष्प्रचार करते हों।
5. ऑस्ट्रो-हंगेरियन साम्राज्य के खिलाफ क्रांतिकारी शक्तियों का दमन करने के लिए सर्बिया ऑस्ट्रिया का सहयोग स्वीकार करे।
6. 28 जून को हुए हत्याकांड की न्यायिक जाँच शुरू करवाई जाए और उस जाँच में ऑस्ट्रो-हंगेरियन सरकार को भी शामिल किया जाए।
7. मेजर बोजिस्ला वोजिस्लाव टेंकोसिक और मिलन सिगानोविक को अविलंब गिरफ्तार किया जाए, जिनकी सहभागिता ऑस्ट्रो-हंगेरियन सरकार की प्राथमिक जाँच में सामने आई थी।
8. सर्बियन सीमा सेवा के अधिकारियों को पद-च्युत एवं दंडित किया जाए, जो अनुचित तरीके से क्रांतिकारियों को हथियार एवं अन्य विस्फोटक पदार्थ उपलब्ध कराते हैं, जिनका प्रयोग क्रांतिकारी उपद्रव मचाने में करते हैं।
9. सर्बिया और अन्य सर्बियन समर्थक देशों में जो उच्च सर्बियन पदाधिकारी द्वेष एवं वैमनस्यतापूर्ण दुष्प्रचार कर चुके थे, उन्हीं के द्वारा ऑस्ट्रिया-हंगरी राजशाही के समर्थन में वक्तव्य दिलाएँ।
10. 25 जुलाई, 1914 को सायं 6 बजे तक उपर्युक्त माँगों का कार्यान्वयन किया जाए।

इतने विषाक्त एवं सख्त शब्दों में सर्बियाई सरकार को धमकी मिली, उसे स्वीकार करना एवं उस पर कदम उठाना उसे उचित नहीं लगा। पत्र के जवाब में सर्बियाई सरकार ने 25 जुलाई को एक आदेश पारित किया और निर्धारित देय समय से पूर्व ही अपना जवाब ऑस्ट्रो-हंगेरियन सरकार को भेज दिया। उनके द्वारा भेजे गए जवाब निम्नलिखित थे—

1. सर्बियाई प्रेस की स्वतंत्रता को ध्यान में रखते हुए ऑस्ट्रो-हंगेरियन साम्राज्य के विरुद्ध वैमनस्यतापूर्ण वक्तव्य छापनेवालों के विरुद्ध कार्रवाई करेंगे, यदि कोई इस कार्य के लिए दोषी पाया गया।
2. नारोडना आडब्राना जैसी सोसाइटी के विरुद्ध किसी भी आपराधिक

मामले में सम्मिलित होने की पुष्टि के अभाव में उस पर एवं उससे मिलती-जुलती संस्थाओं पर प्रतिबंध नहीं लगाया जा सकता।

3. सर्बिया बिना देरी किए किसी सार्वजनिक निर्देश देनेवाले को, जो ऑस्ट्रो-हंगेरियन साम्राज्य के खिलाफ हो, उस पर कार्रवाई करेगा, बशर्ते कि ऑस्ट्रिया सरकार उसे प्रमाणित करे।
4. सेना के अधिकारियों को उनके पद से च्युत किए जाने पर सर्बिया की सहमति होगी, परंतु ऑस्ट्रो-हंगेरियन सरकार पुख्ता सबूत के साथ उनके नाम और पद बताए, कि वे इस कांड में सम्मिलित थे।
5. सर्बिया ऑस्ट्रो-हंगेरियन सरकार के प्रतिनिधियों का सहयोग स्वीकार करेगा, लेकिन उन्हें यह स्पष्ट करना होगा कि वे अंतरराष्ट्रीय कानून के आधार पर और अच्छे पड़ोसी मुल्क के संबंध को बरकरार रखते हुए क्रांतिकारियों के खिलाफ कार्रवाई करेंगे।
6. सर्बिया के संविधान के विरुद्ध किसी भी तरह के ऑस्ट्रो-हंगेरियन प्रतिनिधि के हस्तक्षेप को न्यायिक जाँच में स्वीकार नहीं किया जाएगा।
7. सेना के अधिकारियों की गिरफ्तारी तब तक नहीं की जा सकेगी जब तक उनके खिलाफ ऑस्ट्रिया कोई सबूत पेश नहीं करता।
8. सर्बिया सरकार सीमा पर तैनात अफसर सबाक लोजनिका एवं अन्य अधिकारियों की जाँच करवाएगी, जो अवैध तरीके से हथियार एवं अन्य विस्फोटक सामग्री उपद्रवियों को मुहैया कराते हैं; साथ ही उनकी सहभागिता सिद्ध होने पर उन्हें दंडित भी करेगी। परंतु इसके उचित प्रमाणों के उपस्थित होने के उपरांत ही कोई कार्रवाई करने का आश्वासन देगी।
9. ऑस्ट्रो-हंगेरियन साम्राज्य द्वारा किसी भी तरह का प्रमाण उन उच्च सर्बियन पदाधिकारियों के विरुद्ध दिए जाने पर कि वे ऑस्ट्रो-हंगेरियन सरकार के खिलाफ वैमनस्यता फैलाते हैं, उनके खिलाफ उचित कार्रवाई की जाएगी।
10. अंत में, सर्बिया उन्हें अपनी कार्रवाई की जानकारी भी देगा। लेकिन अगर ऑस्ट्रिया सर्बिया के जवाब से संतुष्ट नहीं हो तो सर्बियन सरकार अंतरराष्ट्रीय न्यायालय के फैसले को स्थिर एवं शांत तरीके से स्वीकार करेगी।

ऑस्ट्रो-हंगेरियन सरकार सर्बिया द्वारा भेजे गए जवाब से संतुष्ट नहीं हुई। वह समझ गई थी कि सर्बियाई सरकार क्रांतिकारियों के दमन के लिए कोई ठोस कदम नहीं उठा रही। विएना के अंतरराष्ट्रीय न्यायालय के सामने यह बात

आ चुकी थी। इस बारे में सर्बिया सरकार द्वारा कोई भी कदम नहीं उठाए जाने से ऑस्ट्रिया के साथ-साथ विश्व के अन्य देशों को भी हैरानी हुई।

सर्बियाई क्रांतिकारियों द्वारा प्रयोग में लाए जानेवाले हथियारों का सर्बियन सेना के होने के प्रमाण ऑस्ट्रिया सरकार द्वारा देने के बावजूद उन पर किसी प्रकार की कार्रवाई नहीं की गई। इससे यह बात स्पष्ट हो गई थी कि सर्बियन सरकार ने क्रांतिकारियों को इस हत्याकांड को अंजाम देने में पूर्ण सहयोग दिया।

एक तरफ सर्बिया को रूस की शह मिल रही थी, वहीं दूसरी तरफ ऑस्ट्रिया को जर्मनी की मदद मिल रही थी। सर्बिया धमकी मिलने के बावजूद क्रांतिकारियों की मदद करता रहा, जिससे ऑस्ट्रो-हंगेरियन सरकार ने सर्बिया को पत्र लिखकर इसकी कीमत चुकाने के लिए तैयार रहने को कहा। सर्बियन सरकार समझ गई कि उसे अंततः युद्ध का सामना करना पड़ेगा।

सर्बियन सरकार इस बात को भली-भाँति जानती थी कि ऑस्ट्रो-हंगेरियाई साम्राज्य की विशाल सेना का मुकाबला करना उसके वश की बात नहीं है; परंतु अपने सम्मान की रक्षा के लिए युद्ध का जवाब युद्ध से ही देना मजबूरी थी, कोई अन्य विकल्प सामने नहीं था।

इस प्रकार विश्व के तमाम यूरोपीय देशों में युद्ध की चर्चा होने लगी और एक-दूसरे की मदद के लिए गोलबंदी शुरू हो गई। ब्रिटेन और फ्रांस यह नहीं चाहते थे कि जर्मनी ऑस्ट्रिया का साथ दे। परंतु ऐसा हो चुका था, इसलिए ब्रिटेन और फ्रांस को ऑस्ट्रिया-हंगरी एवं जर्मनी की सम्मिलित शक्ति का जवाब देने के लिए सर्बिया के पक्ष में आना पड़ा।

आर्क ड्यूक फ्रेंज फर्डिनेंड

प्रथम विश्व युद्ध के कारणों में फ्रेंज फर्डिनेंड की हत्या मुख्यतः गिनाई जाती है। उनकी मृत्यु विश्व इतिहास के लिए अभिशाप बनकर सामने आई, जिससे विश्व के कई देश अब तक नहीं उबर पाए हैं।

फ्रेंज फर्डिनेंड का जन्म सन् 1863 में ऑस्ट्रिया के ग्रेज नामक शहर में हुआ। फर्डिनेंड राज्य के युवराज बनने के लिए तीसरे पायदान पर थे। आर्क ड्यूक चार्ल्स लुइस की मृत्यु 1896 में हो गई। ऑस्ट्रिया के राजा फ्रेंज जोसफ का भाई इस योग्य नहीं था कि उसे युवराज घोषित किया जा सके। इसके पूर्व युवराज प्रिंस रुडोल्फ की मृत्यु भी 1889 में हो गई थी। इस प्रकार फर्डिनेंड करिश्माई व्यक्तित्व के युवराज बने, जो प्रजा के बीच काफी लोकप्रिय थे।

Le Petit Parisien

L'archiduc héritier d'Autriche François-Ferdinand et sa femm
ont été assassinés, hier, à Sarajevo en Bosnie

सन् 1900 में फर्डिनेंड का विवाह सोफिया से हुआ। विवाहोपरांत फर्डिनेंड राज्य में रहते हुए भी सामान्य जीवन व्यतीत करते थे। वे एक अच्छे पिता और सफल पति थे। उनकी तीन संतानें थीं। फर्डिनेंड का अधिकांश समय अपनी प्रजा के मध्य गुजरता था। इसी वजह से उनकी लोकप्रियता ऑस्ट्रियावासियों में काफी थी। ऑस्ट्रिया के सम्राट् फ्रेंज जोसफ इस विवाह के खिलाफ थे। सोफिया के खानदान वाले फ्रेंज जोसफ को अपने कुलीन परिवार की बराबरीवाले नहीं लगते थे। फ्रेंज जोसफ फर्डिनेंड के विवाह में शामिल भी नहीं हुए थे।

फ्रेंज फर्डिनेंड ऑस्ट्रिया में सबके लिए समान अधिकार की बात करते थे। इस तरह वहाँ पहले से चले आ रहे नियमों में परिवर्तन सत्ताधारी लोगों को अच्छा नहीं लग रहा था। फर्डिनेंड 16 राज्यों के मध्य परस्पर संधि संबंधी योजना भी बना रहे थे, जिससे ऑस्ट्रो-हंगेरियन सम्राट् खुश नहीं थे। इस प्रकार फर्डिनेंड शासकों के बीच लोकप्रिय नहीं थे। फ्रेंज फर्डिनेंड को बोस्निया की राजधानी साराजेवो से आस्कर पॉटयोरिक का न्योता मिला। सन् 1878 से बोस्निया और हरजेगोविना ऑस्ट्रो-हंगेरियन साम्राज्य के अंतर्गत आते थे। सन् 1908 में वे स्वयं को ऑस्ट्रो-हंगेरियन साम्राज्य से अलग करके सर्बिया के अंतर्गत आनेवाले पेन-स्लेव का अंग बताने लगे थे।

❑

विश्व युद्ध के तात्कालिक कारण

युद्ध सभी उपद्रवों का जनक है, मनुष्य का सबसे बड़ा शत्रु है, विनाश की जड़ है। अतः इसका विरोध करने के लिए, मरने के लिए तैयार रहना चाहिए।

—महात्मा गांधी

ऑस्ट्रिया-हंगरी के युवराज आर्क ड्यूक फ्रेंज फर्डिनेंड और उनकी पत्नी सोफिया की हत्या सुलगती हुई आग को हवा देने जैसी थी। हत्या के दिन 28 जून, 1914 के ठीक छह सप्ताह बाद यूरोप विश्व युद्ध की चपेट में आ गया। समय बीतता गया और युद्ध विश्वव्यापी होता गया। परंतु ऑस्ट्रिया-हंगरी के युवराज फर्डिनेंड की हत्या इसका केवल एक तात्कालिक कारण थी। इसके अन्य कई अन्य आधारभूत कारण थे–

1. नई प्रवृत्तियों का उदय

फ्रांस की राज्य-क्रांति से यूरोप के राजनीतिक हलकों में महत्त्वपूर्ण परिवर्तन हुआ था। इस क्रांति के बाद राष्ट्रीयता की नई प्रवृत्तियाँ उदित होने लगीं, जो आगे चलकर उग्र बन गईं। ये प्रवृत्तियाँ निरंतर अपनी सफलता के लिए संघर्ष कर रही थीं। इसका नशा यूरोप के बड़े देशों जैसे जर्मनी, फ्रांस, इंग्लैंड आदि देशों पर ही नहीं, अपितु बालकन प्रायद्वीप के छोटे देशों जैसे यूनान, सर्बिया पर भी सिर चढ़कर बोल रहा था। इस तरह पुराने जमाने से चले

आ रहे राजाओं के एकाधिकार और निरंकुश शासन को एकदम से उखाड़ फेंकना मुश्किल था। नवीन और उग्र राष्ट्रवाद ने निजी लाभों के लिए राष्ट्रों को प्रोत्साहित किया। बड़े राष्ट्र छोटे राष्ट्रों पर हावी होने लगे और छोटे राष्ट्र अपने साथियों को मिलाकर बड़े राष्ट्र बनाने का स्वप्न देखने लगे। इस तरह, नई राष्ट्रवादी विचारधारा के लोग प्रतिशोध की भावना से युद्ध का स्वागत करने को तैयार थे। नए और पुराने राष्ट्रवाद की विचारधारा राज्यों को असहिष्णु बना रही थी। राष्ट्र दूसरे राष्ट्र के प्रति राष्ट्रीय सम्मान के नाम पर कट्टर और विद्वेषी बनने लगे। इसी उग्र राष्ट्रीयता की वजह से औपनिवेशिक प्रतिस्पर्द्धा तीव्र होती गई और यूरोप का वातावरण विषाक्त होता चला गया। परिणामस्वरूप यूरोपीय देश गुटबंदी में फँसते चले गए। फ्रांस की राज्य-क्रांति ने यूरोप में जो कार्य किया, उसे विएना की कांग्रेस ने सन् 1814 में दबाने का प्रयास किया; परंतु 1830 में ये प्रवृत्तियाँ फिर से जाग्रत् होने लगीं। सन् 1848 के बाद यूरोप के प्राय: सभी राज्यों में जनता ने लोकतंत्रवाद पर आधारित शासन-विधानों की स्थापना का प्रयास किया और अपने देशों के शासन में महत्त्वपूर्ण अधिकार प्राप्त किया। इस तरह यूरोपीय देशों में लोकतंत्र और राष्ट्रीयता की प्रवृत्ति लगातार संघर्ष करती रही और समय-समय पर सफल भी हुई। अभी भी यूरोप के बहुत सारे देश ऐसे थे, जहाँ वंशानुगत राजा शासन में मनमानी करते थे। फ्रांस की राज्य-क्रांति से उत्पन्न नई प्रवृत्तियाँ 19वीं सदी में आंशिक रूप से ही सफल हो सकीं। ऑस्ट्रिया-हंगरी साम्राज्य में विभिन्न जातियों का बोलबाला था, जो राष्ट्रीय स्वतंत्र राज्यों की स्थापना के लिए प्रयासरत थीं। इन जातियों में पोल, चेक, स्लाव आदि प्रमुख थीं। इस तरह फ्रांस की राज्य-क्रांति बिना किसी लंबे संघर्ष के पुराने जमाने की संस्थाओं को हटाकर नवीन राष्ट्रवाद की स्थापना नहीं कर सकती थी। सन् 1914 से 1918 तक का विश्व युद्ध नई और पुरानी प्रवृत्तियों के संघर्ष का परिणाम था। युद्ध के उपरांत रूस, जर्मनी, ऑस्ट्रिया आदि अनेक राज्यों में लोकतंत्र की स्थापना हुई। यहाँ से वंशानुगत राजतंत्र का अंत हुआ। रूस, जर्मनी और ऑस्ट्रिया की अधीनता से कई राज्य अलग और स्वतंत्र हुए। युद्ध के कारण फ्रांस, इटली, बुल्गारिया आदि राज्यों की सीमाओं में राष्ट्रीयता के अनुकूल परिवर्तन हुए। पोलैंड, चेकोस्लोवाकिया, यूगोस्लाविया, हंगरी आदि कई राष्ट्रों का निर्माण लोकतंत्र एवं राष्ट्रीयता के सिद्धांतों की विजय थी।

2. आर्थिक साम्राज्यवाद

अठारहवीं सदी के अंत में यूरोप में तीव्र औद्योगिक विकास हुआ और साम्राज्य-निर्माण की उसकी प्रवृत्ति मचलने लगी। नए यांत्रिक और वैज्ञानिक आविष्कारों से मनुष्य आत्मनिर्भरता की नई बुलंदियों को छूने की होड़ में लग चुका था। एक ओर कच्चे माल की तलाश थी, दूसरी ओर कारखानों से निर्मित माल को बेचने के लिए बाजारों की आवश्यकता थी। कच्चे माल के स्रोत और निर्मित माल की बिक्री के लिए बाजार सीमित थे। संसार में यूरोप के अतिरिक्त अन्य देश अविकसित और पिछड़े थे। वे संपन्न और समृद्ध देशों के प्रतीक पश्चिमी देशों से मुकाबला करने में सक्षम नहीं थे, अतः यूरोपीय देशों ने एशिया और अफ्रीका के कमजोर व पिछड़े देशों को अपना गुलाम बना लिया। प्रत्येक राज्य सरकार अपने देश में तैयार माल को खपाने के लिए दूसरे देशों में सुरक्षित बाजार की तलाश में थी। साथ ही वह यह भी सुनिश्चित करना चाहती थी कि उस देश में कोई अन्य देश अपना माल न बेच सके। इसके लिए उस देश पर राजनीतिक प्रभुत्व जरूरी था। सुरक्षित बाजार प्राप्त करने का उपाय यही था कि या तो उस देश को अपने अधीन कर लिया जाए या उस देश से इस तरह की संधियाँ की जाएँ, जिससे कि वह पूरी तरह से उनके वश में रहे। आर्थिक साम्राज्यवाद का मतलब ही दूसरे देश को अपने प्रभुत्व में लेना है। इस तरह यूरोप के कई देश एशिया और अफ्रीका के कई देशों में अपना प्रभुत्व स्थापित करने को प्रयत्नशील थे।

3. आपसी संधियाँ और सैन्य गुटबंदियाँ

यूरोप के कई देश निजी स्वार्थ एवं आर्थिक साम्राज्यवाद को बढ़ावा देने के लिए अलग-अलग तरह से संधियाँ कर रहे थे। प्रथम विश्व युद्ध से पूर्व यूरोप का वातावरण संधियों, गुप्त संधियों और अनेक सैन्य गुटबंदियों से भयावह बनता जा रहा था। परिणामस्वरूप यूरोप मुख्यतः दो विरोधी गुटों में बँट गया। जर्मनी, हंगरी और इटली ने अपना अलग गुट बना लिया। दूसरी ओर रूस, फ्रांस और इंग्लैंड संगठित हो गए। आपसी संधियों की वजह से यूरोप के देशों में परस्पर संदेह बढ़ता जा रहा था, फलस्वरूप वे अपनी सामरिक शक्तियों को बढ़ाने में लग गए।

4. जन-समुदायों द्वारा युद्ध का समर्थन

यूरोप के राज्यों में जनमत की उपेक्षा की जाती थी। कुछ अधिकारी वर्ग शासन के सभी कार्यों में जड़ जमाए बैठे थे। इससे देश की जनता को बहुत सारी बातों का पता नहीं चल पाता था। कई बार तो कई गुप्त संधियों से मंत्रिमंडल भी अपरिचित रह जाता था। इस तरह जनता का विश्वास सरकारों से उठने लगा था। प्राय: सभी कार्यालयों में अधिकारी रिश्वत लेने लगे थे। इस तरह बुद्धिजीवी वर्गों में शासन के प्रति अविश्वास बढ़ता जा रहा था। औद्योगिकीरण के विस्तार से कृषक समाज की स्थिति ठीक नहीं थी। इससे वे भी संगठित होकर भौतिकवाद के खिलाफ एकजुट हो गए थे।

5. विश्व युद्ध में अखबारों की भूमिका

किसी भी परिस्थिति के पक्ष या विपक्ष में माहौल बनाने की जिम्मेदारी बहुत हद तक समाचार-पत्रों की होती है। बहुत से इतिहासविदों ने समाचार-पत्रों को विश्व युद्ध के अनुकूल माहौल बनाने के लिए उत्तरदायी ठहराया है। ऐसा लगभग सभी बड़े देशों में हुआ। राष्ट्रीय भावना को उभारना, दूसरे देशों की स्थिति के बारे में गलत प्रचार-प्रसार करना एवं शांति कायम करनेवाली बातों को दबाना अखबारों का काम था। समाचार-पत्र दो देशों के बीच मतभेद के प्रश्न चुनकर उनपर वाद-विवाद में लगे रहते थे। उस वक्त रेडियो एवं टेलीविजन का आविष्कार नहीं होने की वजह से लिखे हुए शब्दों का विशेष महत्त्व था। प्रारंभिक शिक्षा के प्रसार के कारण पढ़े-लिखे लोगों की संख्या बढ़ गई थी और अनिवार्य सैनिक सेवा तथा मताधिकार के कारण लोग सरकार की गतिविधियों में भी रुचि लेने लगे थे। 20वीं सदी के उत्तरार्द्ध में यूरोप के बड़े-बड़े शहरों में कई अखबारों की बिक्री 10 लाख से अधिक थी। परंतु अधिकांश अखबार सरकार की विदेश नीति पर खुलकर नहीं लिखते थे। फ्रांस में समाचार-पत्र विदेशी नीति पर टिप्पणी नहीं करते थे। वहीं जर्मनी के समाचार-पत्रों पर सरकार का काफी नियंत्रण था। ब्रिटेन सहित अधिकांश देशों की सरकारें समाचार-पत्रों में प्रकट विचारों की अवहेलना कर सकती थीं। वस्तुत: ऐसा देखा गया कि समाचार-पत्रों के विचार तभी प्रभावशाली होते थे जब विदेश मंत्रालय एवं मंत्रिमंडल के विचार भी उनके अनुरूप हों। निष्कर्षत: वर्ष 1914 में यूरोपीय राज्य-प्रणाली प्रतिद्वंद्विता पर आधारित होती गई। अधिकांश राज्य एवं उनके नागरिक अपने राज्यों को बनाए रखने और उसके विस्तार को

विशेष महत्त्व देने लगे। युद्ध और शांति से संबंधित निर्णय राष्ट्रीय हितों को ध्यान में रखकर किए जाने लगे थे, न कि यूरोप की शांति-व्यवस्था को ध्यान में रखकर। परिणामस्वरूप 28 जून, 1914 को युद्ध का आगाज हो गया और धीरे-धीरे विश्व के कई देश युद्ध में शामिल हो गए।

6. अंतरराष्ट्रीय न्यायालय का अभाव

यूरोपीय देशों में आपसी झगड़े निबटाने के लिए अभी तक ऐसे न्यायालयों का विकास नहीं हुआ था, जिनके फैसले सर्वमान्य हों। स्वाभाविक रूप से जिस प्रकार भिन्न व्यक्तियों में झगड़े होते हैं, उसी प्रकार राज्यों में झगड़ा होना लाजिमी था। वर्तमान स्थिति में व्यक्तियों के झगड़े निबटाने के लिए न्यायालय बन चुके हैं; परंतु उस वक्त राज्यों के फैसले के लिए न्यायालय मौजूद नहीं था। यूरोप के लोग 19वीं सदी में ही न्यायालय की आवश्यकता महसूस करने लगे थे। परंतु इसमें संदेह नहीं कि राज्यों के संचालकों की तरफ से न्यायालय की स्थापना के लिए कोई विशेष प्रयास नहीं किया गया। इसके लिए पहला प्रयास सन् 1898 में रूस के जार निकोलस द्वितीय ने किया। उसने एक विज्ञप्ति प्रकाशित करवाकर अंतरराष्ट्रीय सम्मेलन के लिए विभिन्न राज्यों को आमंत्रित किया। इस प्रकार पहला अंतरराष्ट्रीय सम्मेलन हेग में हुआ, जिसमें 26 राज्यों के प्रतिनिधि शामिल हुए। इस सम्मेलन से शांतिप्रिय शासकों एवं दुनिया के तमाम शांति-समर्थित वर्गों में खुशी की लहर दौड़ पड़ी। उन्हें इस बात का विश्वास हुआ कि अब आपसी कलह को युद्ध के जरिए न निबटाकर शांति से अंतरराष्ट्रीय न्यायालय में जाकर निबटाया जा सकेगा। परंतु जर्मनी और ब्रिटेन के रुख ने हेग के सम्मेलन को पर्याप्त सफल नहीं होने दिया। पुनः सन् 1907 में हेग में ही अंतरराष्ट्रीय

अंतरराष्ट्रीय न्यायालय की स्थापना के लिए पहला प्रयास रूस के जार निकोलस द्वितीय ने किया।

सम्मेलन बुलाया गया। इसमें सिर्फ चार देशों के प्रतिनिधि शामिल हुए। इस सम्मेलन की महत्त्वपूर्ण बात यह रही कि एक अंतरराष्ट्रीय न्यायालय की स्थापना हुई। अब कोई भी राष्ट्र अपनी समस्याओं का निबटारा अंतरराष्ट्रीय न्यायालय में कर सकता था। इस न्यायालय के लिए विविध राज्य अपनी तरफ से न्यायाधीशों को मनोनीत करते थे। कोई भी मामला पेश करने की स्थिति में वादी और प्रतिवादी राज्यों को मनोनीत न्यायाधीशों में से किसी को भी अपना न्यायाधीश चुनने का अधिकार था। इस प्रकार हेग में स्थापित यह अंतरराष्ट्रीय न्यायालय राज्यों के आपसी झगड़ों को शांति से निबटाने के लिए महत्त्वपूर्ण साधन था। कई झगड़े इस न्यायालय में पेश भी हुए, जिन्हें निबटाने में न्यायालय ने सफलता प्राप्त की। परंतु अभी भी सही मायने में अंतरराष्ट्रीय न्यायालय की स्थापना नहीं हो पाई थी, जिसमें बड़े-बड़े मामले सुलझाए जा सकें। इसकी मुख्य विफलता ऑस्ट्रो-हंगेरियन साम्राज्य एवं सर्बिया के आपसी युद्ध को न रोक पाने के रूप में सामने आई, जिसका दुष्परिणाम विश्व युद्ध के रूप में सामने आया।

7. सैन्यवाद

यूरोप के देश अपनी सैनिक क्षमता बढ़ाने में लग गए थे। एक समय ऐसा आया, जब जनता के लिए सेना में कुछ निश्चित अवधि के लिए भरती होना अनिवार्य कर दिया गया। इसकी शुरुआत तब हुई, जब नेपोलियन का मुकाबला करने के लिए प्रशा की जनता को युद्ध के लिए प्रशिक्षित किया गया था। उस समय यह उपाय कारगर सिद्ध हुआ था।

दुनिया के कई विचारक एवं राजनेता युद्ध का समर्थन करते थे। अमेरिकी राष्ट्रपति रूजवेल्ट के अनुसार, ''युद्ध में परास्त हो जाना भी सर्वथा युद्ध न करने की अपेक्षा अच्छा है।'' महान् विचारक वीरथ का कहना था,''वह समय दूर नहीं है, जब संपूर्ण पृथ्वी पर जर्मनी का अखंड राज्य हो जाएगा।'' वहीं वर्नी हार्डी युद्ध को मानवीय आवश्यकता बताते थे। ट्रीटस्के युद्ध को दैवी व्यवस्था का महत्त्वपूर्ण भाग मानते थे। जर्मनी के तरुण जर्मन संघ का सिद्धांत था, ''मानवीय कार्यों में युद्ध सबसे अधिक श्रेष्ठ और पवित्रतम कार्य है। हमारे लिए वह शुभ घड़ी अवश्य आएगी, जब युद्ध का शंख बजेगा और हथियारों की सुमधुर झंकार से आकाश गुंजायमान हो उठेगा।''

विश्व युद्ध के पूर्व के वर्षों में सभी बड़े देश अपनी सेना पर बहुत

अधिक व्यय कर रहे थे। वे देश की सैन्य-क्षमता बढ़ाने के लिए उपकरणों की खरीदारी कर रहे थे। जर्मनी इसमें अग्रणी था। फ्रांस और रूस उसके पीछे-पीछे थे। उस समय ऑस्ट्रिया-हंगरी में आंतरिक कलह चल रही थी, जिस कारण वह शांति का पक्षधर था। जर्मनी हथियार बनाने में अग्रणी था। जर्मनी की एक निजी कंपनी विभिन्न देशों को हथियार मुहैया कराती थी। सैन्य-क्षमता पर इतना खर्च करने के पीछे कुछ देशों का निजी स्वार्थ भी था। उस वक्त औद्योगिकीरण भी प्रगति पर था। ऐसे में इस्पात से निर्मित उपकरणों को बाजार की जरूरत थी।

उग्र राष्ट्रीयता और प्रचंड साम्राज्यवाद का स्वाभाविक परिणाम सैन्यवाद था। यूरोप के देश सेना पर अपनी वार्षिक आमदनी का बड़ा भाग खर्च कर रहे थे। कई देश अपनी सकल वार्षिक आय का 85 प्रतिशत सैनिकों पर खर्च कर रहे थे। लोगों का मानना था कि युद्ध अवश्यंभावी है। यह सोचकर वे हमेशा तैयार रहने में अपनी भलाई समझते थे। सन् 1913 में जर्मनी की स्थायी सेना 8 लाख 75 हजार थी। फ्रांस में भी 9 लाख से अधिक सेना थी। जर्मनी और फ्रांस बड़े-बड़े लड़ाकू जहाज बना रहे थे। उनके मन में यह बात घर कर गई थी कि जिसके पास जितने आधुनिक उपकरण होंगे, वह उतना महान् देश कहलाएगा। इस तरह अपनी प्रभुता सिद्ध करने के लिए सैन्य-क्षमता के विस्तार का परिणाम युद्ध तो होना ही था।

यूरोप में न सिर्फ राजनीतिज्ञ बल्कि कवि, दार्शनिक, लेखक, साहित्यकार आदि सभी प्रबुद्ध वर्ग सैन्य-क्षमता की वृद्धि के समर्थक थे। उनका मानना था कि निर्बलों को बलवान् खा जाते हैं, यह प्रकृति का नियम है। प्रकृति के प्रत्येक पग पर संघर्ष आवश्यक है। वनस्पति, जीव-जंतु सभी जगह यह नियम काम कर रहा है। फिर प्रकृति की सबसे सुंदर कृति मनुष्य अपने आपको इस प्रकृति-प्रदत्त स्वभाव से कैसे दूर रख सकता है? प्रकृति 'जीवो जीवस्य भोजनम्' नियम का परिपालन करती है। मनुष्य-जाति के पुराने इतिहास पर अगर नजर डाली जाए तो यह दिखेगा कि युद्धों द्वारा ही साम्राज्य की स्थापना की गई थी। पहले मनुष्य छोटे कबीलों में रहते थे। युद्ध के माध्यम से कमजोर जातियों का नाश किया गया और उन्नत सभ्यता विकसित हुई। यदि प्राचीनकाल में युद्ध यह सब उपकार कर चुका है तो आज भी वह सार्वभौम शांति बहाल करने में सहायक सिद्ध हो सकता है। दुनिया में तमाम विभिन्न धर्मों, सभ्यताओं और अंधविश्वासों को समाप्त कर एक उत्कृष्ट सभ्यता की स्थापना युद्ध के माध्यम से की जा सकती है।

परंतु उसी समय कुछ ऐसे वर्ग भी थे, जो युद्ध के खतरों से जनता एवं सरकार को अवगत करा रहे थे। जब रूस के जार ने 1899 में शांति सम्मेलन बुलाने का प्रस्ताव रखा तो लोगों की आशाएँ बढ़ गईं। रूस ने दो बार हेग में सम्मेलन बुलाया, 26 देशों ने भाग भी लिया; परंतु बड़ी कामयाबी नहीं मिल पाई। हेग में दूसरी बार 1907 में हुए शांति सम्मेलन में अंतरराष्ट्रीय न्यायालय की स्थापना हो पाई। अब छोटे देशों की छोटी-मोटी समस्याओं का समाधान हेग में होने लगा। हालाँकि अभी तक कोई बड़ा फैसला न हो सका था और अंतरराष्ट्रीय शांति के लिए कोई भी देश अपनी राष्ट्रीय आकांक्षाओं की बलि देने को तैयार नहीं था।

जुलाई 1914 में रूस ने सैनिकों को लामबंद होने को कहा। इससे दूसरे राष्ट्रों को लगा कि रूस युद्ध की तैयारी कर रहा है। इस तरह विश्व युद्ध के पूर्व से चली आ रही सैनिक लामबंदी का परिणाम इतने बड़े नर-संहार के रूप में दुनिया के सामने आया।

8. एकोऽहं द्वितीयो नास्ति

यूरोपीय देशों में स्वयं को सबसे प्रभावशाली एवं ताकतवर दिखाने की होड़ लग गई थी। उनके मन में उग्र राष्ट्रीयता विकृत देशभक्ति की भावना उत्पन्न कर रही थी। उन्हें लगता था कि उनकी सभ्यता सर्वोत्कृष्ट है। उनका धर्म सर्वश्रेष्ठ है। उनकी भाषा दुनिया की सबसे अच्छी भाषा है। उनकी वेशभूषा सर्वाधिक आधुनिक एवं अनुशासित है। उनके रीति-रिवाज सर्वोत्तम हैं। इस तरह की ओछी मानसिकता उनके दिमाग में घर कर गई थी। उन्हें लगता था कि दूसरे देश के लोग घृणा के पात्र हैं, उनसे तुच्छ हैं, उनके दुश्मन हैं। उनके मन में उग्रता यहाँ तक थी कि वे उन्हें जीवित रहने का अधिकार भी नहीं देना चाहते थे। उन्हें लगता था कि वे जो कर रहे हैं, वह सही है। यह देशभक्ति की पराकाष्ठा थी।

जर्मनी के तत्कालीन चांसलर वेथमन हालबर्ग के अनुसार, ''ईश्वर ने जर्मन जाति को एक विशेष स्थान प्रदान किया है, इसलिए हमें कुछ विशेष कार्य करने हैं।'' सम्राट् विलियम द्वितीय का कहना था, ''ईश्वर ने हमें संसार को सभ्य एवं सुसंस्कृत करने का जिम्मा दिया है।'' चहरं सेसिल रहोड्स ने लिखा—''मेरा दावा है कि अब तक इतिहास ने जितनी जातियाँ उत्पन्न की हैं, ब्रिटिश जाति उनमें सर्वश्रेष्ठ है।''

इस तरह जर्मन, इंग्लिश, फ्रेंच, रूसी आदि सभी अपने आपको महान् दरशाने के लिए अपनी सभ्यता एवं धर्म के प्रचार में लगे थे। इस तरह सारी दुनिया पर राज करने का सपना सँजोए राष्ट्र परस्पर टकराए बिना कैसे रह सकते थे? युद्ध अवश्यंभावी था।

9. व्यापारिक प्रतिद्वंद्विता

प्रथम विश्व युद्ध के कारणों में यूरोपीय देशों के मध्य व्यापारिक प्रतिद्वंद्विता भी थी। युद्ध के पूर्व आर्थिक विकास का युग था। सन् 1871 के बाद जर्मनी तैयार माल का निर्यात करने लगा था। जर्मनी का व्यापार बढ़ने से ब्रिटेन बौखलाहट की स्थिति में था। इससे ब्रिटेन और जर्मनी में प्रतिद्वंद्विता बढ़ने लगी और ब्रिटेन में जर्मन-विरोध की भावना भड़कने लगी। इसी को ध्यान में रखकर सन् 1904 में ब्रिटेन एवं फ्रांस का समझौता हुआ। उधर जर्मनी ईरान से संबंध मधुर करने में लगा था। फ्रांस की ब्रिटेन से मधुरता के कारण उसे मोरक्को में अपने हितों को सुरक्षित रखना था। जर्मनी के ईरान से अच्छे व्यापारिक संबंध के कारण ब्रिटेन रूस के निकट आ रहा था। इस तरह ब्रिटेन, फ्रांस और रूस के बीच त्रिराष्ट्र सिद्धांत पनपने लगा और आपसी सौहार्द व्यापार को बढ़ावा देने लगा। दूसरी ओर स्थिति यह थी कि विभिन्न सरकारें ऋण देकर भी प्रतिद्वंद्वी देशों की कठिनाइयाँ बढ़ाने का काम कर रही थीं।

परंतु किसी व्यापारिक प्रश्न को लेकर कभी युद्ध की स्थिति नहीं बनी। व्यापारिक प्रतिद्वंद्विता को युद्ध का दीर्घकालिक कारण माना जा सकता है। हालाँकि सत्रहवीं सदी में अमेरिका में ऐसा हो चुका था। ब्रिटेन, फ्रांस एवं रूस जैसे देश व्यापारिक मामलों का हल बातचीत और लेन-देन के जरिए कर रहे थे। एकमात्र युद्ध को ही वे समाधान का विकल्प नहीं मानते थे।

10. राष्ट्रवाद

किसी भी राष्ट्र में रहनेवाले नागरिक के लिए राष्ट्रीयता एक स्वाभाविक प्रवृत्ति है। वैसे भी आप जिस राष्ट्र में रहते हैं, उसके प्रति आपकी निष्ठा, विश्वास और ईमानदारी आवश्यक है। फ्रांस की राज्य-क्रांति से राष्ट्रवाद का उदय हुआ। जो लोग जाति, धर्म, भाषा, सभ्यता, परंपरा और रीति-रिवाज से एक हों, उन्हें एक राज्य में रहना चाहिए और एक साथ मिलकर अपनी विशेषताओं को विकसित करना चाहिए। फ्रांस की राज्य-क्रांति के बाद यूरोप के कई देशों में

राष्ट्रीयता की भावनाएँ हिलोरें लेने लगीं। लोग पुरानी राजतंत्रीय व्यवस्था के बंधन से मुक्त होना चाहते थे। उन्हें लोकतंत्र का महत्त्व पता चलने लगा था। राष्ट्रीयता के आधार पर यूरोप में जिन नए राज्यों का निर्माण हुआ, वे निस्संदेह वहाँ की जनता के लिए सहयोगी सिद्ध हुए। परंतु राष्ट्रीयता जब उग्र रूप धारण कर ले तो मानव-समाज के लिए यह हितकर नहीं होती। किसी भी समाज की एक सीमा होती है। सीमा का उल्लंघन मानव समाज के लिए अभिशाप बन जाता है। जब मनुष्य में सर्वश्रेष्ठता की भावना घर करने लगे तो टकराव सुनिश्चित है। अपनी भाषा, सभ्यता, धर्म आदि चीजों को सर्वश्रेष्ठ कहना गलत है। अपनी स्वार्थ-सिद्धि के लिए दूसरों के हितों की कुर्बानी राष्ट्रीयता नहीं हो सकती। प्रथम विश्व युद्ध के पूर्व यूरोप के कई राज्य इसी भ्रम के शिकार हो गए थे। जर्मनी, ब्रिटेन, फ्रांस, हॉलैंड आदि देशों में यह भावना सिर चढ़कर बोल रही थी। ये सभी देश संसार के अन्य छोटे-छोटे देशों को अपने अधीन करना चाहते थे। जर्मनी, फ्रांस जैसे देशों के अलावा छोटे-छोटे राज्य भी अपनी सीमाएँ बढ़ाने के लिए प्रयत्नशील थे। यूरोप की यह बयार यूरोप के बाहरी एशियाई देशों में भी बहने लगी थी। दुनिया के अन्य यूरोपीय देश भी राष्ट्रीय उत्कर्ष के लिए अन्य देशों को अपने प्रभाव में लाने को ललक रहे थे।

उग्र राष्ट्रवाद की भूमिका

विश्व युद्ध के कारणों में उग्र राष्ट्रवाद की अहम भूमिका रही। इसके कुछ उदाहरण इस प्रकार हैं—

1. फ्रांस और जर्मनी की लड़ाई सन् 1871 में हुई। इसमें जर्मनी ने फ्रांस को शिकस्त दी। इस युद्ध में जर्मनी ने आल्सेस और लारेन के प्रदेशों को अपने राज्य में शामिल कर लिया। ये दोनों प्रदेश मध्यकाल में रोमन साम्राज्य के अंग थे। जर्मनी समझता था कि ये उसके अपने अंग हैं, हालाँकि इन दोनों प्रदेशों की अधिकांश आबादी फ्रांसीसी थी और वह फ्रांस का हिस्सा बने रहना चाहती थी। वास्तविकता यह थी कि लारेन में लोहे की खानें प्रचुर मात्रा में थीं। इसलिए जर्मनी इसे अपने आधिपत्य में करना चाहता था, ताकि कच्चे माल का बड़ा भाग उसे आसानी से प्राप्त हो सके।
2. ऑस्ट्रिया-हंगरी और सर्बिया पड़ोसी देश थे। बोस्निया और हर्जेगोविना ऑस्ट्रियाई साम्राज्य के अंग थे। परंतु रहन-सहन, भाषा एवं संस्कृति की

दृष्टि से उसे सर्बिया का अंग होना चाहिए था। वस्तुतः ये सर्बियन राष्ट्र के ही अंग थे, जिस पर ऑस्ट्रिया ने अपना आधिपत्य जमा लिया था। सर्बिया के जाँबाज चाहते थे कि इसे ऑस्ट्रिया से मुक्त कराकर सर्बिया में मिला लिया जाए।

3. ऑस्ट्रिया और हंगरी राज्यों की स्थितियाँ बिलकुल अलग-अलग राज्यों जैसी थीं। इन दोनों साम्राज्यों का निर्माण राष्ट्रीयता के सिद्धांत की अनदेखी कर हुआ था। पहले ये दोनों राज्य हाप्सबुर्ग वंश के राजाओं को अपना सम्राट् मानते थे, पर उन दोनों राज्यों में ऐसी जातियाँ निवास करती थीं, जो ऑस्ट्रिया या हंगरी के लोगों से मेल नहीं खाती थीं। ऑस्ट्रियन और हंगेरियन लोग पोल, चेक, स्लोवाक, स्लाव, रुथेनियन, रोमानियन, इतालवी जैसी जातियों पर भी शासन कर रहे थे, जो उनके राज्यक्षेत्र में निवास कर रही थीं। इन सभी छोटी-छोटी जातियों में राष्ट्रीयता की भावना प्रबल थी। वे अपनी सरकार एवं अपना स्वतंत्र राज्य चाहती थीं। इतालवी, स्लाव जातियों के लोग अपने राष्ट्रीय राज्यों के साथ मिल जाना चाहते थे। पोलैंड की स्थिति थोड़ी भिन्न थी। वहाँ के लोग तीन भागों में बँटे हुए थे, जो ऑस्ट्रिया, रूस और जर्मनी की अधीनता में थे। इन जातियों की राष्ट्रीय आकांक्षाएँ केवल युद्ध से ही पूरी हो सकती थीं।

4. इटली और ऑस्ट्रिया त्रेंतिनो और त्रिएस्त प्रदेशों के मामले में एक-दूसरे के विरोधी थे। इन दोनों क्षेत्रों पर ऑस्ट्रिया के हाप्सबुर्ग सम्राट् का आधिपत्य था। जबकि इनकी संस्कृति एवं सभ्यता के आधार पर दोनों ही क्षेत्रों को इटली का अंग होना चाहिए था।

5. बालकन की समस्या थोड़ी भिन्न और जटिल थी। बालकन के कुछ इलाकों में तुर्की का आधिपत्य था। बालकन की प्रजा ईसाई धर्मावलंबी थी, जबकि तुर्की का सुलतान मुसलिम था। इस प्रकार बालकन पर तुर्की के सुलतान का शासन अनुचित था। रूस की इच्छा थी कि बालकन को अपने प्रभाव में रखे, ताकि उसे जलमार्ग आसानी से मिल जाए। मैसिडोनिया के निवासी जातीय दृष्टि से एक नहीं थे। ग्रीस, सर्बिया और बुल्गारिया तीनों राज्य बालकन के अधिक-से-अधिक हिस्से को अपने अधीन रखना चाहते थे। इस तरह बालकन क्षेत्र में यूरोपीय राज्यों के आपसी हित एक-दूसरे से टकराते रहे।

❑

आग में घी बने राष्ट्र

"राजनीति रक्तपात के बिना युद्ध है, जबकि युद्ध रक्तपात के साथ राजनीति है।"

–माओत्से तुंग

निश्चित रूप से 28 जून, 1914 को साराजेवो में फ्रेंज फर्डिनेंड और उनकी पत्नी की हत्या प्रथम विश्व युद्ध का मुख्य कारण बनी। स्वाभाविक रूप से इस हत्या की प्रतिक्रिया ऑस्ट्रो-हंगेरियन साम्राज्य में होनी थी । इस प्रकार एक कारण दूसरे अन्य कारणों का महाकारण बनता जा रहा था। इस आधार पर विभिन्न देशों का एक-दूसरे के पक्ष या विपक्ष में आना शुरू हो गया था। इसके पीछे विभिन्न देशों के आपसी संबंध भी थे। ऑस्ट्रो-हंगेरियन साम्राज्य का सख्त शब्दों में अल्टीमेटम और सर्बिया का जवाब अंतरराष्ट्रीय स्तर पर जाना जा चुका था।

यूँ तो 28 जुलाई, 1914 को ऑस्ट्रिया और सर्बिया के मध्य युद्ध तय था, परंतु ऑस्ट्रिया-सर्बिया के संघर्ष में रूस यह बरदाश्त नहीं कर सकता था कि ऑस्ट्रिया-हंगरी सर्बिया को कुचल दे और ज्यादा शक्तिशाली हो जाए। उधर जर्मनी रूस के सर्बिया को मदद देने की स्थिति में ऑस्ट्रिया का साथ देने की घोषणा कर चुका था। यूरोप के शक्तिशाली देशों ने जर्मनी पर दबाव दिया कि ऑस्ट्रिया और सर्बिया के मामले को हेग के न्यायालय में पेश किया जाए और इसका निबटारा शांतिपूर्वक कर लिया जाए। एक और विकल्प यह भी दिया

गया कि उन दोनों देशों को अपने मामले स्वयं ही निपटाने के लिए छोड़ दिया जाए और दूसरी शक्तियाँ तटस्थ रहें। परंतु हमेशा से युद्ध के लिए उतारू जर्मनी अपनी सैन्य क्षमताओं को दुनिया के सामने दिखाने का सुनहरा अवसर गँवाना नहीं चाहता था। उधार रूस अभी सैन्य तैयारियों में जुटा था। फ्रांस की तैयारी भी अधूरी थी। इसका फायदा उठाते हुए जर्मनी ने ऑस्ट्रिया का साथ दिया और ऑस्ट्रिया ने 28 जुलाई, 1914 को सर्बिया के विरुद्ध युद्ध का ऐलान कर दिया। रूस युद्ध की तैयारी कर ही रहा था कि जर्मनी ने रूस के खिलाफ यह कहकर युद्ध घोषित कर दिया कि रूस और फ्रांस की आपसी दोस्ती है। जर्मनी ने फ्रांस को भी 2 अगस्त को अपना रुख स्पष्ट करने के लिए कहा। फ्रांस ने राष्ट्रीय हित में सही समय पर उचित कदम उठाने की बात कही। परंतु आनन-फानन में जर्मनी ने 3 अगस्त को फ्रांस के विरुद्ध भी युद्ध की घोषणा कर दी।

यूरोपीय राजनीति में युद्ध से पहले देशों के मध्य संबंध का महत्त्वपूर्ण योगदान रहा है। सन् 1914 से ठीक पहले फ्रांस और रूस की मित्रता घनिष्ठ हो गई थी और ऑस्ट्रिया व सर्बिया के बीच कटुता बढ़ने लगी थी।

फ्रांस और रूस की घनिष्ठता

उन्नीसवीं सदी के अंत (1893) में फ्रांस और रूस के बीच एक संधि हुई थी। इस संधि में यह तय किया गया था कि यदि जर्मनी अकेला या इटली के साथ मिलकर फ्रांस पर आक्रमण करता है, तो रूस फ्रांस की मदद करेगा और यदि रूस पर आक्रमण करता है, तो फ्रांस रूस की मदद करेगा। परंतु दोनों देशों ने यह संधि किसी देश पर आक्रमण करने के लिए नहीं, आत्मरक्षा के लिए की थी। जर्मनी इटली और ऑस्ट्रिया-हंगरी से मिलकर त्रिगुट का निर्माण सन् 1882 में कर चुका था, जिससे फ्रांस और रूस को आपसी मेल-जोल बढ़ाना पड़ा था, ताकि समय पड़ने पर जर्मनी को करारा जवाब दिया जा सके। इस प्रकार फ्रांस और रूस की यह दोस्ती प्रगाढ़ होती चली गई। उस समय सामरिक दृष्टि से जर्मनी अधिक ताकतवर हो चुका था।

रूस भी अपनी शक्ति और क्षेत्र बढ़ाना चाहता था। वह जलभाग पर अपना वर्चस्व स्थापित करना चाहता था। इसके लिए सन् 1908 में रूस ने ऑस्ट्रिया के बोस्निया और हर्जेगोविना प्रदेशों पर कब्जे का विरोध नहीं किया, ताकि वह भी ऑस्ट्रिया से डोर्डनल्स और बोस्पोरस के जलमार्ग से अपने जंगी जहाजों के लिए रास्ता ले सके; परंतु ब्रिटेन ने इसका विरोध किया। जर्मनी और

तुर्की पहले से ही विरोधी थे। अब रूस किसी बड़े युद्ध के इंतजार में था, जिससे वह तुर्की को परास्त कर काला सागर से भूमध्यसागर को मिलानेवाले जलमार्ग पर अपना प्रभाव बना सके। इस इच्छा की पूर्ति के लिए रूस को किसी शक्तिशाली राष्ट्र की मदद चाहिए थी। फ्रांस से उसकी पहले से ही मित्रता थी। उस समय फ्रांस सरकार का नेतृत्व पोअंकारे कर रहे थे। यहाँ एक सुखद बात यह थी कि पोअंकारे का जन्म लारेन में हुआ था, जो उस समय जर्मनी के अधीनस्थ था। पोअंकारे अपनी जन्मभूमि को जर्मनी से आजाद कराना चाहते थे। पोअंकारे को यह अच्छी तरह ज्ञात था कि जर्मनी कभी भी शांतिपूर्वक लारेन को मुक्त नहीं करेगा। उन्हें इसका उपाय सिर्फ युद्ध ही नजर आ रहा था। पोअंकारे और उनके समर्थकों को यह भलीभाँति ज्ञात था कि जर्मनी से सन् 1871 की पराजय का बदला तभी लिया जा सकता है, जब वह किसी महाशक्ति से परास्त हो जाए। यही कारण था कि फ्रांस अपनी मित्रता रूस के साथ बनाए रखना चाहता था। रूस को भी फ्रांस पर पूरा भरोसा था। रूस भी फ्रांस का साथ पाकर सबल हो गया था और बालकन प्रायद्वीप में हस्तक्षेप शुरू कर चुका था।

फ्रांस के नेता पोअंकारे का रूस दौरा

यूरोप की अंतरराष्ट्रीय राजनीति में 28 जून, 1914 को फर्डिनेंड की हत्या के बाद से सरगर्मी आ गई थी। यह सर्वविदित था कि अपने युवराज की हत्या से ऑस्ट्रिया-हंगरी साम्राज्य चुप नहीं बैठेगा। सर्बिया में इस कदर विद्वेष की भावना पनप रही है कि वह ऑस्ट्रिया के युवराज की हत्या ही कर देगा, ऐसा किसी ने सपने में भी नहीं सोचा था। इस दौरान पोअंकारे ने रूस की यात्रा की। इस यात्रा में फ्रांस ने रूस के राजनेताओं को अपनी मित्रता एवं मदद का भरोसा दिलाया। फ्रांस ने ऑस्ट्रिया के सर्बिया पर हमला करने की स्थिति में रूस का साथ देने का वादा किया। रूस की महत्त्वाकांक्षाओं की पूर्ति के लिए युद्ध का रास्ता चुननेवाले राजनीतिज्ञों को फ्रांस के आश्वासन से बहुत बल मिला। इस समय फ्रांस भी रूस के साथ युद्ध के लिए तैयार था। फ्रांस भी जर्मनी से वर्ष 1871 में मिली पराजय का बदला लेना चाहता था।

ऑस्ट्रिया-हंगरी का रुख

ऑस्ट्रिया-हंगरी अपने युवराज की हत्या से सर्बिया पर बौखलाया हुआ

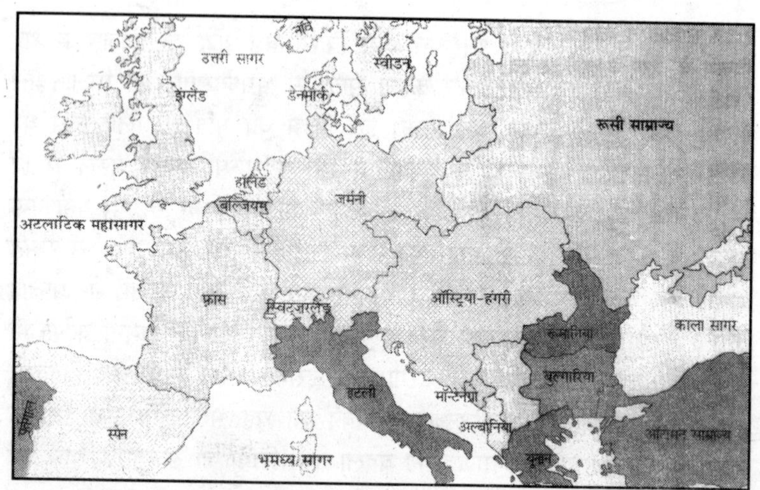

प्रथम विश्व युद्ध के दौरान ऑस्ट्रिया-हंगरी साम्राज्य और यूरोपीय परिदृश्य।

था। परंतु सर्बिया के उग्र राष्ट्रीय आंदोलन से वह चिंतित भी था। वह आशंकित था कि सर्ब जाति के लोग अपने पृथक् राज्य-निर्माण में सफल भी हो सकते हैं। अगर सर्ब लोग अपने लिए स्वतंत्र राष्ट्र स्थापित कर लेते हैं, तो ऑस्ट्रिया के विशाल साम्राज्य में रहनेवाली चेक, पोल, स्लोवाक आदि जातियाँ भी अपनी स्वतंत्रता के लिए आवाज बुलंद करने लगेंगी। सर्बिया की स्वतंत्रता से उन्हें भी प्रेरणा मिलेगी। यदि ऐसा हुआ तो ऑस्ट्रिया-हंगरी का प्रभुत्व कम हो जाएगा और दुनिया में उसकी छवि धूमिल होगी। वह किसी भी स्थिति में सर्बिया के क्रांतिकारी कदम को कुचलना चाहता था। दरअसल ऑस्ट्रिया अपने युवराज की हत्या का बहाना बनाकर सर्बिया को पूरी तरह बरबाद करना चाहता था। इसलिए सर्बिया को 23 जुलाई, 1914 को ऑस्ट्रिया-हंगरी ने जो अल्टीमेटम भेजा, उसमें सिर्फ दो दिन का समय दिया गया।

सर्बिया का रुख

सर्बिया किसी भी कीमत पर ऑस्ट्रिया-हंगरी के अल्टीमेटम को अपने दम पर खारिज नहीं कर सकता था। उसे रूस का सहारा था। जिस दिन सर्बिया को ऑस्ट्रिया का अल्टीमेटम मिला, रूस के वरिष्ठ मंत्री सेजोनोव ने सेंट पीटर्सबर्ग स्थित सर्बियन दूतावास में सर्बियाई राजदूत से मिलकर उन्हें ऑस्ट्रिया-हंगरी के समक्ष घुटने टेकने से इनकार करने को कहा। सर्बिया ऑस्ट्रिया की शक्ति

से भलीभाँति परिचित था। वह अपनी सेना की ताकत जानता था, इसलिए उसने 25 जुलाई, 1914 को 48 घंटे पूरे होने से पूर्व ही ऑस्ट्रिया को जवाब सौंप दिया। उसने प्रायः सभी शर्तों को यह कहते हुए मान लिया कि उसे उसके सबूत दिए जाएँ। साथ ही उसने हेग के अंतरराष्ट्रीय न्यायालय में जाने का भी प्रस्ताव रखा। यहाँ आपसी सूझ-बूझ से रूस और ऑस्ट्रिया द्वारा युद्ध को टाला जा सकता था। परंतु रूस जहाँ इस अवसर का लाभ उठाकर बालकन संबंधी अपनी पुरानी महत्त्वाकांक्षा की पूर्ति करना चाहता था, वहीं ऑस्ट्रिया सर्ब जाति की राष्ट्रीय भावना को हमेशा के लिए कुचल देना चाहता था।

ब्रिटेन का रुख

फ्रांस सरकार ने ब्रिटेन से संपर्क करके युद्ध की स्थिति में अपना रुख स्पष्ट करने को कहा और मदद माँगी। इस पर ब्रिटेन ने अपनी स्थिति स्पष्ट नहीं की। उस वक्त वह यह प्रयास कर सकता था कि ऑस्ट्रिया-हंगरी और सर्बिया लड़ाई में यूरोप के अन्य देशों रूस एवं जर्मनी से बातचीत के आधार पर किसी निर्णय तक पहुँचें। उस समय ब्रिटेन के तत्कालीन विदेश सचिव एडवर्ड ग्रे ने इस बिंदु पर नकारात्मकता दिखाई और युद्ध रोकने के लिए कोई ठोस प्रयास नहीं किया। उन्होंने रूस तथा फ्रांस के समक्ष भी अपनी स्थिति स्पष्ट नहीं की। अगर ब्रिटेन युद्ध किसी के पक्ष में खड़े होने से इनकार कर देता तो रूस व फ्रांस अपने दम पर सर्बिया के साथ जर्मनी के खिलाफ खड़े नहीं होते। यदि ब्रिटेन ने रूस को बता दिया होता कि वह युद्ध में जर्मनी के खिलाफ है, तो जर्मनी भी इस गठबंधन के खिलाफ इतना बड़ा खतरा मोल नहीं लेता और वह युद्ध से अपने आपको हटा सकता था। ब्रिटेन राजकुमार फर्डिनेंड की हत्या के लिए जिम्मेदार लोगों को सजा दिलवाने के लिए सर्बिया पर दबाव डाल सकता था। दूसरी तरफ हत्या के परिणामस्वरूप ऑस्ट्रिया-हंगरी में बदले की जो आग भड़क रही थी, उसे भी भड़कने से रोकने का प्रयास किया जा सकता था।

इसी बीच ब्रिटेन के विदेश सचिव सर एडवर्ड ग्रे ने फ्रांस में अपने राजदूत एम.एफ. बर्टी को एक पत्र भेजा, जिसमें लिखा गया कि ''फ्रांस हमसे यह जानना चाहता है कि जर्मनी के उस पर हमले की स्थिति में हमारी भूमिका क्या होगी।''

उधर रूस युद्ध के लिए अपनी सेना तैयार कर चुका था। हालाँकि वह अपनी तैयारी को सुरक्षात्मक बताता था कि जर्मनी के हमले की स्थिति में वे

उसे जवाब दे पाएँ। फ्रांस ने जोर देते हुए यह कहा था कि जर्मनी शांति नहीं चाहता। ऐसी स्थिति में ब्रिटेन कैबिनेट मीटिंग बुलाकर युद्ध की स्थिति में अपनी भूमिका को स्पष्ट करे। इस पर ब्रिटेन के विदेश सचिव सर एडवर्ड ग्रे ने फ्रांस को प्रतीक्षा करने की सलाह दी और आवश्यकता पड़ने पर अपनी स्थिति स्पष्ट करने का आश्वासन मात्र दिया।

परंतु ब्रिटेन के इस युद्ध में न शामिल होने और स्वयं को पाक-साफ रखने का इरादा काफी दिनों तक स्थिर नहीं रह सका। अंततः उसने भी 4 अगस्त को जर्मनी के खिलाफ युद्ध की घोषणा कर दी। ब्रिटेन एवं फ्रांस ने साथ मिलकर जर्मनी पर यह आरोप लगाया कि युद्ध में बेल्जियम, जो हर तरह से एक तटस्थ देश था, पर आक्रमण कर जर्मनी ने 75 वर्षों की संधि तोड़ी है।

4 अगस्त को जर्मनी ने बेल्जियम पर आक्रमण कर दिया, तत्पश्चात् बेल्जियम के राजा ने ब्रिटेन से मदद माँगी। तब ब्रिटेन ने जर्मनी पर हमला करने का आदेश दिया। ब्रिटेन के युद्ध में सम्मिलित होने से उसके अधीन रहे कई अन्य देशों का प्रत्यक्ष या परोक्ष रूप से युद्ध में शामिल होना स्वाभाविक था। अब ब्रिटेन के साथ-साथ ऑस्ट्रेलिया, कनाडा, भारत, न्यूजीलैंड और दक्षिण अफ्रीका जैसे देशों की भूमिका भी युद्ध में स्पष्ट नजर आने लगी।

जापान का रुख

जापान पहले ही सैन्य-संधि द्वारा ब्रिटेन से जुड़ा हुआ था। इस कारण उसने 23 अगस्त, 1914 को जर्मनी के विरुद्ध युद्ध की घोषणा कर दी। दो दिन बाद ऑस्ट्रिया-हंगरी ने जापान को इसका जवाब दिया।

इटली का रुख

इटली पहले ही जर्मनी और ऑस्ट्रिया-हंगरी से जुड़ा हुआ था। इस तरह उसे जर्मनी एवं ऑस्ट्रिया-हंगरी की ताकत बनना ही था। इटली मई 1915 में आखिरकार अपने दो पूर्व मित्र राष्ट्रों की मदद के लिए युद्ध में शामिल हो गया। हालाँकि शुरुआती दिनों में उसने तटस्थता दिखाई। इस प्रकार यूरोपीय देशों की बड़ी शक्तियाँ एक-दूसरे के खिलाफ शक्ति-प्रदर्शन कर रही थीं।

इस तरह प्रथम विश्व युद्ध की भूमिका बहुत दिनों से बन रही थी। जर्मनी और रूस शक्तिशाली व समृद्ध थे। दोनों के बीच तालमेल आवश्यक था; परंतु दोनों की वर्चस्व की लड़ाई और एक-दूसरे के सामने स्वयं को अधिक

प्रभावशाली दिखाना तालमेल को बिगाड़ रहा था।

दूसरी तरफ ऑस्ट्रिया-हंगरी भी ताकतवर देश था। उसे जर्मनी का समर्थन था। शुरुआती दिनों में जर्मनी और रूस की मित्रता थी। अगर जर्मनी रूस से अपनी मित्रता बनाए रखता और युद्ध में तटस्थ रहता तो युद्ध की तसवीर इतनी भयावह नहीं होती।

जर्मनी की तैयारियाँ

विश्व युद्ध के समय जर्मनी का सम्राट् विलहेम कैसर द्वितीय था। वह राष्ट्र के प्रति समर्पित और स्वाभिमानी सम्राट् था। रूस की युद्ध के लिए तैयारियाँ और जर्मनी के मित्र देश ऑस्ट्रिया-हंगरी को रूस की चुनौती जर्मनी को युद्ध में पूरी तैयारी के साथ उतरने के लिए मजबूर कर रहे थे।

इसी संदर्भ में विलहेम कैसर ने अपने सैनिकों को 18 अगस्त, 1914 के संबोधन में कहा था, ''मेरे वीर सैनिको, जब तक हमारे हाथों में तलवारें हैं, हमारे शरीर में रक्त की एक भी बूँद है, हमारे कदम पीछे नहीं हटेंगे। हम सब यहाँ एकत्रित होकर यह शपथ लें कि हमें हर कीमत पर युद्ध जीतना है। मैं जानता हूँ कि मेरी सेना दुनिया के बेहतरीन सैनिकों का समूह है। यह जब संपूर्ण ताकत से शत्रुओं पर टूटेगी, तो शत्रुओं के होश उड़ जाएँगे। संपूर्ण जर्मनवासियों की तरह मैंने भी अपनी तलवार म्यान से निकाल ली है और यह तब तक म्यान में नहीं जाएगी, जब तक मेरा देश युद्ध जीत न लेगा। इस समय मुझे पूरा विश्वास है कि पूरा देश हमारे साथ खड़ा होगा और हम सब एकजुट होकर शत्रुओं को सबक सिखाएँगे।''

रूस के विरुद्ध जर्मननाद

रूस की आंतरिक गतिविधियों को देखते हुए 1 अगस्त, 1914 की संध्या 7 बजकर 10 मिनट पर जर्मनी के राजदूत काउंटपोर टेल्स ने जर्मनी की ओर से सेंट पीटर्सबर्ग में यह घोषणा कर दी कि ''जर्मन सरकार ने अपनी तरफ से काफी प्रयास किए कि ऑस्ट्रिया-हंगरी तथा सर्बिया के बीच हो रहे युद्ध से स्वयं को दूर रखे, परंतु रूस के सर्बिया की ओर से अपनी सैन्य कार्रवाइयों को तेज करने और ऑस्ट्रिया-हंगरी के विरुद्ध सर्बिया की सहायता के लिए युद्ध में शामिल होने के कारण जर्मन साम्राज्य के लिए खतरा पैदा हो गया है। जर्मनी ने अंततः 14 अगस्त, 1914 को रूस के विरुद्ध युद्ध का बिगुल बजा दिया।

जर्मन सम्राट् विलहेम कैसर द्वितीय।

जर्मन सम्राट् ने रूस के सम्राट् से आग्रह किया कि वे अपनी सेना को आगे बढ़ने से रोकें, परंतु रूस ने अनसुनी कर दी। इसलिए जर्मनी यह घोषणा करता है कि उसे रूस की चुनौती स्वीकार है और वह युद्ध के लिए तैयार है।''

बेल्जियम पर युद्ध का प्रभाव

युद्ध के दौरान बहुत सारे देशों का अनायास ही युद्ध में समावेश हो गया। कई देशों ने युद्ध की स्थिति में तटस्थता बनाए रखने का फैसला किया था, परंतु परिस्थितिवश न चाहकर भी किसी-न-किसी रूप में उन्हें स्वयं को युद्ध में झोंकना पड़ा।

ऐसी ही स्थिति बेल्जियम के साथ हुई। 2 अगस्त, 1914 को जर्मनी ने बेल्जियम से रास्ता माँगा। जर्मनी ने बेल्जियम और स्वयं के बीच सौहार्दपूर्ण संबंधों का वास्ता देते हुए अपनी सेना को बेल्जियम होकर जाने के लिए सहयोग देने को कहा। साथ ही उसने कड़ा रुख अपनाते हुए यह भी जता दिया कि रास्ता न देने की स्थिति में जर्मनी बलपूर्वक बेल्जियम से रास्ता बना लेगा। बेलिजयम ने जर्मनी के प्रस्ताव पर विचार किया और पाया कि ऐसा करना फ्रांस व रूस के विरुद्ध युद्ध करने जैसा होगा। ऐसी स्थिति में उसने युद्ध में तटस्थता की स्थिति बनाए रखने की सोची। जर्मनी को बेल्जियम की मनाही अच्छी नहीं लगी और 4 अगस्त, 1914 को उसने उस पर हमला कर दिया। जर्मनी की विशाल सेना के समक्ष बेल्जियम टिक न सका। जर्मनी ने शानदार विजय प्राप्त की। जर्मन सेनाओं के लिए यह शक्ति-परीक्षण जैसा था। इस जीत से जर्मन सेना के हौसले बुलंद हो गए। जर्मनी के चांसलर थियोवाल्ड वॉन बेथमान हॉलबर्ग ने जीत के बाद अपने भाषण में कहा कि ''जर्मनी की इच्छा बेल्जियम पर हमले की नहीं थी। बेल्जियम को हम जबरन युद्ध में घसीटना भी नहीं चाहते थे। हमने तो सिर्फ उससे रास्ता माँगा था। बेल्जियम के इस सहयोग से इनकार की वजह से हमें उस पर हमला करना पड़ा, परंतु इस जीत से यह सुनिश्चित हो गया है कि जर्मन सेनाओं के सामने दुनिया की कोई भी सेना नहीं टिक सकती। हमारी सेना दुनिया की सबसे ताकतवर सेना है और कोई भी देश हमारा सामना नहीं कर सकता।''

बेल्जियम पर इस प्रकार हमला करने की नीति फ्रांस को अच्छी नहीं लगी। उसने रूस के साथ मिलकर इस हमले का विरोध प्रकट किया। परंतु बेल्जियम पर हमले के उपरांत भी ब्रिटेन पूरी तरह शांत था। ब्रिटेन की तरफ

से किसी प्रकार की प्रतिक्रिया अब तक व्यक्त नहीं की गई थी। संभवत: वह यह जानना चाह रहा था कि कौन सा देश इस समय क्या कर रहा है।

इधर जर्मनी अपना बचाव करते हुए युद्ध में शामिल होने की जिम्मेदारी रूस पर लाद रहा था। उसने कहा कि "सर्बिया में ड्यूक की हत्या के कारण ऑस्ट्रो-हंगेरियन सरकार अगर सर्बिया पर हमला भी करती तो भी रूस को उसकी मदद नहीं करनी चाहिए थी; परंतु रूस ने सर्बिया की मदद की और उसके पक्ष में अपनी सेनाएँ उतार दीं। इस प्रकार रूस ने हम सबको जबरन युद्ध में धकेल दिया। ऐसी स्थिति में हमें अपने साथी देश ऑस्ट्रिया-हंगरी का साथ देना ही था। ऐसा नहीं हो सकता कि हम खड़े-खड़े ऑस्ट्रिया का विध्वंस देखते रहें। हमें अपने मित्र राष्ट्रों की सहायता करनी ही थी।"

संयुक्त राज्य अमेरिका की तटस्थता

अमेरिका ने फैसला कर लिया था कि युद्ध शुरू होने की स्थिति में वह उसमें हिस्सा नहीं लेगा। युद्ध के समय अमेरिका की आबादी लगभग 9 करोड़ थी। यूरोपीय देशों का युद्ध में इस तरह उतरना अमेरिका को अच्छा नहीं लगा। युद्ध में होनेवाले भारी नुकसान को उठाने में अमेरिका को समझदारी नहीं लग रही थी। अमेरिका के तत्कालीन राष्ट्रपति विल्सन ने 19 अगस्त, 1914 को देश को विश्वास दिलाया कि वे युद्ध में किसी भी तरह से स्वयं को शामिल करने को तैयार नहीं हैं।

विल्सन ने अपने संबोधन में अमेरिकियों से कहा कि अमेरिका प्रगति-पसंद देश है। यहाँ विभिन्न देशों से लोग आकर रह रहे हैं, खासकर उन देशों से भी जो युद्ध में शामिल हो रहे हैं। उनमें से कुछ लोग हो सकता है कि अपने देश के पक्ष में खड़े होने के इच्छुक हों; परंतु अमेरिका में रहनेवाले सभी अमेरिकी हैं और उन्हें अपनी भावनाओं को नियंत्रण में रखना होगा तथा यह समझना होगा कि युद्ध का चयन समझदारी नहीं है। हमें एक रहते हुए पूरे विश्व में यह संदेश पहुँचाना है कि अमेरिका एक शांतिप्रिय देश है। हमारी पूरी आस्था देश के आर्थिक विकास एवं उन्नति पर केंद्रित है। हम तरक्की-पसंद राष्ट्र हैं और अपने इरादों पर ईमानदारी से कायम हैं।

❑

प्रथम विश्व युद्ध की उत्पत्ति के बीज

''इतिहास सतत युद्धों का एक लेखा है, पर हम नया इतिहास बनाने की कोशिश कर रहे हैं। मैं ऐसा इसलिए कह रहा हूँ, क्योंकि जहाँ तक अहिंसा का सवाल है, मैं राष्ट्रीय मानस का प्रतिनिधित्व करता हूँ। तलवार के सिद्धांत को मैंने खूब सोच-विचार करने के बाद छोड़ा है। उसकी संभावनाओं का मैंने हिसाब लगाया है और इस निष्कर्ष पर पहुँचा हूँ कि जंगल के कानून की जगह प्रबुद्ध प्रेम के कानून की स्थापना ही मनुष्य की नियति है।''

—महात्मा गांधी

बीसवीं सदी की शुरुआत में कई ऐसे अवसर आए, जब शक्ति-सामर्थ्य की हुंकार बार-बार सुनाई पड़ी। छोटी-छोटी घटनाओं ने विश्व युद्ध की पृष्ठभूमि बनाई। यूरोपीय देश आधुनिक हथियारों से लैस हो रहे थे। स्वाभाविक था कि उन हथियारों के दम पर उन्हें अपने साम्राज्य की सीमा का विस्तार करना था। कई ऐसे अवसर आए, जब युद्ध हुआ और कई बार युद्ध के आसार नजर आने लगे। ऐसी एक घटना मोरक्को में भी हुई।

मोरक्को संकट

मोरक्को एक स्वतंत्र राष्ट्र है, जो अटलांटिक महासागर तट पर स्थित है। प्रथम विश्व युद्ध के पूर्व जब यूरोपीय शक्तियाँ औपनिवेशिक प्रसार के लिए

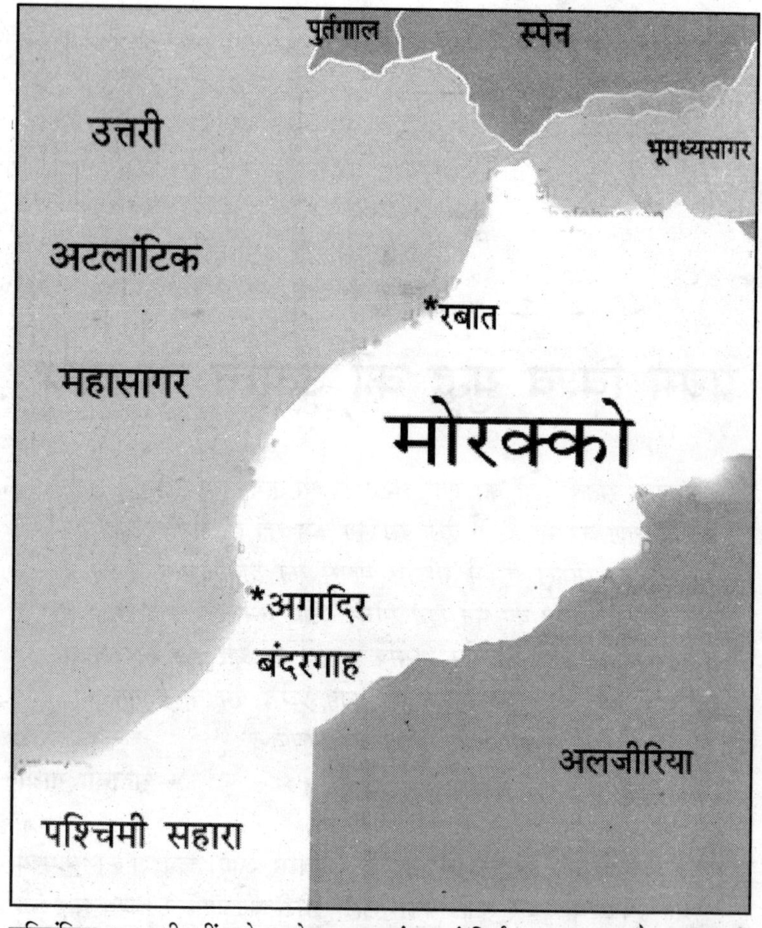

प्रतिद्वंद्विता कर रही थीं, मोरक्को एक स्वतंत्र एवं निर्बल राज्य था और स्वयं को यूरोपीय महाशक्तियों से बचाने के लिए संघर्षरत था। मोरक्को पर ब्रिटेन, फ्रांस, जर्मनी, इटली, स्पेन आदि कई देश अधिकार जमाना चाहते थे। मोरक्को की सीमा अल्जीरिया से मिलती थी और फ्रांस सन् 1830 में अल्जीरिया पर अपना आधिपत्य जमा चुका था। सन् 1830 से 1874 तक फ्रांस अल्जीरिया पर पूर्ण रूप से शिकंजा कस चुका था और अब वह चाहता था कि मोरक्को पर भी अधिकार जमा ले। इस तरह फ्रांस के अफ्रीकन साम्राज्य की सीमाएँ पूर्व में ट्यूनिस से और पश्चिम में मोरक्को से आ लगी थीं। ये दोनों राज्य स्वतंत्र मुसलिम राज्य थे। ट्यूनिस की सीमा पर निवास करनेवाली जातियाँ अल्जीरिया

पर आक्रमण करती रहती थीं और इसी को ध्यान में रखकर फ्रांस ने वर्ष 1881 में ट्यूनिस पर हमला कर दिया और उस पर विजय हासिल कर अपने अधीनस्थ कर लिया। मोरक्को में लौह खनिज अति प्रचुर मात्रा में उपलब्ध था। यूरोपीय व्यापार को और प्रगतिशील बनाने के लिए लौह खनिज की आवश्यकता तो थी ही। इस तरह कई देशों की निगाहें मोरक्को पर जा लगी थीं। उनका विचार था कि जो भी देश मोरक्को को अपने अधीन करेगा, अफ्रीका पर उसका प्रभाव उतना ही मजबूत होगा।

इटली भी अफ्रीका में अपना साम्राज्य-विस्तार चाहता था। इससे पहले वह अफ्रीकी देश लीबिया को हथिया चुका था। लीबिया ट्यूनिस से सटा हुआ था, इसलिए इटली की यह आकांक्षा थी कि ट्यूनिस को जीतकर वह अफ्रीकी साम्राज्य में अपनी सीमा का विस्तार कर ले।

मोरक्को का पहला संकट

सन् 1904 में ब्रिटेन और फ्रांस की संधि हुई थी, जिसमें ब्रिटेन मोरक्को में फ्रांस के हितों के समर्थन का वचन दे चुका था। इस संधि से फ्रांस को मोरक्को क्षेत्र में हस्तक्षेप करने में मदद मिली। उसे ब्रिटेन का समर्थन प्राप्त था। शीघ्र ही यह परिस्थिति उत्पन्न हो गई, जिससे इस बात पर मुहर लग गई कि ब्रिटेन और फ्रांस की संधि में कितना बल है। इससे पूर्व फ्रांस ने अन्य देशों से भी संधि की थी। फ्रांस का सन् 1890 में इटली से समझौता हुआ था। सन् 1904 मे उसने ब्रिटेन से संधि की, उसी वर्ष स्पेन से भी फ्रांस ने समझौता किया। इन समझौतों ने फ्रांस को मोरक्को में निरंकुश रूप से आगे बढ़ने को प्रेरित किया।

फ्रांस ने मोरक्को के सुलतान से वार्त्ता की और उसकी सल्तनत में कुछ सुधार योजनाएँ चलाने का प्रस्ताव रखा। वास्तव में फ्रांस इस तरह से मोरक्को में अपना हस्तक्षेप बढ़ाना चाहता था। फ्रांस सरकार ने अपना प्रतिनिधिमंडल भेजा और मोरक्को के विकास के लिए अच्छी-खासी रकम ऋण के रूप में दी। फ्रांस मोरक्को में सड़क-व्यवस्था, तार-व्यवस्था, बैंक स्थापना, फ्रेंच पुलिस द्वारा मोरक्को में जगह-जगह पर पुलिस चौकी बनाकर सुरक्षा प्रदान करना, बंदरगाहों का निर्माण आदि करने की स्वीकृति ले चुका था।

धीरे-धीरे फ्रांस मोरक्को में अपना हस्तक्षेप बढ़ा चुका था और इससे जर्मनी को काफी कठिनाई हो रही थी। जून 1904 में विलहेम कैसर द्वितीय ने

ब्रिटिश सम्राट् एडवर्ड से कहा था कि मोरक्को में उसकी कोई दिलचस्पी नहीं है, लेकिन अब वह मोरक्को में उसके बढ़ते हस्तक्षेप को बरदाश्त नहीं कर पा रहा है। वह यह नहीं चाहता था कि फ्रांस धीरे-धीरे मोरक्को पर अपना आधिपत्य स्थापित कर ले। अब जर्मनी मोरक्को में हस्तक्षेप करने की स्थिति में आ चुका था; परंतु उसका हस्तक्षेप इतना कड़ा होगा, यह फ्रांस या दुनिया के देशों ने सोचा नहीं था। जर्मनी मोरक्को में फ्रांस द्वारा उसके आर्थिक हितों को हानि पहुँचाने का आरोप लगा रहा था। जर्मनी ने अपनी बात जिस कटु तरीके से पेश की कि यूरोप हतप्रभ रह गया।

सन् 1905 में जर्मनी ने मोरक्को को स्वराज्य घोषित कर दिया। उसने मोरक्को के सुलतान को अपने संरक्षण में ले लिया। जर्मनी ने सुलतान को मोरक्को की स्वतंत्रता की रक्षा का वचन दिया। विलहेम कैसर ने जर्मन निवासियों से कहा कि मोरक्को में जर्मनी के हितों की रक्षा के लिए यह कदम उठाया जा रहा है। जर्मनी से इतनी बड़ी मदद मिलने से मोरक्को के सुलतान की हिम्मत स्वाभाविक रूप से बढ़ गई और उसने फ्रांस की सुधार-योजनाओं को रद्द कर दिया। जर्मनी के चांसलर ने कहा कि फ्रांस ने मोरक्को के संबंध में किए गए समझौतों से उसे अवगत नहीं कराया। चांसलर वॉन बेथमान ने मोरक्को समस्या पर विचार के लिए सम्मेलन बुलाने की माँग की। सम्मेलन में सन् 1880 में मैड्रिड संधि पर हस्ताक्षर करनेवाले सभी देशों को आमंत्रित करने पर विचार किया गया। फ्रांस ने जर्मनी के ऐसे हस्तक्षेप का विरोध किया । फ्रांस के विदेश मंत्री डेलकॉसे ने जर्मनी द्वारा सम्मेलन बुलाए जाने का कड़ा विरोध किया। परंतु फ्रांस के तत्कालीन प्रधानमंत्री रूवियर जर्मनी से समझौते के पक्ष में थे। फ्रेंच राष्ट्रपति लूबे भी डेलकॉसे के समर्थन में थे। बावजूद इसके 6 जून, 1905 को फ्रांस के प्रधानमंत्री रूवियर ने अपने मंत्रिमंडल की बैठक बुलाई। अधिकांश मंत्रियों ने प्रधानमंत्री रूवियर का समर्थन किया। विदेश मंत्री डेलकॉसे फ्रांस की मोरक्को संबंधी नीति को उचित एवं देश-हित में समझते थे। इसके एवज में वे युद्ध को तैयार थे। परंतु डेलकॉसे के समर्थन के बावजूद रूवियर ने जर्मनी की सम्मेलन की माँग को स्वीकार कर लिया। इससे खिन्न डेलकॉसे ने त्यागपत्र दे दिया। उस वक्त डेलकॉसे की प्रसिद्धि इतनी थी कि यूरोप के अन्य देश उनकी विदेश नीति पर अच्छी पकड़ मानते थे। फ्रांस के हित के लिए डेलकॉसे ने कई महत्त्वपूर्ण संधियों में अपना योगदान दिया था। इस तरह डेलकॉसे का त्यागपत्र जर्मनी की कूटनीतिक विजय थी।

इधर जर्मनी अमेरिकी राष्ट्रपति रूजवेल्ट का समर्थन पाने का प्रयत्न कर रहा था। फ्रांस के प्रधानमंत्री ने जर्मनी से जानना चाहा कि सम्मेलन में किस आधार पर निर्णय किए जाएँगे? इस पर जर्मनी का उत्तर था कि फ्रांस पहले बिना शर्त सम्मेलन की माँग स्वीकार करे, फिर कोई बात होगी। इधर जर्मनी के अमेरिकी राष्ट्रपति के निकट आने के कारण अमेरिका फ्रांस पर दबाव बना रहा था। हालाँकि अमेरिका ने फ्रांस को यह आश्वासन दिया कि वह मोरक्को में उसके हितों का विरोध नहीं करेगा। इस प्रकार जून 1905 के अंत में फ्रांस ने सम्मेलन की माँग स्वीकार की और जनवरी 1906 में अल्जेसिरास में सम्मेलन होना तय हुआ। अल्जेसिरास का सम्मेलन 16 जनवरी, 1906 को प्रारंभ हुआ और अप्रैल 1906 तक चला। इस सम्मेलन में 12 देशों के प्रतिनिधि शामिल हुए। इन देशों में स्पेन, फ्रांस, जर्मनी, ब्रिटेन, रूस, संयुक्त राज्य अमेरिका, बेल्जियम, स्वीडन, इटली, हॉलैंड, पुर्तगाल और मोरक्को शामिल थे। सम्मेलन में फ्रांस को अपने पुराने मित्र रूस का सहयोग मिल रहा था। रूस के साथ-साथ नए सहयोगी ब्रिटेन और स्पेन ने भी फ्रांस का समर्थन किया। इटली भी परोक्ष रूप से फ्रांस को समर्थन दे रहा था। उधर अमेरिका का समर्थन भी परोक्षतः फ्रांस को ही मिला। विभिन्न विषयों पर फ्रांस और जर्मनी के टकराव की स्थिति सामने आई। जो महत्त्वपूर्ण समस्याएँ मुखरित होकर उभरीं, उनमें पुलिस और बैंकिंग नियंत्रण की समस्याएँ महत्त्वपूर्ण थीं। जर्मनी फ्रांस के पुलिस बल पर नियंत्रण के विरुद्ध था। निष्कर्षतः पुलिस बल फ्रांस और स्पेन के अधिकारियों के अधीन हो गया। वित्तीय समस्या के लिए 'राज्य बैंक' की स्थापना की गई, जिसमें फ्रांस, जर्मनी, ब्रिटेन और स्पेन का बराबर प्रभाव बनाया गया। इस प्रकार प्रायः सभी विषयों पर समझौते होने के पश्चात् 1 अप्रैल, 1906 को अल्जेसिरास समझौते पर सम्मेलन में शामिल सभी 12 राज्यों के प्रतिनिधियों के हस्ताक्षर हो गए। इस सम्मेलन से जर्मनी निराश हुआ। जर्मनी के चांसलर ने कहा, "इसमें न हमारी हार हुई है, न ही हमारी जीत।" सम्मेलन के बाद फ्रांस की मोरक्को में स्थिति नियमित हो गई। अब फ्रांस शांतिपूर्वक मोरक्को में अपना प्रभाव बढ़ा रहा था। मोरक्को को मुक्त देश मान लिया गया और उसके संबंध में जर्मनी के अंतरराष्ट्रीय उत्तरदायित्व के सिद्धांत को स्वीकृति दे दी गई।

सम्मेलन के बाद अलग-अलग देशों से भिन्न-भिन्न प्रतिक्रियाएँ आईं। विभिन्न इतिहासकारों ने भी इसे अपने नजरिए से आँका। प्रो. गूच के अनुसार,

"अल्जेसिरास का सम्मेलन फ्रांस और जर्मनी के बीच एक दीर्घकालीन द्वंद्व था। फ्रांस को रूस, इंग्लैंड और स्पेन का खुला समर्थन मिला, जबकि अमेरिका ने भी परदे के पीछे रहकर उसके हितों का समर्थन किया। दूसरी ओर जर्मनी को अपने मित्र राष्ट्रों से पूरा समर्थन नहीं मिल सका, जबकि उसने अंतरराष्ट्रीय उत्तरदायित्व के सिद्धांत पर विजय प्राप्त की थी। इस तरह इस सम्मेलन में हार-जीत किसी की भी नहीं हुई।"

मोरक्को, जर्मनी और पश्चिमी राष्ट्रों के बीच शक्ति परीक्षण का पहला मौका था। अल्जेसिरास सम्मेलन के समय से ही यूरोप की अंतरराष्ट्रीय राजनीति में वह प्रक्रिया प्रारंभ हो गई थी, जिसे जर्मन लोग 'घेराबंदी' और अंग्रेज लोग 'सामूहिक सुरक्षा' कहते थे।

मोरक्को का दूसरा संकट

अल्जेसिरास सम्मेलन के बाद भी मोरक्को संकट बना रहा। मोरक्कोवासियों को विदेशी हस्तक्षेप रास नहीं आ रहा था, इसलिए उन्होंने कई फ्रांसीसी अधिकारियों की हत्या कर दी। सन् 1908 में जर्मनी के सम्राट् ने फिर से मोरक्को का प्रश्न उठाया था। परंतु फरवरी 1909 में फ्रांस और जर्मनी में समझौता हो गया। दरअसल सितंबर 1908 में कासाब्लांका में जर्मन निवासियों ने अपने वाणिज्य दूत की सहायता से विदेशी सेना के कुछ सैनिकों को भाग जाने में सहायता की। इसमें 2-3 जर्मन भी थे। भगोड़े पकड़ लिये गए और फ्रेंच सैनिकों ने उनके साथ कड़ा व्यवहार किया। जर्मन राजदूत पर भगोड़ों की मदद का आरोप लगा। दूसरी ओर जर्मनी ने फ्रांस पर दूतावास के विशेषाधिकारों को तोड़ने का आरोप लगाया। स्थिति बिगड़ गई। इस बार भी ब्रिटेन और रूस ने फ्रांस का समर्थन किया। जर्मनी ने इस बार अड़ियल रुख नहीं अपनाया। जनवरी 1906 में जर्मनी ने कहा कि मोरक्को में उसे केवल आर्थिक हितों की चिंता है, इसके बदले वह फ्रांस के विशेष हितों को मान्यता देने को तैयार है। जर्मनी को व्यापारिक मामले में फ्रांस के बराबर सुविधाएँ देने का आश्वासन मिला और फ्रांस के विशेष हितों को मान्यता देते हुए हस्तक्षेप न करने का वायदा भी करवाया गया। इस बार ऐसा लग रहा था कि फ्रांस और जर्मनी के विवाद समाप्त हो गए हैं, परंतु मोरक्को मामले में दोनों के बीच सामंजस्य बहुत कम समय के लिए बना रहा और सन् 1911 में यह संकट फिर उभरकर सामने आया।

अगादिर बंदरगाह।

मोरक्को के बंदरगाह का संकट

सन् 1911 में मोरक्को के सुलतान ने फ्रांस से दुबारा ऋण लिया। इस बीच फ्रांस अपना प्रभाव मोरक्को में काफी बढ़ा चुका था। अब मोरक्को के सुलतान की फ्रांस के प्रति असंतोष की भावना का बढ़ना लाजिमी था। मार्च 1911 में फैज के निकटवर्ती इलाकों में विद्रोह हो गया। फ्रांस को सैनिक हस्तक्षेप का सुनहरा मौका मिल गया। उसने जर्मनी को सूचना दी कि मोरक्को में अराजकता बढ़ रही है और फ्रांस को रबात पर अधिकार करना होगा और यूरोपीय नागरिकों की सुरक्षा के लिए फैज में सेना भेजनी पड़ेगी। परंतु जर्मनी ने इस प्रकार की सैनिक कार्रवाई से फ्रांस को रोका, ताकि विद्रोह सिर्फ मोरक्को में ही नहीं बल्कि जर्मनी में भी न भड़क जाए।

पर फ्रांस ने अप्रैल 1911 में फैज पर कब्जा कर लिया। इस बीच जर्मन विदेश मंत्री किंडरलेन ने मोरक्को के अगादिर बंदरगाह पर जर्मन नागरिकों की रक्षा के बहाने एक युद्धपोत भेज दिया। किंडरलेन ने सोचा कि अगर फैज पर फ्रांस का अधिकार हो तो जर्मनी को भी क्षतिपूर्ति में अगादिर तट पर सैनिक अधिकार करने से नहीं चूकना चाहिए।

इसी दौरान 21 मई को फ्रेंच राजदूत केंबेन ने जर्मन विदेश मंत्री से गुप्त

वार्त्ता कर जर्मनी का असंतोष समाप्त करने के लिए फ्रांस अधिकृत कांगो के कुछ भाग को जर्मनी को हस्तांतरित करने की पेशकश की। इधर जर्मनी ने दक्षिण मोरक्को में जर्मन व्यापारियों की संपत्ति और उनकी जीवन-रक्षा के नाम पर 'पैंथर' नामक युद्धपोत अगादिर के बंदरगाह पर 1 जुलाई, 1911 को रवाना कर दिया। इससे जर्मनी की अगादिर हवाई अड्डे पर कब्जा करने की मंशा दृष्टिगोचर हुई। अब जर्मनी फ्रांस से संपूर्ण फ्रेंच-कांगो की माँग करने लगा। फ्रांस ने अपनी स्थिति स्पष्ट करते हुए कहा कि यदि जर्मनी टोगो और कैमरून को छोड़ दे तो वह कांगो का कुछ भाग जर्मनी को दे देगा।

बात बहुत हद तक बिगड़ चुकी थी, यह देख जर्मन सम्राट् कैसर विलहेम ने फ्रांस से शांतिपूर्वक समझौता करने की पेशकश की। यहाँ फिर ब्रिटेन फ्रांस की मदद करने लगा। ब्रिटेन ने स्पष्ट शब्दों में जर्मनी से यह बात कही कि मोरक्को में किसी भी नई व्यवस्था की शुरुआत करने से पहले ब्रिटेन की स्वीकृति आवश्यक है। ब्रिटेन अगादिर में जर्मन युद्धपोतों से परेशान था, क्योंकि पश्चिमी मोरक्को में इससे ब्रिटिश हितों को खतरा था। ब्रिटेन फ्रेंच-कांगो का कुछ हिस्सा जर्मनी को देने के पक्ष में था। परंतु संपूर्ण हिस्सा देने की माँग ठीक नहीं थी। उधर फ्रांस ने ब्रिटेन से स्पष्ट कर दिया था कि वह जर्मनी की माँग स्वीकार नहीं कर सकता। इस तरह ब्रिटेन को लगा कि फ्रांस और जर्मनी में समझौता संभव नहीं है और इस स्थिति में जर्मन युद्धपोत अगादिर में लंबे समय तक बना रहेगा। तब ब्रिटेन ने कड़ा रुख अपनाते हुए फ्रांस का साथ दिया। उसने तीखे शब्दों में जर्मनी की खिंचाई की। तब जर्मनी ने अपना रवैया नरम किया।

लगभग चार महीने चली समझौता वार्त्ता के बाद फ्रांस और जर्मनी ने नवंबर 1911 में समझौते पर हस्ताक्षर किए। समझौते के अनुसार जर्मनी ने मोरक्को पर फ्रांस का संरक्षण स्वीकार कर लिया था। बदले में जर्मनी को फ्रेंच-कांगो का 1 लाख वर्ग मील क्षेत्र दिया गया। समझौते के उपरांत जर्मनी ने अगादिर से अपना युद्धपोत वापस बुला लिया। ऐसा कहा जाता है कि जर्मनी उस समय आर्थिक संकट से गुजर रहा था और मोरक्को के मामले में वह कोई ऐसी नाजुक स्थिति पैदा नहीं करना चाहता था। असल में इस घटना में जर्मनी की हार हुई थी। वर्ष 1911 की अगादिर की यह घटना 1914 के विश्व युद्ध की पूर्व पीठिका थी।

❑

बालकन युद्ध

"आप कैसे कह सकते हैं कि सभ्यता तरक्की नहीं कर रही। आपको मारने के नए-नए तरीके ईजाद हो रहे हैं।"

—अज्ञात

प्रथम विश्व युद्ध के पूर्व कई छोटे-बड़े ऐसे विवाद हुए, जो विश्व युद्ध की पृष्ठभूमि तैयार कर रहे थे। इनमें एक बालकन युद्ध भी था। सन् 1912-13 में पूर्वी समस्या ने भयंकर विस्फोटक रूप धारण कर लिया। युवा तुर्कियों ने मेसिडोनिया, आर्मीनिया आदि में यूनानी, सर्ब, बुल्गेरियन आदि की नृशंस हत्या की थी, जिसे वे भुला नहीं पा रहे थे। इसलिए सारे आपसी भेदभावों को भुलाकर शोषित राष्ट्रों द्वारा अक्तूबर 1912 में बालकन संघ का निर्माण किया गया। इस संघ में मोंटेनेग्रो, सर्बिया, बुल्गारिया और ग्रीस शामिल थे। इस संघ ने तुर्की के विरुद्ध युद्ध की घोषणा कर दी। बालकन में दो युद्ध हुए।

बालकन युद्ध का प्रथम दौर अक्तूबर 1912 से दिसंबर 1912 तक चला और दूसरा फरवरी 1913 से मई 1913 तक। पहले बालकन युद्ध के फलस्वरूप 30 मई, 1913 को लंदन की संधि हुई।

जून 1913 में द्वितीय बालकन युद्ध प्रारंभ हुआ। इस युद्ध की समाप्ति बुखारेस्ट की संधि से हुई। इन युद्धों ने बालकन प्रायद्वीप का नक्शा बदल दिया। तुर्की साम्राज्य यूरोप में लगभग समाप्त हो गया। ये बालकन युद्ध ही विश्व युद्ध की पृष्ठभूमि बने, जिसका महाविस्फोट सन् 1914 में हुआ।

बालकन युद्धों के कारण

तुर्की साम्राज्य में विभिन्न जातियों, भाषाओं और धर्मों के लोग रहते थे। तुर्क संख्या में गैर-तुर्कों से कम थे। तुर्की के सुलतान और अधिकारी अत्याचारी थे। उन्होंने गैर-तुर्कों पर निर्मम अत्याचार किए। तुर्कियों के व्यवहार से गैर-तुर्कों में असंतोष फैल गया। अब गैर-तुर्क अपनी रक्षा के लिए किसी भी हद तक जाकर तुर्कों से लड़ने को तैयार थे। उनके लिए मरो या मारो का प्रश्न था। ऐसी वैमनस्यता की स्थिति में विस्फोट स्वाभाविक था, जिसे युद्ध का रूप लेना ही था। गैर-तुर्कियों ने तुर्कियों का दमन करने की ठान ली। बालकन

राज्यों का इस बीच पश्चिमी सभ्यता से भी संपर्क हो चुका था। इससे उनमें राष्ट्रीयता की भावना भी फैल रही थी। वे तुर्क साम्राज्य की अधीनता स्वीकार करने को तैयार नहीं थे। उनमें स्वतंत्रता की लालसा बढ़ने लगी।

इस बीच गैर-तुर्कों में आशा और उम्मीद तब जगी, जब युवा तुर्कों ने बिना रक्त बहाए सुलतान का निरंकुश शासन समाप्त करने का प्रयास शुरू किया। युवा तुर्कों ने तुर्की में संसदीय शासन का आरंभ करना चाहा, तब गैर-तुर्कियों ने मिलकर खुशियाँ मनाईं। परंतु ये खुशियाँ अधिक दिनों तक टिक नहीं पाईं। गैर-तुर्कियों को ज्ञात हो गया कि युवा तुर्क भी निरंकुश शासन करना चाहते हैं। वे भी गैर-तुर्कियों के साथ वैसा ही व्यवहार कर रहे हैं, जैसा सुलतान कर रहा था। अब गैर-तुर्कियों के पास हथियार उठाने के अलावा कोई अन्य चारा नहीं था। इस प्रकार गैर-तुर्क और तुर्क संघर्ष ने बालकन युद्धों को जन्म दिया।

तुर्कियों और गैर-तुर्कियों की लड़ाई का आधार समान था। धर्म व जाति के आधार पर राज्य का संगठन शुरू हो गया। बोस्निया, हरजेगोविना, मोंटेनेग्रो और सर्बिया जैसे देश एक जाति के थे। वे आपस में संगठित होकर एक राज्य बनाना चाहते थे। इसी प्रकार यूनान की मंशा थी कि मेसिडोनिया, क्रीट और कई अन्य टापू उसके राज्य में शामिल हो जाएँ। इस प्रकार बालकन प्रदेश में जाति और धर्म के आधार पर संगठन बनने लगे।

यूरोपीय राज्यों के हित तुर्की साम्राज्य से टकराने लगे। रूस और सर्बिया धर्म व जाति के आधार पर एक होने की वजह से साथ खड़े थे। ब्रिटेन तुर्की राज्यों में रूस का वर्चस्व समाप्त करना चाहता था। इस तरह तुर्की विभिन्न राष्ट्रों की राजनीतिक और सैनिक टकरावों की वजह बनता जा रहा था।

तुर्कियों से दो-दो हाथ करने को तैयार गैर-तुर्की भी आपस में पूरी तरह संगठित नहीं थे। बुल्गारिया, सर्बिया और यूनान में सदियों से जातिगत आधार पर वर्चस्व की लड़ाई चल रही थी। इस प्रकार द्वितीय बालकन युद्ध गैर-तुर्क जातियों की आपसी वैमनस्यता के कारण उपजा।

तुर्की और इटली के युद्ध में तुर्की की पराजय हुई। इससे बालकन राज्यों को प्रेरणा मिली कि तुर्की साम्राज्य निर्बल है। उसके विरुद्ध युद्ध का बिगुल फूँका जाए। बालकन में पूर्व से ही बालकन संघ का निर्माण कई देशों को मिलाकर हो चुका था। उस संघ की ताकत और तुर्की साम्राज्य की निर्बलता ने युद्ध की पुष्टि की। उस संघ ने तुर्कों को कुचल डाला और यूरोप की उपेक्षा कर शक्ति-संतुलन को गड़बड़ा दिया।

प्रथम बालकन युद्ध

15 अक्तूबर, 1912 को बालकन युद्ध की शुरुआत हुई। प्रथम बालकन युद्ध तीन महीने चला। सबसे पहले मोंटेनेग्रो ने 8 अक्तूबर को तुर्की के साथ युद्ध छेड़ दिया। 14 अक्तूबर को बुल्गारिया, सर्बिया और यूनान ने तुर्की को अल्टीमेटम भेजा। 18 अक्तूबर को तुर्की ने बुल्गारिया और सर्बिया के विरुद्ध युद्ध की घोषणा कर दी। बुल्गारिया और सर्बिया का साथ देने के लिए यूनान भी उसी दिन तुर्की के खिलाफ युद्ध में शामिल हो गया।

गैर-तुर्कियों का यह आक्रमण बहुत ही सुनियोजित तरीके से किया गया था। तुर्की की जनसंख्या चारों बालकन राज्यों से दुगुनी थी। उसके पास सैनिक भी अधिक थे। यूरोपीय देश समझते थे कि बालकन को युद्ध में दबा दिया जाएगा, परंतु ऐसा नहीं हुआ। यूरोपीय इतिहास में बालकन युद्ध चमत्कार जैसा था। तुर्की पर चारों ओर से आक्रमण किया गया। बुल्गारिया की फौजें थ्रैस में घुस गईं। 22 अक्तूबर को उन्हें भारी विजय मिली। आगामी एक सप्ताह में बुल्गेरियन फौजों ने लुले बर्गास के युद्ध के बाद एड्रियानोपिल पर कब्जा कर लिया। तुर्की फौजों के लिए यह बड़ी शिकस्त थी। इधर सर्बियन फौजें नौविबाजार में घुस गईं। उन्होंने तुर्कों को कुमोनोव में सबक सिखाया और कोसोवो की पराजय का बदला ले लिया। मोंटेनेग्रो की सेना ने अलबानिया पर आक्रमण किया। यूनानियों ने थैसली पर आक्रमण किया और कब्जा कर लिया। यूनान ने तुर्की बंदरगाहों के मार्गों को अवरुद्ध कर दिया और एजियन सागर के कई द्वीपों पर कब्जा कर लिया। पूरी दुनिया तुर्की के विनाश से हतप्रभ थी। किसी ने भी यह कल्पना तक नहीं की थी कि तुर्की का इस कदर पतन हो सकता है। देश ताश के पत्ते की तरह बिखर गया। युद्ध के उपरांत तुर्की के पास सिर्फ चार नगर कुस्तुनतुनिया, एड्रियानोपिल, जनीना और अलबानिया स्कूटरी बचे रहे।

लंदन की संधि

तुर्क साम्राज्य का इस कदर पतन हो जाएगा, यह किसी के भी समझ से परे था। यूरोपीय शक्तियों से लेकर तुर्क तक ने नहीं सोचा था कि बालकन राज्यों से युद्ध का परिणाम इतना भयंकर होगा कि तुर्क साम्राज्य का अस्तित्व ही डगमगा जाएगा। फलस्वरूप यूरोपीय शक्तियों ने दिसंबर 1912 की शुरुआत में युद्धग्रस्त देशों का सम्मेलन लंदन में बुलाया और सबको अस्थायी संधि

स्वीकार करने पर बाध्य किया। अभी भी तुर्क और बालकन राज्यों के बीच दो मुख्य बिंदुओं पर मतभेद था। पहला मतभेद रूमानिया के मसले पर था। क्या रूमानिया को अपनी तटस्थता के बदले दोब्रुजा क्षेत्र में कुछ लाभपूर्ण रियायतें दी जानी चाहिए और दूसरा कि क्या तुर्की के अधिकार में वे चारों नगर बने रहें, जिन पर अभी तुर्की का झंडा लहराता है? एक महीने तक चली इस संधि-वार्त्ता में यह निष्कर्ष निकाला गया कि रूमानिया को दोब्रुजा क्षेत्र में कुछ लाभपूर्ण रियायतें दे दी जाएँ और एड्रियानोपिल छोड़कर अन्य तीन नगरों पर तुर्की का अधिकार बना रहे।

इस दूसरे फैसले पर युवा तुर्कों में असहमति थी। उन्होंने प्रधानमंत्री कियामिल पाशा पर दबाव बनाया। युवा तुर्कियों के नेतृत्वकर्ता अनवर बे ने प्रधानमंत्री को त्यागपत्र तक देने के लिए विवश कर दिया। नए प्रधानमंत्री के रूप में महमूद शेवकत पाशा को जिम्मेदारी दी गई। एड्रियानोपिल नगर पर तुर्क साम्राज्य का आधिपत्य छोड़ने का प्रस्ताव ठुकरा दिया गया और इस तरह लंदन की बैठक समाप्त हो गई। पुनः अगले ही महीने फरवरी में तुर्की और बालकन संगठन में युद्ध छिड़ गया। इस बार भी तुर्की को भारी क्षति उठानी पड़ी। अगले महीने 6 मार्च को जनीना, 26 मार्च को एड्रियानोपिल और 23 अप्रैल को स्कूटरी का भी पतन हो गया। युवा तुर्कियों का जोश में लिया गया फैसला उनके ही गले पड़ गया। जहाँ लंदन की पूर्व संधि के अनुसार उन्हें तीन नगर दिए जा रहे थे, युद्ध के उपरांत उन पर भी उसका आधिपत्य नहीं रह पाया। पूर्णरूप से हाथ-पैर मारने के बाद वे समझौता करने को विवश हो गए।

इस तरह फिर से लंदन में संधि-वार्त्ता की शुरुआत हुई और 30 मई, 1913 को संधि-पत्र पर बालकन संगठन के राज्यों और तुर्क के हस्ताक्षर हुए। लंदन की संधि के बाद बालकन युद्ध समाप्त हुआ।

यूरोप में तुर्की के सुलतान की सल्तनत समाप्त हो गई। पाँच सौ वर्षों के गौरवपूर्ण शासन के बाद उसने अपने को यूरोप से बहिष्कृत पाया।

बालकन संगठन में आपसी मतभेद

लंदन-संधि से युद्ध तो समाप्त हो गया, परंतु बालकन संगठन के चारों राज्यों के बीच तुर्की के हिस्से के बँटवारे के लिए विभेद रहा। चारों राज्यों में क्षेत्र-विभाजन के लिए खींचातानी शुरू हो गई। उसमें प्रमुख झगड़ा बुल्गारिया के साथ था। बुल्गारिया का इस जीत में महत्त्वपूर्ण योगदान था। वह जीते हुए

हिस्से के अधिकांश पर अधिकार चाहता था। अन्य राज्यों का कहना था कि जीते हुए क्षेत्र के बँटवारे में कोई अंतर नहीं होना चाहिए। बुल्गारिया इसके लिए तैयार नहीं था। इस प्रकार बुल्गारिया एक तरफ और सर्बिया, यूनान एवं रूमानिया दूसरी तरफ हो गए।

द्वितीय बालकन युद्ध

जहाँ पहला बालकन युद्ध जाति और धन के आधार पर तुर्की के अत्याचार के खिलाफ बालकन संगठन का जवाब था, वहीं दूसरा संगठन में स्वार्थपरता का परिणाम था।

बुल्गारिया अपनी ताकत के मद में चूर था। उसने बिना सोचे-समझे 29 जून, 1913 को अचानक सर्बिया पर आक्रमण कर दिया। साथ ही सेलोनिका में यूनान पर हमला कर दिया। सर्बिया के साथ यूनान और रूमानिया आगे आए। तुर्की भी बालकन राज्यों से बदला लेने को तैयार था। मौके की नजाकत को देखते हुए वह यूनान और रूमानिया के साथ सर्बिया का साथ देने के लिए उनसे जा मिला। इस तरह बुल्गारिया को सर्बिया, रूमानिया, यूनान और तुर्की की सम्मिलित ताकत से अकेले युद्ध करना पड़ा।

द्वितीय बालकन युद्ध का मुख्य कारण मेसिडोनिया था। मेसिडोनिया पर किसका आधिपत्य हो, यह फैसला नहीं हो पाने के कारण ही द्वितीय बालकन युद्ध हुआ। सर्बिया और यूनान ने मेसिडोनिया से बुल्गेरियनों को खदेड़ दिया। बुल्गेरियनों ने भागते समय नीचतापूर्ण हरकतों को अंजाम दिया। उन्होंने मेसिडोनिया की ग्रीक जनता का बेरहमी से सामूहिक नर-संहार किया। इसकी प्रतिक्रिया में यूनानियों ने भी बुल्गेरियन जनता की सामूहिक हत्या कर दी। द्वितीय बालकन युद्ध सिर्फ एक महीने चला, जिसमें बुल्गारिया की करारी हार हुई। युद्ध में बुल्गारिया का अंत सुनिश्चित था। इस स्थिति में ऑस्ट्रिया ने हस्तक्षेप किया। ऑस्ट्रिया नहीं चाहता था कि बुल्गारिया की और दुर्गति हो। ऑस्ट्रिया ने युद्ध-विराम के लिए प्रयास किया। बुल्गारिया भी चारों तरफ से घिर चुका था और अपनी हार से परेशान तथा संधि के लिए तैयार था।

बुखारेस्ट की संधि

बुल्गारिया संधि के लिए तैयार हुआ और 10 अगस्त, 1913 को बुखारेस्ट की संधि हुई। इसमें बुल्गारिया को अपने बड़े हिस्से का बँटवारा करना पड़ा।

महत्त्वाकांक्षा की उसे भारी कीमत चुकानी पड़ी। प्रथम बालकन युद्ध में बुल्गारिया ने जो लाभ प्राप्त किया, उसे द्वितीय बालकन युद्ध में गँवाना पड़ा। यदि इस युद्ध की शुरुआत बुल्गारिया ने न की होती तो उसे अपमान, ग्लानि और विनाश का वह दिन न देखना पड़ता।

बुखारेस्ट की संधि ने भी पूरी तरह किसी को संतुष्ट नहीं किया। असंतोष बढ़ता गया। आपसी मतभेद, असंतोष और वैमनस्यता ने सन् 1914 में यूरोप को महाविनाश के मुँह में धकेल दिया।

बालकन युद्धों के परिणाम

बालकन युद्ध में भारी धन-जन की क्षति हुई। आँकड़ों के अनुसार, इस युद्ध में 4 लाख लोग मारे गए। बुल्गारिया को सर्वाधिक हानि उठानी पड़ी। सिर्फ बुल्गारिया के ही 1.5 लाख सैनिक मारे गए और 9 करोड़ पौंड खर्च हुए। तुर्की के भी 1 लाख सैनिक युद्ध में मारे गए और 80 लाख पौंड खर्च हुए।

प्रथम बालकन युद्ध के पश्चात् बुल्गारिया की स्थिति काफी सुदृढ़ व अच्छी थी, परंतु अहंकार और महत्त्वाकांक्षी प्रवृत्तियों ने उसे द्वितीय बालकन युद्ध का जनक बना दिया, जिसमें उसका ही विनाश हुआ।

बालकन युद्धों में यूनान को सर्वाधिक लाभ हुआ। उसे सेलोनिका, एपिरस, क्रीट जैसे कई टापू मिले। सर्बिया को भी लाभ हुआ। उसे नोविबाजार का कुछ भाग और मध्य मेसिडोनिया प्राप्त हुआ। यूनान, सर्बिया, मॉण्टिनीग्रो, रूमानिया आदि बालकन राज्यों ने भी कुछ प्रदेश प्राप्त किए; लेकिन उन्हें संतुष्टि नहीं मिली। सभी देश अपनी सुविधा एवं लाभ को ध्यान में रखकर प्रदेश के अलग-अलग भाग पर अधिकार चाहते थे। सर्बिया समुद्री तट चाहता था, किंतु ऑस्ट्रिया और जर्मनी के विरोध के कारण उसकी इच्छा पूरी नहीं हो पाई। अल्बानिया का कोई-न-कोई भाग ऑस्ट्रिया, सर्बिया, यूनान और इटली हड़पना चाहते थे; लेकिन बुखारेस्ट की संधि में अल्बानिया को एक स्वायत्तपूर्ण राज्य बना दिया गया। इस प्रकार बुखारेस्ट की संधि से जहाँ द्वितीय बालकन युद्ध समाप्त हुआ, वहीं वह प्रथम विश्व युद्ध की प्रस्तावना भी लिख गया।

❑

विश्व युद्ध का शंखनाद

"जब युद्ध की घोषणा होती है तो सत्य पहले मारा जाता है।"

—आर्थर पोनसोनबी

सन् 1914 विश्व इतिहास का महत्त्वपूर्ण वर्ष बन गया। इस वर्ष ऐसे युद्ध का शंखनाद हुआ, जिससे पूरा यूरोप प्रभावित हुआ। 28 जून, 1914 को सर्बिया में ऑस्ट्रिया-हंगरी के युवराज की हत्या से युद्ध का माहौल बनना शुरू हुआ और लगभग महीने भर बाद युद्ध का बिगुल बज गया। 23 अगस्त, 1914 को जापान तथा 23 मई, 1915 को इटली अपने मित्र राष्ट्रों ब्रिटेन, फ्रांस और रूस के पक्ष में युद्ध में शामिल हो गए। 4 अक्तूबर, 1915 को बुल्गारिया ने भी जर्मनी के पक्ष में युद्ध की घोषणा कर दी और 27 अगस्त, 1916 को रूमानिया भी ऑस्ट्रिया-हंगरी की अधीनता से अपने जाति भाइयों को मुक्ति दिलाने के नाम पर युद्ध में प्रवेश कर गया। शुरुआत में अमेरिका तटस्थता की नीति अपनाए रहा, परंतु बाद में वह भी युद्ध में शामिल हो गया। अमेरिका ने 6 अप्रैल, 1917 को जर्मनी के साथ राजनीतिक संबंध विच्छेद करते हुए युद्ध की घोषणा कर दी। चार साल तक चले इस युद्ध में न केवल यूरोप के बड़े राष्ट्र शामिल हुए, बल्कि यूरोप के औपनिवेशिक देश अफ्रीका, मिस्र, भारत, एशिया, ऑस्ट्रेलिया और कनाडा भी युद्ध में प्रत्यक्ष या परोक्ष रूप से शामिल हो गए।

युद्ध का प्रसार

4 अगस्त, 1914 को स्थिति यह थी कि ऑस्ट्रिया-हंगरी के सर्बिया से और जर्मनी के रूस, फ्रांस व ब्रिटेन से युद्ध की घोषणा हो चुकी थी। 5 अगस्त को ऑस्ट्रिया-हंगरी ने रूस के खिलाफ युद्ध की घोषणा कर दी। अगले दिन 6 अगस्त को मॉण्टिनिग्रो सर्बिया के पक्ष में युद्ध में शामिल हुआ। उसके ठीक तीन दिन बाद 9 अगस्त को जर्मनी ने सर्बिया और मॉण्टिनिग्रो दोनों के विरुद्ध युद्ध की घोषणा कर दी। युद्ध के शुरुआती 15 दिनों में ऐसा माहौल बना कि यूरोप के दोनों गुट एक-दूसरे से लड़ाई में उलझ गए।

एक गुट की अगुवाई जर्मनी कर रहा था, जिसे 'धुरी राष्ट्र' कहा गया और दूसरे गुट को 'मित्र राष्ट्र' के नाम से जाना जाता था। जापान भी जर्मनी के विरुद्ध युद्ध में शामिल हो गया। जापान के युद्ध में प्रवेश से युद्ध का क्षेत्र यूरोप से बढ़कर एशिया तक फैल गया। उधर बालकन प्रायद्वीप में रूस अपना प्रभाव बढ़ा रहा था। उससे तुर्की बहुत चिंतित था। तुर्की रूस को जवाब देने के लिए छटपटा रहा था, इसलिए वह जर्मनी के पक्ष में 3 नवंबर, 1914 को युद्ध में शामिल हो गया।

युद्ध में ब्रिटेन का प्रवेश

ब्रिटेन वर्षों से चाहता था कि इंग्लिश चैनल पार के दो छोटे राज्यों को सभी के अधिकार से मुक्त रखा जाए, जिससे यूरोप के अन्य शक्तिशाली राज्यों से उसका संपर्क आसान न हो सके। इसलिए उसका ध्यान हमेशा से बेल्जियम पर था। बेल्जियम और हॉलैंड दो ऐसे राज्य थे, जो जर्मनी और ऑस्ट्रिया जैसे देशों को ब्रिटेन से दूर कर रहे थे। ब्रिटेन आत्मरक्षा के लिए चाहता था कि बेल्जियम पर जर्मनी का अधिकार न होने पाए। इसलिए उसने घोषणा कर दी कि यदि बेल्जियम पर आक्रमण किया गया तो वह उसकी मदद करेगा। ब्रिटेन बेल्जियम के संबंध में जर्मनी की नीतियाँ जानना चाहता था। जर्मनी के प्रधानमंत्री ने इसका उत्तर देते हुए कहा, "सैनिक आवश्यकता से विवश होकर जर्मनी बेल्जियम के बीच से अपनी सेना ले जाना चाहता है।" जर्मनी ब्रिटेन की बेल्जियम को दी जा रही सहायता को महज 'एक कागज के टुकड़े' के लिए जिद समझता था। तो उसने ब्रिटेन को नसीहत दे डाली कि वह एक कागज के टुकड़े

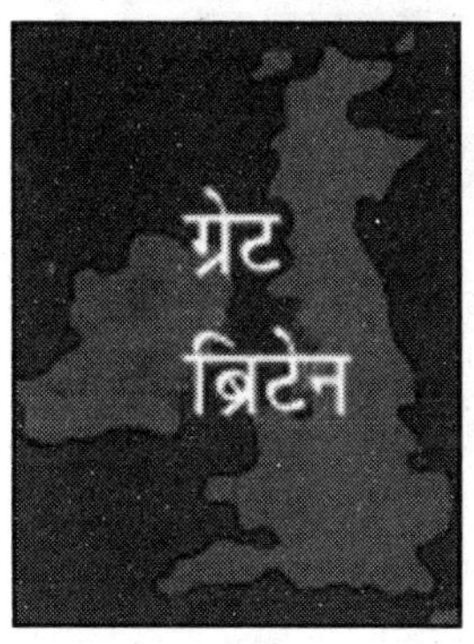

के लिए इस युद्ध में शामिल न हो। ब्रिटेन के मना करने के बावजूद जर्मनी की सेना का प्रवेश बेल्जियम में हो चुका था, जिससे खिन्न होकर 4 अगस्त, 1914 को ब्रिटेन ने जर्मनी के विरुद्ध युद्ध की घोषणा कर दी।

जर्मनी बेल्जियम को जितनी आसानी से ले रहा था, उतना आसान युद्ध वहाँ नहीं हुआ। बेल्जियम बहुत बड़ा देश नहीं था, परंतु उसके सैनिक बहुत वीर थे। बेल्जियम की बहादुर सेना ने जर्मनी को लोहे के चने चबाने के लिए मजबूर कर दिया। हालाँकि इस लड़ाई में जर्मनी की जीत हुई, लेकिन बेल्जियम पर आक्रमण के कारण अब ब्रिटेन की संपूर्ण शक्ति जर्मनी के खिलाफ लग चुकी थी।

बेल्जियम पर जर्मन हमले के कारण

युद्ध की स्थिति में जर्मनी चाहता था कि इससे पहले कि रूस उस पर आक्रमण करे, फ्रांस को दबा दिया जाए। फ्रांस को दबाने के लिए जर्मनी बेल्जियम से होकर रास्ता चाहता था, क्योंकि पेरिस तक पहुँचने के लिए सबसे सुगम भाग बेल्जियम होकर ही था। फ्रांस ने अपनी उत्तरी सीमा पर जबरदस्त किलेबंदी पहले से ही कर रखी थी। इस युद्ध-नीति से जर्मनी अवगत था, इसलिए वह बेल्जियम के रास्ते से फ्रांस पर हमला करना चाहता था। जर्मनी ने बेल्जियम से पहले शांतिपूर्वक रास्ता माँगा। उसने यह वादा भी किया कि बेल्जियम में किसी को कोई नुकसान नहीं पहुँचाया जाएगा, साथ ही सेना के आने-जाने से होने वाली क्षति-पूर्ति भी वह करेगा। इसके साथ-साथ जर्मनी ने बेल्जियम को कड़े शब्दों में चेतावनी भी दी कि उसके मना करने की स्थिति में उसके साथ शत्रु जैसा व्यवहार किया जाएगा। बेल्जियम शुरू से ही जर्मनी और फ्रांस के आपसी झगड़े में नहीं पड़ना चाहता था। वह इनके आपसी रिश्तों में तटस्थता की नीति अपनाए हुए था। जर्मनी के इस रुख से पूर्व बेल्जियम की सभी प्रमुख राष्ट्रों से संधि हो चुकी थी कि उसके तटस्थ रहने की स्थिति में उसकी स्वतंत्र सत्ता को किसी प्रकार का नुकसान नहीं पहुँचाया जाएगा; परंतु जर्मनी ने इस संधि को तोड़ दिया।

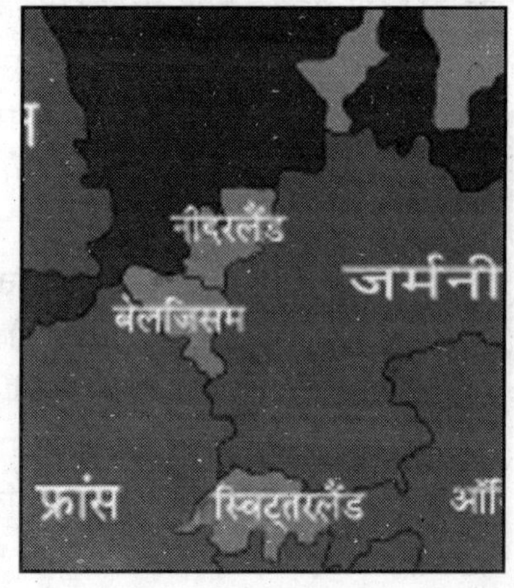

युद्ध में इटली

8 अप्रैल, 1915 को इटली ने ऑस्ट्रिया-हंगरी से यह माँग की कि उसके जो हिस्से ऑस्ट्रिया के कब्जे में हैं, उन्हें लौटा दिया जाए। ऑस्ट्रिया मौके की नजाकत को देखते हुए मान गया। जर्मनी ने इस बात की गारंटी दी कि युद्ध समाप्ति के उपरांत इटली की सारी माँगें स्वीकार कर ली जाएँगी।

जर्मनी ने यूरोप में जिस त्रिगुट का निर्माण किया था, उसमें इटली भी शामिल था। परंतु युद्ध का लाभ उठाते हुए वह चाहता था कि इतालवी-भाषी जो प्रदेश ऑस्ट्रियन कब्जे में हैं, वे उसे प्राप्त हो जाएँ।

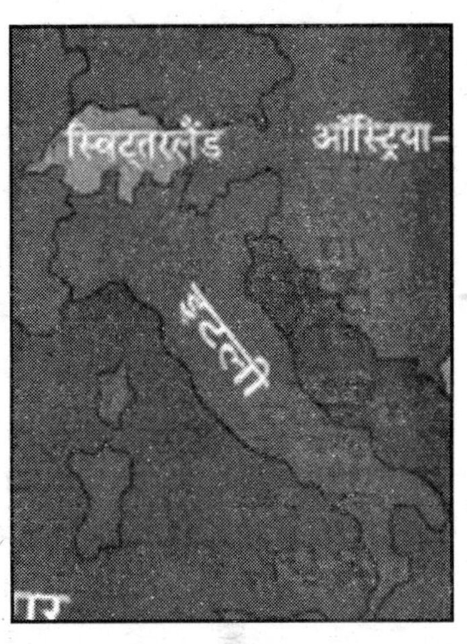

इधर मित्र राष्ट्र चाहते थे कि इटली उनके साथ रहे। 26 अप्रैल, 1915 को मित्र राष्ट्रों ने इटली से गुप्त संधि कर ली। इस संधि के अनुसार त्रेंतिनो, त्रिएंत और दक्षिणी ताइदोल के प्रदेश ऑस्ट्रिया से मुक्त कराकर इटली को सौंप दिए जाएँगे। गोरिजिया, क्वाटनेरो की खाड़ी, ग्रादिस्का आदि क्षेत्र भी इटली को मिलेंगे। उत्तरी डाल्मेटिया पर इटली का आधिपत्य होगा। अफ्रीका में विद्यमान जर्मन उपनिवेशों का एक हिस्सा इटली को मिलेगा और जर्मनी से जो हर्जाना मिलेगा, उसमें भी इटली का हिस्सा होगा।

इटली को इस संधि में अनेक लाभ नजर आए। कई ऐसे भूभागों पर उसे अपने कब्जे के आसार नजर आए, जो उसके साम्राज्य के सुदृढ़ीकरण के लिए आवश्यक थे। इस तरह 23 मई, 1915 को इटली ने जर्मनी के विरुद्ध युद्ध की घोषणा कर दी। 14 अक्तूबर, 1915 को बुल्गारिया 'धुरी राष्ट्रों' के गुट में शामिल हो गया। 9 मार्च, 1916 को पुर्तगाल 'मित्र राष्ट्रों' के साथ मिलकर 'धुरी राष्ट्रों' के खिलाफ युद्ध में शामिल हो गया। 27 अगस्त, 1916 को रूमानिया ने ऑस्ट्रिया-हंगरी के खिलाफ युद्ध की घोषणा कर दी। जुलाई 1917 में ग्रीस भी मित्र राष्ट्रों के पक्ष में आकर जर्मनी के खिलाफ हो गया। इस तरह यूरोप में केवल नॉर्वे, स्वीडन, डेनमार्क, हॉलैंड, स्पेन और स्विट्जरलैंड ही ऐसे देश थे, जो तटस्थ रहकर युद्ध में शामिल नहीं हुए।

युद्ध में ग्रीस की छलाँग

ग्रीस का राजा कॉन्सटेंटाइन द्वितीय जर्मनी के विलहेम कैसर द्वितीय का संबंधी था। जर्मनी जानता था कि ग्रीस यदि मित्र राष्ट्रों का पक्ष लेगा तो बुल्गारिया उस पर आक्रमण कर देगा। यद्यपि जून 1917 तक ग्रीस ने तटस्थता की नीति अपनाई। ग्रीस का प्रधानमंत्री वेनिजलोस युद्ध में मित्र राष्ट्रों का समर्थक था। ग्रीस अपनी राष्ट्रीय आकांक्षाओं की पूर्ति के लिए ब्रिटेन और फ्रांस का पक्ष लेना चाहता था। फ्रांस और ब्रिटेन पूर्व में ही ग्रीस से वादा कर चुके थे कि तुर्की और अल्बानिया की अधीनता वाले वे क्षेत्र उसे दे दिए जाएँगे, जहाँ उसके लोग पहले से रह रहे हैं।

इसलिए सन् 1914 में युद्ध शुरू होते ही वेनिजलोस इस बात का पक्षधर था कि मित्र राष्ट्रों की ओर से ही लड़ाई में शामिल हुआ जाए। नतीजतन राजा कॉन्सटेंटाइन ने वेनिजलोस को प्रधानमंत्री पद से हटा दिया। ग्रीस के राजा कॉन्सटेंटाइन का कहना था कि ग्रीस के तटस्थ रहने की स्थिति में मित्र राष्ट्रों को कोई हक नहीं बनता कि वे उसके किसी भी क्षेत्र को युद्ध के लिए प्रयोग करें। वर्ष 1915 में युद्ध की ऐसी परिस्थिति बनी कि मित्र राष्ट्रों के सेनापति सेलोनिका, जो कि ग्रीस का अंग था, को युद्ध के लिए प्रयुक्त करने के लिए उत्सुक थे। 1915 की समाप्ति तक फ्रेंच सेनापति ने बलपूर्वक सेलोनिका पर कब्जा कर लिया और वहाँ अपनी छावनी स्थापित कर दी। सेलोनिका पर कब्जा ऐसी घटना थी जैसे जर्मनी का बलपूर्वक बेल्जियम से रास्ता माँगना। इस अवसर पर वेनिजलोस ने मित्र राष्ट्रों का साथ दिया। उसने सेलोनिका में एक आजाद ग्रीक सरकार की स्थापना की और जर्मनी के खिलाफ युद्ध की घोषणा कर दी। ग्रीस का राजा इतनी बड़ी सेना के मुकाबले में अक्षम था। वह हार गया और एथेंस पर मित्र राष्ट्रों का कब्जा हो गया। राजा कॉन्सटेंटाइन ने राजगद्दी छोड़ दी और पूर्व प्रधानमंत्री वेनिजलोस के नेतृत्व में ग्रीस में नई सरकार बनी। उसने कॉन्सटेंटाइन के द्वितीय पुत्र को ग्रीस का राजा घोषित कर दिया। इस प्रकार नई ग्रीस सरकार 2 जुलाई, 1917 को मित्र राष्ट्रों के समर्थन में युद्ध में शामिल हो गई।

विश्व युद्ध में जापान

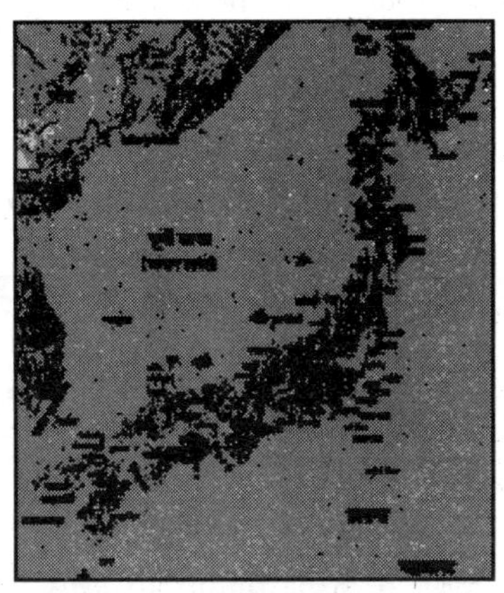

जापान के शामिल होने से युद्ध की सीमा एशिया तक फैल गई। जापान 23 अगस्त, 1914 को मित्र राष्ट्रों के समर्थन में युद्ध में शामिल हुआ। इसके कई कारण थे। पूर्वी एशियाई क्षेत्र में जापान और रूस के हित एक-दूसरे से टकराते थे। चीन की स्थिति उस वक्त ठीक नहीं थी। रूस, ब्रिटेन, फ्रांस आदि कई यूरोपीय देश चीन में साम्राज्य-विस्तार चाहते थे, वहीं जापान भी चीन के क्षेत्र में अपने साम्राज्य-विस्तार को तत्पर था। जापान की प्रतिद्वंद्विता रूस से थी। इसका कारण दोनों ही देशों का मंचूरिया और कोरिया में साम्राज्य-विस्तार का प्रयास था। जापान की स्थिति ऐसी नहीं थी कि वह रूस से मुकाबला कर सके, इसलिए 1902 में उसकी ब्रिटेन से संधि हुई थी। संधि में—

1. ब्रिटेन ने स्वीकार किया कि कोरिया में जापान के विशेष हितों की और चीन में भी उसके आर्थिक हित विद्यमान हैं।
2. जापान चीन में ब्रिटेन के विशेष हितों को स्वीकार करता है।
3. दोनों ही देश अपने हितों की रक्षा के लिए आवश्यक कार्रवाई करने का अधिकार रखते हैं।
4. अपने हितों की रक्षा के लिए ब्रिटेन या जापान के किसी अन्य राज्य के साथ युद्ध की स्थिति में दूसरा राज्य उदासीन रहेगा।
5. यदि ऐसे युद्ध की स्थिति में कोई अन्य राज्य ब्रिटेन या जापान के शत्रु की सहायता के लिए युद्ध करेगा, तो दोनों देश मिलकर उसका मुकाबला करेंगे।

जापान और ब्रिटेन के मध्य यह संधि सन् 1902 में हुई थी। इन दोनों देशों ने संधि को 1905 और 1911 में पुनः दोहराया। 1914 में विश्व युद्ध में जब संपूर्ण यूरोप प्रभावित हो रहा था, तब जापान को लगा कि जर्मनी ने चीन के जिन प्रदेशों पर कब्जा कर लिया है, उन्हें हथियाने का यह अच्छा अवसर है। इसी संदर्भ में 15 अगस्त, 1914 को जापान ने जर्मनी से यह माँग की कि चीन के शांतुंग प्रांत में उसे जो विशेषाधिकार प्राप्त हैं, वे जापान को हस्तांतरित कर

दिए जाएँ, ताकि वह उन्हें चीन सरकार को वापस लौटा सके। इसके जवाब के लिए जर्मनी को एक सप्ताह का वक्त दिया गया था। परंतु जब 22 अगस्त, 1914 तक कोई जवाब नहीं आया तो 23 अगस्त को जापान ने जर्मनी के खिलाफ युद्ध की घोषणा कर दी।

बुल्गारिया का युद्ध में प्रवेश

सन् 1913 के द्वितीय बालकन युद्ध में बुल्गारिया को काफी क्षति हुई थी। उसे सर्बिया द्वारा बहुत नुकसान पहुँचाया गया था। इस युद्ध में वह सर्बिया से बदला लेना चाहता था। बालकन युद्ध में मैसिडोनिया के अनेक प्रदेश सर्बिया को प्राप्त हो गए थे, जिन्हें बुल्गारिया पुनः अपने कब्जे में करना चाहता था। इसके लिए अक्तूबर 1915 में बुल्गारिया जर्मनी के पक्ष में युद्ध में प्रवेश कर गया। इससे जर्मनी को बहुत लाभ हुआ। तुर्की जर्मनी के साथ पहले से ही था। जर्मनी को बुल्गारिया का साथ मिलने से तुर्की तक जाने के लिए रास्ता मिल गया। अब रूस का काला सागर के जलमार्ग से अपने मित्र राष्ट्रों के साथ संपर्क सूत्र टूट गया। ब्रिटेन और फ्रांस अब रूस को हथियार नहीं पहुँचा सकते थे और रूस अपने मित्रों को खाद्य सामग्री भेजने में असमर्थ था।

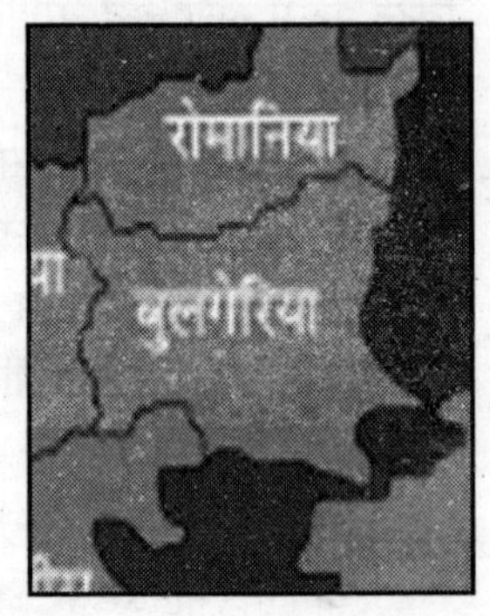

रूमानिया का प्रवेश

बालकन क्षेत्र में धुरी राष्ट्रों की स्थिति मजबूत हो रही थी। बुल्गारिया का समर्थन जर्मनी को मिल जाने से मित्र राष्ट्रों की स्थिति बालकन क्षेत्र और पूर्वी यूरोप में कमजोर पड़ गई थी। अतः मित्र राष्ट्र किसी भी हाल में रूमानिया का समर्थन चाहते थे। रूमानिया रूस, बुल्गारिया और ऑस्ट्रिया-हंगरी के मध्य स्थित है। उत्तर में उसकी सीमाएँ रूस से मिलती हैं, दक्षिण में बुल्गारिया से और पश्चिम में ऑस्ट्रिया-हंगरी से। यहाँ धुरी राष्ट्र और मित्र राष्ट्र दोनों ही गुट रूमानिया को अपने पक्ष में करने के लिए प्रयासरत थे। बालकन क्षेत्र के अन्य देशों की तरह रूमानिया भी अपना सीमा-विस्तार चाहता था। रूमानिया अगस्त 1916 तक उदासीन रहा। 17 अगस्त, 1916 को ब्रिटेन, रूस, फ्रांस और इटली ने रूमानिया से एक

संधि की, जिसके बाद वह मित्र राष्ट्रों के पक्ष में युद्ध में शामिल हो गया। इसमें युद्ध की समाप्ति पर ट्रांसिल्वेनिया का क्षेत्र एवं बुकोविना, जो ऑस्ट्रिया के अंतर्गत था, को रूमानिया को सौंपने पर सहमति बनी।

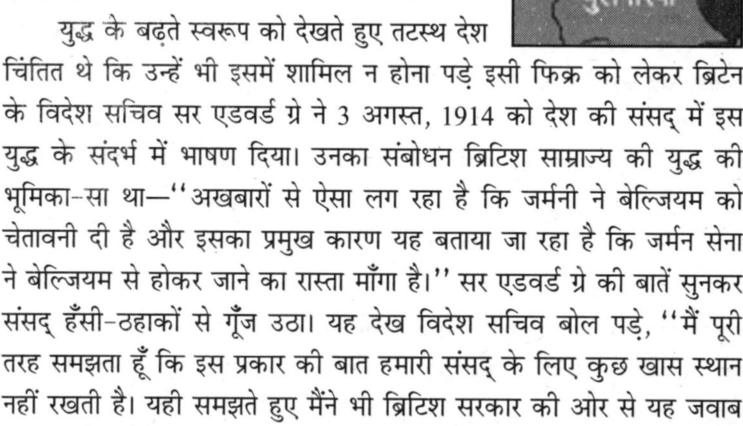

ब्रिटिश विदेश सचिव का संसद् को संबोधन

युद्ध के बढ़ते स्वरूप को देखते हुए तटस्थ देश चिंतित थे कि उन्हें भी इसमें शामिल न होना पड़े इसी फिक्र को लेकर ब्रिटेन के विदेश सचिव सर एडवर्ड ग्रे ने 3 अगस्त, 1914 को देश की संसद् में इस युद्ध के संदर्भ में भाषण दिया। उनका संबोधन ब्रिटिश साम्राज्य की युद्ध की भूमिका-सा था—"अखबारों से ऐसा लग रहा है कि जर्मनी ने बेल्जियम को चेतावनी दी है और इसका प्रमुख कारण यह बताया जा रहा है कि जर्मन सेना ने बेल्जियम से होकर जाने का रास्ता माँगा है।" सर एडवर्ड ग्रे की बातें सुनकर संसद् हँसी-ठहाकों से गूँज उठा। यह देख विदेश सचिव बोल पड़े, "मैं पूरी तरह समझता हूँ कि इस प्रकार की बात हमारी संसद् के लिए कुछ खास स्थान नहीं रखती है। यही समझते हुए मैंने भी ब्रिटिश सरकार की ओर से यह जवाब दे दिया है कि ब्रिटेन इस युद्ध में तटस्थ रहेगा। हमें इससे कोई लेना-देना नहीं है कि कौन सा देश किसके साथ क्या करता है। परंतु अभी थोड़ी ही देर पहले हमें बेल्जियम के राजा अलबर्ट प्रथम का तार मिला है। इस तार में उन्होंने लिखा है कि ब्रिटेन के साथ उनके रिश्ते, 1870 से ही दोस्ताना रहे हैं। बेल्जियम ब्रिटेन को अपना सच्चा दोस्त मानता रहा है। इस समय उनके साम्राज्य की सुरक्षा पूरी तरह से खतरे में पड़ गई है। ऐसे मौके पर उन्हें यह आशा है कि हम उनकी सहायता करें। उन्हें ज्ञात है कि हमारी नीति रही है कि किसी भी स्वाधीन राष्ट्र को क्षति नहीं पहुँचाई जानी चाहिए। वे यह जानना चाहते हैं कि यदि जर्मन सेना द्वारा

ब्रिटिश विदेश सचिव सर एडवर्ड गे।

उनकी अखंडता खतरे में पड़ती है और वे उन पर हमला करते हैं तो इस स्थिति में ब्रिटेन की भूमिका किस प्रकार की होगी?

"वहीं दूसरी ओर फ्रांस ने रूस को साथ लेकर युद्ध में जर्मनी के विरुद्ध उतरने का निश्चय कर लिया है। हम यह समझते हैं कि फ्रांस एक शक्तिशाली राष्ट्र है और वह ऑस्ट्रिया तथा जर्मनी के लिए अकेला ही काफी है। यह देखते हुए हमने (ब्रिटेन) फ्रांस की सहायता के लिए युद्ध में नहीं जाने का फैसला लिया है। परंतु वहीं बेल्जियम की हार हमारे लिए खतरा साबित हो सकता है। यदि जर्मनी ने बेल्जियम पर फतह हासिल कर ली तो उसका अगला कदम निश्चत तौर पर हॉलैंड व उसके उपरांत डेनमार्क के ऊपर जीत के लिए उठेगा और बेशक वह उन्हें जीत भी लेगा, जो कि हमारे लिए किसी भी स्थिति में सही नहीं होगा।

"यह तो युद्ध को लेकर संभावनाएँ थीं, दूसरी ओर हमारा देश व्यापार में आज काफी तीव्र गति से उन्नति कर रहा है। तरक्की हमारा साथ हर कदम पर दे रही है। इस स्थिति में हमारा किसी देश की सहायता के लिए युद्ध में शामिल होना काफी नुकसानदेह साबित हो सकता है। इस समय हम अपनी सारी ऊर्जा, अपने संसाधन और अपनी पूँजी को अधिक-से-अधिक धन कमाने और देश के विकास के कामों में लगा रहे हैं। ब्रिटेन यह कदापि नहीं चाहेगा कि वह अपनी तरक्की का यह अवसर किसी युद्ध में पड़कर खो दे। परंतु यह भी सत्य है कि बेल्जियम और आयरलैंड के प्रति हमारी कुछ जिम्मेदारी भी है तथा फ्रांस ने भी हमसे इस युद्ध में सहायता की उम्मीद लगा रखी है; पर इन सबके बावजूद मैं अपने देशवासियों को इस बात का पूरा भरोसा दिलाता हूँ कि ब्रिटेन इस युद्ध से दूर रहने की हरसंभव कोशिश करेगा। ब्रिटेन संसार का सबसे सम्मानित और समृद्ध देश है। इसकी प्रतिष्ठा सबसे ऊँची है। अब जब कुछ यूरोपीय देशों ने यह ठान लिया है कि वे युद्ध करेंगे तो हम उसमें उनका कुछ नहीं कर सकते। इसके लिए उन्हें ही युद्ध के परिणामों को भुगतना होगा। ब्रिटेन किसी के बीच-बचाव में नहीं पड़ना चाहता, जिससे उसे भी युद्ध में घसीटा जा सके; परंतु फिर भी, मैं यह कहना चाहूँगा कि हम पूरी तरह से इस युद्ध से मुँह नहीं फेर सकते। आनेवाले समय में हो सकता है कि हालात किसी ऐसे मोड़ पर ले जाकर हमें खड़ा कर दें कि हमारा तटस्थ रहना ही हमारे लिए खतरा बन जाए । मैं अपने देशवासियों से अपील करता हूँ कि वे काफी सचेत व सावधान रहें।"

❑

विश्व युद्ध का बढ़ता स्वरूप

"युद्ध कभी-कभी एक आवश्यक बुराई हो सकता है। जरूरी नहीं कि यह कितना भी आवश्यक हो, यह हमेशा एक बुराई है, जरा भी अच्छा नहीं है। हम नहीं सीखेंगे कि एक-दूसरे के बच्चों को मारकर हम शांति से कैसे रहेंगे।"

—जिमी कार्टर

रास्ता देने से इनकार करने के परिणामस्वरूप जर्मनी ने 4 अगस्त, 1914 को बेल्जियम पर हमला कर दिया। इसमें बेल्जियम और लक्समबर्ग जर्मन सेनाओं द्वारा पूरी तरह कुचल दिए गए। इस युद्ध में मिली शानदार विजय से जर्मन सेना को अपनी क्षमता का परिचय हुआ, जिससे वह स्वयं को विश्व की सबसे ताकतवर सेना समझने लगी और अब वह अन्य युद्धों में अपनी विजय को निश्चित समझ रही थी।

बेल्जियम पर हुए हमले पर जर्मन चांसलर थियोवाल्ड वॉन बेथमान हॉलबैग ने रीचटेग (संसद्) में जर्मन सेना की इस विजय एवं आक्रमण पर भाषण दिया। उसने बताया कि सेना का इरादा बेल्जियम पर हमला करने का नहीं था। बेल्जियम को हम जबरन युद्ध में नहीं घसीटना चाहते थे, परंतु रास्ता न मिलने की स्थिति में हमें हमला करना पड़ा। हमें इसका अफसोस है। चांसलर ने कहा कि हमारी सेना दुनिया की सबसे शक्तिशाली सेना है। हम उस पर पूरा भरोसा कर सकते हैं।

चांसलर के उत्तेजक भाषण को सुनकर रीचटेग के सदस्यों ने उसकी भूरि-भूरि प्रशंसा की। चांसलर ने स्पष्ट किया कि जर्मनी को युद्ध के लिए प्रेरित करने की जिम्मेदारी रूस को जाती है। जर्मन संम्राट् ने रूस को बार-बार समझाने की कोशिश की कि ऑस्ट्रिया-हंगरी के सम्राट् की हत्या स्लेव उग्रवादियों द्वारा की गई, जो सहन करने योग्य नहीं है। ऑस्ट्रिया-हंगरी यदि इस हत्या का बदला लेने के लिए सर्बिया पर आक्रमण करता है, तो उसके विरुद्ध रूस या किसी भी अन्य देश को सर्बिया की मदद के लिए ऑस्ट्रिया के खिलाफ युद्ध नहीं करना चाहिए। इसके विपरीत, रूस ने सर्बिया का साथ देते हुए अपनी सेनाओं को ऑस्ट्रिया-हंगरी के खिलाफ ला खड़ा किया, जिस कारण हमें इस युद्ध में न चाहते हुए भी शामिल होना पड़ रहा है। हम अपने मित्र देश ऑस्ट्रिया-हंगरी को इस स्थिति में अकेले नहीं छोड़ सकते।

रूस को फ्रांस का उत्तेजक पत्र

जर्मनी का फ्रांस के विरुद्ध नकारात्मक रवैया देखते हुए फ्रांस ने रूस के सम्राट् को अपने विश्वास में लेने के लिए एक पत्र का सहारा लिया। पत्र काफी उत्तेजक और सनसनी पैदा करनेवाला था। रूसी संसद् में फ्रांस का पत्र पढ़ा गया, जिसमें लिखा था—''जर्मनी जबरदस्ती अपनी श्रेष्ठता फ्रांस के ऊपर दिखा रहा है। फ्रांस की युद्ध में शामिल होने की कतई इच्छा नहीं थी, परंतु उसे अपनी आजादी एवं मान-सम्मान की रक्षा के लिए इस युद्ध के लिए बाधित किया जा रहा है, जिससे वह कभी पीछे नहीं हटेगा।''

फ्रांस गत 40 वर्षों में शांतिदूत का प्रतीक रहा है। उसने अपनी तरफ से पूरी कोशिश की है कि वह इस युद्ध में न पड़े, परंतु जर्मनी की शह पर ऑस्ट्रिया-हंगरी ने उसे युद्ध के लिए विवश कर दिया है। हमने इस लड़ाई में अंतिम समय तक न पड़ने की कोशिश बरकरार रखी। आनेवाला इतिहास उन देशों से जवाब माँगेगा, जिन्होंने उसे इस युद्ध के मैदान में लाकर खड़ा कर दिया है। फ्रांस की देशभक्त सेना अपने देश के गौरव और इज्जत की रक्षा के लिए उठ खड़ी हुई है। हम अपने देश के झंडे को किसी भी कीमत पर झुकने नहीं देंगे, चाहे इसके लिए हमें कितनी ही कुर्बानियाँ क्यों न देनी पड़ें।

फ्रांस इस युद्ध में हमेशा सत्य का साथ देगा। फ्रांस अपने सारे निजी हितों को अपने राष्ट्र-हितों के रक्षार्थ कुर्बान कर देगा। फ्रांस को आप जैसे दोस्तों एवं अपने देश के जवानों पर गर्व है। हमें पूरा विश्वास है कि संकट की इस घड़ी

में आप हमारा साथ अवश्य देंगे। हम शत्रुओं को दिखा देंगे कि हमारी दोस्ती लाजवाब है। हम उन्हें यह भी दिखा देंगे कि दो मित्र राष्ट्र बहादुरी व एकता की ताकत से कैसे शत्रुओं का मनोबल ध्वस्त करते हैं।

हमें अपने दोनों मित्र राष्ट्रों ब्रिटेन और रूस पर नाज है। जब ये दोनों मित्र देश हमारे आस-पास खड़े होंगे, तब हमें किसी का डर नहीं रह सकता। फ्रांस की जनता अपने मित्र राष्ट्रों की सेनाओं का तहे दिल से स्वागत करने को बेकरार है। हम अपने शत्रुओं को यह बता दें कि उन्होंने हमसे उलझकर कितनी बड़ी गलती की है।''

ब्रुसेल्स का समर्पण

विश्व युद्ध की शुरुआत ऑस्ट्रिया-हंगरी के सर्बिया पर हमले से भले हुई हो, परंतु उसमें जर्मन सेनाओं का महत्त्वपूर्ण योगदान रहा। ऑस्ट्रिया-हंगरी की सहायता के लिए उठी जर्मन सेना मित्र देश की मदद के साथ अपने हितों को भी मजबूती प्रदान कर रही थी।

जर्मनी ने अपने शक्ति-प्रदर्शन की इच्छा से ब्रुसेल्स पर आक्रमण कर दिया। हमला ऐसा नहीं था कि अत्यधिक खून-खराबा होता। यह एक भयानक शक्ति-प्रदर्शन था, जिसे देखकर ब्रुसेल्स सरकार व नागरिक बुरी तरह डर गए। जर्मनी की उफनती विशाल सेना के कमांडर ने ब्रुसेल्स सरकार को चेतावनी देते हुए कहा, ''वह अपने सैनिकों को निर्देश दे कि वे जर्मन सेना के खिलाफ अपने हथियार डाल दें, जिससे जर्मन सेना उन्हें किसी प्रकार का कोई नुकसान नहीं पहुँचाएगी। उसका मकसद केवल अपने दुश्मनों को कुचलने का है। जर्मनी ब्रुसेल्स को अपना दोस्त बनाएगा और उसकी सभी प्रकार की विकास की जिम्मेदारी भी निभाएगा। इस बात से ब्रुसेल्स की शांतिप्रिय सरकार व जनता निश्चिंत रहे। हम ब्रुसेल्स को किसी प्रकार की हानि नहीं होने देंगे। परंतु यदि उन्होंने उनका कहा नहीं माना तो वे उन्हें मिट्टी में मिला देंगे।''

इस भयंकर हुंकार मात्र से ब्रुसेल्स बुरी तरह डर गया और आत्मसमर्पण कर दिया।

लाउवेन पर हमला

जर्मन सेनाओं ने 6 अगस्त, 1914 की रात एकाएक बिना किसी पूर्व सूचना के लाउवेन पर हमला बोल दिया। उन्हें आभास था कि बेल्जियम के नागरिक

जर्मन हमले ने बेल्जियम की कमर तोड़कर रख दी।

युद्ध की तैयारी कर चुके हैं। अतः मजा चखाने के लिए उन पर अचानक आक्रमण कर दिया गया। जर्मन सैनिकों ने नगर में घुसते ही अंधाधुंध गोली-बारी की और स्थानीय नागरिकों को चेतावनी देते हुए कहा, "लाउवेन अब जर्मन सेना के कब्जे में है। अपने हथियार फेंक दो। हम पर गोली चलाने की गलती मत करना। अगर जर्मन सेना पर गोली चलाई गई तो हम तुम्हारी स्त्रियों और बच्चों के साथ ऐसा सुलूक करेंगे जैसा आज तक किसी ने किसी के साथ नहीं किया होगा। न तुमने ऐसा कभी सपने में सोचा होगा, हम वैसी सजा देंगे। इसलिए तुम्हारी भलाई इसी में है कि तुम सब हमारे आगे हथियार डाल दो। यदि तुम ऐसा करोगे तो हम तुम्हें विश्वास दिलाते हैं कि तुम्हें नगर से बाहर हिफाजत के साथ सुरक्षित स्थानों पर पहुँचाया जाएगा।"

जर्मनी की इस चेतावनी भरी हुंकार से नागरिक बुरी तरह डर गए। अपने परिजनों एवं घरों की स्त्रियों की सलामती के लिए उन्होंने समर्पण कर दिया।

जर्मन सेना कुछ बैलगाड़ियों में भरकर स्त्रियों और बच्चों को नगर से बाहर ले गई तो कुछ में पुरुषों को ले जाया गया। नगर की रक्षा की खातिर जो सैनिक आगे आए थे, उनमें से कुछ मारे गए और जो बच गए, उन्हें गिरफ्तार कर लिया गया। गिरफ्तार सैनिकों को पुरुषों के साथ नगर के बाहर ले जाकर बेरहमी से उनकी हत्या कर दी गई। जिन्होंने भी इस अमानवीयता का विरोध करना चाहा, उन्हें भी मौत के घाट उतार दिया गया। कुछ यह सब देख भागने में सफल रहे। पर वे अपनी आँखों में मौत का खौफ लेकर ही जीवित रह सके।

खाली मकानों, अस्पतालों एवं गिरजाघरों को राख के ढेर में तब्दील कर दिया गया। इसके बाद जर्मन सैनिकों ने स्त्रियों व बच्चों को वीरान नगर में रहने को मजबूर किया। इसके बावजूद जर्मनी के सम्राट् विलियम कैसर द्वितीय का कहना था कि उनकी यह लड़ाई पवित्र लड़ाई है।

फ्रांस पर आक्रमण

सन् 1914 में शुरू हुए विश्व युद्ध में धीरे-धीरे यूरोप के अलावा एशियाई देश भी शामिल हो रहे थे। आपसी प्रतिद्वंद्विता, स्वार्थपरता की पराकाष्ठा और उग्र राष्ट्रवाद से बढ़ती महत्त्वाकांक्षा विकराल रूप धारण कर चुकी थी।

विशाल जर्मन सेना ने फ्रांस पर हमला कर दिया था। फ्रांस पर जर्मनी ने तीन ओर से आक्रमण किया था। बेल्जियम से रास्ता नहीं मिलने की स्थिति में जर्मनी ने बेल्जियम पर आक्रमण कर दिया था। जर्मनी की विशाल सेना के सामने बेल्जियम अधिक दिनों तक नहीं टिक सका। 20 अगस्त, 1914 को बेल्जियम की राजधानी ब्रुसेल्स पर जर्मनी ने अधिकार कर लिया। जर्मनी ने बेल्जियम, लक्समबर्ग और नान्सी की तरफ से फ्रांस पर हमला किया था। लक्समबर्ग होकर जो जर्मन सेना फ्रांस की तरफ बढ़ रही थी, उसे नेमर के दुर्ग पर डटकर मुकाबला करना पड़ा; परंतु जर्मनी की सेना ने इस पर जल्द ही फतह हासिल कर ली। जर्मन सेना अब पेरिस के करीब पहुँच चुकी थी। पेरिस से जर्मन सेना का सिर्फ 25 मील का फासला रह गया था। आनन-फानन में फ्रांस ने अपनी राजधानी पेरिस से हटाकर बोर्दियो कर लिया। फ्रेंच सेनापति जाफ्र ने मार्न के रणक्षेत्र में जर्मन सेनाओं का डटकर मुकाबला किया। जर्मन सेना यहाँ पीछे हटने को विवश हुई। मार्ग में मिली इस विजय से फ्रांस के सेनापति जाफ्र को बहुत ख्याति प्राप्त हुई।

जर्मन सेनापति फान फ्लुक पेरिस की रक्षा के लिए की गई किलेबंदी से

जर्मनों से लोहा लेते फ्रांसीसी सैनिक।

हतप्रभ था। उसने उम्मीद भी नहीं की थी कि इतनी तेज रफ्तार से बढ़ती जा रही जर्मनी की अजेय सेना को पीछे हटना पड़ेगा। जर्मन सेनापति ने अपनी सेना को सोआस्सो और रांस के बीच स्थापित कर दिया। जर्मनी का पेरिस पर कब्जा न कर पाना उसके लिए दुःखदायी था। अब रणनीति बदलते हुए सेनापति फान फ्लुक ने अपनी पूरी शक्ति बेल्जियम को नेस्तनाबूद करने में लगा दी।

10 अक्तूबर को एंटबर्ग पर जर्मनी का अधिकार हो गया। बेल्जियम के छोटे से हिस्से ऑसटंड के अलावा संपूर्ण बेल्जियम जर्मन कब्जे में आ चुका था।

अब जर्मन सेना चाह रही थी कि एंटबर्ग पर कब्जा होने के बाद उस रास्ते से आगे बढ़ा जाए। आगे बढ़ते हुए जर्मन सेना की कैले के बंदरगाह पर कब्जा करने की योजना थी। कैले ब्रिटेन के बहुत निकट था। उस रास्ते से वह इंग्लिश चैनल पार कर ब्रिटेन पर हमला करना चाहता था; परंतु कैले पर कब्जा करना इतना आसान नहीं था। सेर नदी के किनारे फ्रांस और ब्रिटेन की सेना ने जर्मनी के मनसूबे पर पानी फेर दिया।

जर्मनी ने बेल्जियम के साथ जो अमानवीय व क्रूर बरताव किया उसकी

पूरे यूरोप में निंदा हुई। बेल्जियम के अनेक नगरों को जर्मन सेना ने बुरी तरह तबाह कर दिया था। उससे बड़ी धनराशि हरजाने के रूप में वसूल की थी। ऐसा तब किया गया, जब कि बेल्जियम की तटस्थता नीति में जर्मनी स्वयं भी शामिल था।

सीधा आक्रमण

फ्रांस ने जर्मनी की सीमा पर जबरदस्त किलेबंदी कर रखी थी। जर्मनी द्वारा सीधे हमले की स्थिति से निबटने के लिए फ्रांस तैयार था। शुरुआती दिनों में जर्मनी को सीधे आक्रमण में अच्छी सफलता नहीं मिली; परंतु कुछ दिनों के बाद फ्रांस की किलेबंदी में सेंध लगाकर जर्मन सेना आगे बढ़ गई और 'वर्दून' एवं 'सांदिए' के बीच से बहुत से फ्रेंच प्रदेशों पर आधिपत्य जमा लिया। इन प्रदेशों में कोयले और लोहे की प्रचुरता थी। इन प्रदेशों में जर्मनी ने जबरदस्त किलेबंदी की। विश्व युद्ध के दौरान जर्मन सेना ने यहाँ भयंकर उत्पात मचाया। युद्ध में सिर्फ इस क्षेत्र में लाखों लोग मारे गए। तरह-तरह के भयंकर एवं विनाशकारी हथियारों का प्रयोग हुआ। रासायनिक एवं जहरीली गैसों का प्रयोग किया गया। अब तक वायुयान का प्रयोग भी युद्ध में होने लगा था। आकाश-मार्ग से दोनों तरफ की सेनाओं ने बमबारी की।

सेर नदी के साथ-साथ सांदिए से लेकर वर्दून और रांस तक का यह इलाका युद्ध-समाप्ति तक रणक्षेत्र बना रहा। एक ऐसा भूभाग, जहाँ से जर्मन सेना बहुत अधिक फ्रांस के अंदर नहीं जा पाई और फ्रांस भी जर्मन सेना को पीछे धकेलने में असफल रहा।

पूर्वी रणक्षेत्र

जर्मनी के उत्तर-पूर्वी भाग में रूस की सेना ने उस पर आक्रमण किया। पूर्वी प्रशिया से रूसी सेना काफी आगे बढ़ चुकी थी। रूसी सेना के आक्रमण का मुख्य क्षेत्र ऑस्ट्रिया था। ऑस्ट्रिया के गैलिसिया इलाके पर रूस का कब्जा हो चुका था। इसी बीच जर्मनी और ऑस्ट्रिया ने मिलकर पोलैंड पर हमला कर दिया। पोलैंड का बहुत बड़ा हिस्सा रूसी साम्राज्य का अंग था। जर्मनी और ऑस्ट्रिया ने सम्मिलित युद्ध अभियान आगे बढ़ाते हुए वारसा पर भी हमला कर दिया। रूस की सेना वारसा और पोलैंड की रक्षा में लग गई। रूस पहले ही कार्पेथियन पर्वतमाला पार करने का प्रयास कर चुका था, ताकि उस रास्ते से

ऑस्ट्रिया-हंगरी पर हमला किया जा सके, पर उसे इसमें सफलता नहीं मिल पाई थी। जर्मनी की लगातार जीत हो रही थी। वारसा एवं पोलैंड पर कब्जे के साथ-साथ रूसी साम्राज्य के अनेक इलाके जर्मन सेना के अधीन आ गए थे। कूरलैंड, लिवोनिया और एस्थोनिया जैसे नगर रूस के अंग थे, जिन पर अब जर्मन राज था। जर्मन सेना लगातार रूस-अधिकृत क्षेत्र पर कब्जा करती जा रही थी। रूस अपने राज्य-क्षेत्रों के बचाव के लिए अपनी सेना गैलेसिया से हटाकर अन्य भागों में लगा चुका था। जर्मन सेनापति पॉल वॉन हिंडनबर्ग ने पूर्वी प्रशिया वाले क्षेत्र से रूसी सेना को बाहर खदेड़ दिया था।

जापान की उपलब्धियाँ

विश्व युद्ध में जापान के प्रवेश की चर्चा हम पहले कर चुके हैं। जापान ने जर्मनी के विरुद्ध युद्ध में आते ही प्रसिद्ध बंदरगाह कियाउ चाउ पर कब्जा कर लिया। हालाँकि यह बंदरगाह चीन में था, पर इस पर जर्मनी का कब्जा था। प्रशांत महासागर के उत्तरी इलाके में बहुत से क्षेत्र ऐसे थे जिन पर जर्मनी का कब्जा था। इन प्रदेशों को जापान ने अपने अधीन कर लिया। दक्षिणी प्रशांत महासागर के ऑस्ट्रेलिया और न्यूजीलैंड पर भी उसने अपनी विजय-पताका फहरा दी।

अफ्रीका में जर्मनी के कई उपनिवेश थे। इन क्षेत्रों पर ब्रिटेन ने कब्जा कर लिया। टोगोलैंड, कैमरून जैसे जर्मन उपनिवेशों पर ब्रिटिश और जापानी सेनाओं ने कब्जा कर लिया। स्थल भाग पर जर्मनी को भारी सफलता मिल रही थी, पर समुद्र में वह ब्रिटेन और उसके सहयोगी देशों से हार रहा था। समुद्र पार का अधिकांश जर्मन उपनिवेश अब उसके हाथ से निकल चुका था।

तुर्की का युद्ध में प्रवेश

तुर्की (टर्की) एक मुसलिम राष्ट्र है। बालकन युद्ध में वह पहले ही बुरी तरह बरबाद हो चुका था। सर्बिया, बुल्गारिया आदि क्षेत्रों पर तुर्की के सुलतान ने क्रूरतापूर्ण अत्याचार किया था, जिसके बदले बालकन युद्ध में तुर्की की ऐसी हालत हुई, जिसकी कल्पना स्वयं तुर्की और यूरोप के अन्य देशों ने नहीं की थी। इस तरह वह मित्र राष्ट्रों से बदला लेने की फिराक में तो था ही। मौके का लाभ उठाने के उद्देश्य से नवंबर 1914 में वह जर्मनी की ओर से युद्ध में शामिल हो गया। मुसलिम समुदाय में तुर्की के सुलतान को 'खलीफा' कहा जाता

था। वह मुसलिम समुदाय का अंतरराष्ट्रीय स्तर पर नेतृत्व करता था। उसने पूरी दुनिया के मुसलमानों से अपील की कि मित्र राष्ट्र इसलाम के शत्रु हैं। वे इसलाम को मिटाना चाहते हैं। उनके विरुद्ध पूरी दुनिया के मुसलमान भाई एकजुट हो जाएँ और जर्मनी के समर्थन में युद्ध में शामिल होकर 'जिहाद' करें। 'जिहाद' इसलाम में धर्म-रक्षार्थ युद्ध को कहते हैं।

जर्मनी तुर्की की इस अपील से प्रसन्न था। उसे उम्मीद थी कि इस अपील से भारत, मिस्र जैसे देशों के मुसलमान भी अंग्रेजों के खिलाफ बगावत कर देंगे। परंतु ऐसा नहीं हुआ। अभी तक मिस्र पर तुर्की का अधिकार माना जाता था। अंग्रेजों ने मिस्र को तुर्की से अलग कर स्वतंत्र राष्ट्र घोषित कर दिया। अब मिस्र के शासक को अंग्रेजों का साथ देना ही हितकर लगा और उसने अंग्रेजों को साथ देने का वादा किया। उधर अरब भी तुर्की साम्राज्य का अंग था। दोनों ही मुसलिम देश थे। अंग्रेजों ने अरब में राष्ट्रीयता की भावना भड़काकर उसे तुर्कों के खिलाफ कर दिया। फलत: अरबों ने अपनी स्वतंत्र राष्ट्र की आकांक्षा के साथ तुर्कों के खिलाफ बगावत कर दी। इस तरह तुर्की के खलीफा ने विश्व युद्ध में मित्र राष्ट्रों को सबक सिखाने के लिए धर्म के नाम पर जिस जिहाद की अपील की वह धराशायी हो गई। ब्रिटेन ने तुर्की की मंशा विफल करने के साथ-साथ दूसरी तरफ मेसोपोटामिया (वर्तमान इराक) और सीरिया पर आक्रमण कर दिया। जर्मनी के सैनिक इस क्षेत्र में भी युद्ध करते रहे। एक ही साथ कई मोरचों पर युद्ध से जर्मनी की सेना एकत्रित नहीं हो पा रही थी। जर्मनी की सेना इतनी विशाल एवं आधुनिक थी कि एक ही साथ कई मोरचे खुले रहने के बावजूद वह अपना दबदबा बनाए हुए थी।

तुर्की के सुलतान की मुसलमानों से मित्र राष्ट्रों के खिलाफ जिहाद की अपील से अगर मुसलिम एकजुट होकर मित्र राष्ट्रों के विरुद्ध हो जाते तो इस युद्ध का स्वरूप कुछ और ही हो जाता। धर्म के नाम पर मुसलमानों को तुर्की के सुलतान ने भड़काया था, जिसका असर मुसलमानों पर अधिक नहीं पड़ा। इस बीच मित्र राष्ट्रों ने इस क्षेत्र में विजय हासिल की। मार्च 1917 में बगदाद पर अंग्रेजों का कब्जा हो गया। अंग्रेजों को ईसाइयों के पवित्र तीर्थस्थल येरूशलम पर भी जीत हासिल हुई।

❑

युद्ध के कई मोरचे

"एक आँख के बदले आँख की माँग सारी दुनिया को अंधा बना देती है।"

—महात्मा गांधी

जर्मनी की बेल्जियम, ब्रुसेल्स और लाउवेन पर विजय को देख फ्रांस एवं ब्रिटेन सतर्क हो गए थे। रूस पहले ही सतर्क था। जर्मनी की युद्ध-नीति न केवल ऑस्ट्रिया-हंगरी की सहायता करना थां, बल्कि यूरोप में दबदबा कायम करना भी था। अत: उसने बड़ी शक्तियों के खिलाफ अनेक मोरचे खोल डाले। जर्मनी ने अपनी सेनाएँ प्रशांत महासागर और दक्षिण अफ्रीका में तैनात कीं। परंतु 8 अगस्त, 1914 को फ्रांस व ब्रिटेन की एकत्रित सेना ने टोगोलैंड में जर्मन सेना को करारी शिकस्त दी, जिसके जवाब में 10 अगस्त, 1914 को जर्मन सेना ने दक्षिण अफ्रीका पर आक्रमण कर दिया। इसके बाद जर्मन सेना ने ताबड़तोड़ कई जगहों पर हमले किए। 30 अगस्त को न्यूजीलैंड अधिकृत जर्मन सीमाओं पर आक्रमण किया, 11 सितंबर को ऑस्ट्रेलियाई नेवी पर हमला बोला और इसी दिन मिलिट्री एक्सपीडिशनरी फोर्स न्यू पोमर्न द्वीप पर उतारी गई, जो बाद में जर्मन न्यू गिनी बन गया। अगले कई महीनों तक कई मोरचों पर लड़ाई चलती रही।

यूरोप के इस विश्व युद्ध में ऑस्ट्रिया-हंगरी एवं जर्मनी की सेनाओं का आपसी संपर्क टूटता रहा और दोनों सेनाएँ आपसी सामंजस्य बनाने में नाकामयाब

रहीं। जर्मनी ने ऑस्ट्रिया-हंगरी को सर्बिया के विरुद्ध आक्रमण में सहायता का वचन दिया थ,। अतः उसे वैसे ही युद्ध करना चाहिए था, जिससे कि सर्बिया को हराया जा सके और उसे दंड देने का ऑस्ट्रिया-हंगरी का इरादा भी पूरा हो जाता। परंतु जर्मनी के मन में कुछ और था। जर्मनी को लेकर ऑस्ट्रिया-हंगरी को पूरा विश्वास था कि वह उत्तर की तरफ से रूस के हमला करने पर उसे रोकेगा। परंतु जर्मनी ने कुछ विपरीत युद्ध-नीति तैयार कर रखी थी, जिसके अनुसार ऑस्ट्रिया-हंगरी को ही रूसी सेनाओं का सामना करना पड़ा और जर्मनी की सेना उधर पश्चिमी मोरचे पर फ्रांस के विरुद्ध खड़ी कर दी गई, जिस वजह से ऑस्ट्रिया-हंगरी की सेना घिर गई। उसे रूसी सेना को रोकने के लिए दक्षिण से उत्तर की तरफ जाना पड़ा, जबकि दक्षिण की सीमा पर सर्बिया की सेना लगातार बढ़ती चली आ रही थी। इस परिस्थिति में ऑस्ट्रिया ने अपनी सेना दो भागों में विभाजित कर दी, जो एक ओर उत्तर में रूसी सेना के साथ लड़ी और दूसरी 12 अगस्त, 1914 को 'सेर' के मैदान में सर्बियाई सेनाओं से टकराई। यहाँ इनके मध्य भयंकर युद्ध हुआ। यहाँ ऑस्ट्रियन सेना का बँट जाना नुकसानदेह साबित हो रहा था, क्योंकि सर्बियाई सेनाएँ एकजुट होकर उनका सामना कर रही थीं। नतीजा यह हुआ कि ऑस्ट्रिया-हंगरी की सेना को तीन दिनों की घमासान लड़ाई के उपरांत दैनवी नदी के पार लौट जाना पड़ा। ऑस्ट्रिया-हंगरी की सेना को इस युद्ध में सर्बिया की अपेक्षा अधिक नुकसान हुआ। जहाँ सर्बियाई मृत सैनिकों की संख्या 16 हजार थी वहीं 21 हजार ऑस्ट्रियाई सैनिक मारे गए। ऑस्ट्रिया को जबरदस्त हार का सामना करना पड़ा। ऑस्ट्रिया का युद्ध से पूर्व यह मानना था कि वह सर्बिया को पूरी तरह कुचलकर रख देगा, लेकिन यह गलत साबित हुआ।

जर्मन सेना ने अपना एक मोरचा रूस और फ्रांस की सेना को दबाने के लिए खोल रखा था। बेल्जियम और लक्समबर्ग पर फतह हासिल करने के उपरांत जर्मन सेनाओं की पूरी ताकत संगठित नहीं रह गई थी। कारण यह था कि बेल्जियम के युद्ध के दौरान जर्मन सेना को ब्रिटेन की ब्रिटिश एक्सपीडिशनरी फोर्सेज के साथ लड़ाई करनी पड़ रही थी। यह लड़ाई 14 से 24 अगस्त तक पूरे दस दिनों तक 'बैटल ऑफ फ्रंटियर्स' में चली, जिस वजह से जर्मन सेना की रूस और फ्रांस को सबक सिखाने की योजना काफी हद तक विफल हो चुकी थी। जर्मन सेना की योजना को समझते हुए रूसी सेना ने ध्यान बँटाने के लिए पर्शिया के पूर्वी हिस्से पर धावा बोल दिया, जिस वजह से जर्मन सेना को

पूर्वी पर्शिया का रुख अख्तियार करना पड़ा।

17 अगस्त से 2 सितंबर तक जर्मन तथा रूसी सेना के बीच टैनिनबर्ग में भयंकर युद्ध हुआ। इसमें आखिरकार विजय जर्मनी को हासिल हुई। परंतु जर्मन सेना की पेरिस के अंदर दाखिल होने की योजना असफल हो गई। इस समय तक जर्मनी की सेनाओं को भी दो भागों में अलग-अलग मोरचों पर युद्ध करना पड़ रहा था। इसका एक हिस्सा रूस के साथ पर्शिया में लड़ रहा था तो दूसरा हिस्सा पेरिस के मोरचे पर फ्रांस और ब्रिटेन की एकत्रित सेना का सामना कर रहा था। इस बँटवारे से जर्मन सेना की योजना असफल रही। परंतु इससे जर्मन सेनाओं का हौसला कम नहीं हुआ। अगस्त और सितंबर दो माह तक चली इस भयानक लड़ाई में ब्रिटेन और फ्रांस की 2 लाख 30 हजार सैनिकों की अत्याधुनिक मारक हथियारों से सुसज्जित सेना को रौंदती हुई वह पेरिस के अंदर जा घुसी। इस विजय से जर्मन सैनिकों में काफी उत्साह भर आया था।

पश्चिमी मोरचा

इस विश्व युद्ध में कई महत्त्वपूर्ण लड़ाइयाँ अनेक मोरचों पर एक साथ लड़ी गईं। उनमें पश्चिमी मोरचा अति महत्त्वपूर्ण रहा। इस मोरचे का निर्माण मित्र राष्ट्रों ने मिलकर किया था, जिसका एकमात्र लक्ष्य था जर्मन सेना के बढ़ते कदमों को उखाड़ फेंकना और उन्हें उनकी स्थिति से पीछे धकेलना। इसके विरुद्ध जवाबी कार्रवाई करते हुए जर्मन सेना ने भी अपनी केंद्रीय शक्ति में शामिल राष्ट्रों के साथ मिलकर एक मोरचा खोल दिया और अपनी स्थिति मजबूत बनाए रखने के लिए पूरी शक्ति एक साथ लगा दी। इस लंबी समयावधि तक चले युद्ध में दोनों ही पक्षों में काफी लोगों की जानें गईं।

इस मोरचे पर जर्मन सेना ने लोराइने से बेल्जियम के फ्लीमिश तट तक खाइयाँ खोद रखी थीं और बंकर बना लिये थे। इसके जवाब में दूसरी तरफ फ्रांस और ब्रिटेन की सेना ने भी बंकर बना लिये थे। इन दोनों गुटों के मध्य बनी पश्चिमी मोरचे की लंबाई 8 हजार किलोमीटर से भी अधिक थी। इस मोरचे पर युद्ध के प्रथम वर्ष के दौरान ही दोनों पक्षों की सेनाओं ने एक लंबी चलने वाली लड़ाई एवं एक-दूसरे को मात देनेवाली मोरचाबंदी कर रखी थी। जर्मनी इस लड़ाई के शुरुआती दौर में अपनी सीमाओं का अत्यधिक विस्तार कर चुका था, जहाँ से ब्रिटेन तथा फ्रांस की सेनाओं ने जर्मन सेना को बलपूर्वक़ पीछे हटने पर मजबूर तो किया और वह पीछे हटी भी, परंतु इसके उपरांत भी उसका कब्जा बहुत बड़े

भूभाग पर था और वह इन क्षेत्रों पर पूरी तरह तटस्थ रही।

जर्मन सेना के विरुद्ध पश्चिमी मोरचे पर ब्रिटिश सेना की 1,000 पलटनें थीं, जिनमें 8 लाख सैनिक अत्याधुनिक हथियारों से लैस व सुप्रशिक्षित थे, जिनके साथ फ्रांस ने भी अपनी सेना का एक बड़ा हिस्सा खड़ा कर रखा था। यह मोरचा इतना बड़ा व विशाल था कि हर पलटन को अग्रिम मोरचे से पीछे हटकर सहायक लाइन तक आने में पूरा एक सप्ताह लग जाता था और सहायक लाइन से रिजर्व लाइन तक आने में भी सेना को एक हफ्ते का समय लगता था।

ऑटोमन साम्राज्य का युद्ध में पदार्पण

ऑटोमन साम्राज्य की स्थापना 13वीं सदी में खलीफा ओसमान (1259-1326) ने की थी। इस विशाल साम्राज्य की सीमाएँ दक्षिण-पश्चिम एशिया, उत्तर-पूर्व अफ्रीका और दक्षिण-पूर्व यूरोप तक फैली थीं। प्रथम विश्व युद्ध में इसका विघटन हो गया।

विश्व की सत्ता एवं वर्चस्व के लिए की जा रही इस लड़ाई में शायद ही कोई देश अछूता रह पाया हो। समय की माँग, देश-हित एवं स्वार्थ-पूर्ति के लिए समय के साथ सभी राज्य इन दो गुटों में शामिल होते चले गए। 2 अगस्त, 1914 को जर्मनी और तुर्की ने आपस में एक संधि की। संधि की प्रमुख शर्तें थीं कि विश्व स्तर पर युद्ध का प्रसार हो जाने पर दोनों देश एक-दूसरे का साथ देंगे और उनके हितों की रक्षा के लिए मैदान में आएँगे। जर्मनी के साथ तुर्की के संधि करने के अन्य कारण भी थे। जर्मनी ने बर्लिन से बगदाद तक रेलवे लाइन के विस्तार में तुर्की की भरपूर सहायता की थी, जिसके लिए तुर्की जर्मनी का एहसानमंद था। संधि में की गई घोषणाएँ निम्नलिखित थीं—

- दोनों देश ऑस्ट्रिया-हंगरी एवं सर्बिया के मध्य युद्ध होने पर अपनी स्थिति तटस्थ बनाए रखेंगे।
- यदि रूस अपनी सेना ऑस्ट्रिया-हंगरी के खिलाफ युद्ध के लिए इस्तेमाल करता है तो तुर्की की सेनाएँ जर्मनी की ओर से जर्मन सेना का साथ देने के लिए आएँगी; परंतु इस युद्ध के लिए उसे बाध्य नहीं किया जा सकता।
- इस संधि की समयावधि 31 दिसंबर, 1918 तक के लिए निश्चित की गई।
- आवश्यकता पड़ने पर इस समयावधि को अगले पाँच वर्षों तक पुनः

पश्चिमी मोरचे पर पुर्तगाली सैनिक।

बढ़ाया जा सकता था।

- संधि की स्वीकृति एक महीने के अंदर जर्मन सम्राट्, पर्शिया के राजा एवं ऑटोमन सम्राट् से प्राप्त कर ली जाएगी।
- इस संधि को पूर्ण रूप से गुप्त रखा जाएगा, जब तक कि इसे सार्वजनिक करने की आवश्यकता महसूस नहीं की जाती।

इस संधि के अंतर्गत एवं अपने निजी निर्णयों के बाद ऑटोमन साम्राज्य जर्मनी की ओर से इस विश्व युद्ध में शामिल हो गया। इससे ब्रिटेन और रूस को खतरा था, क्योंकि रूस का कॉकेशियन एवं ब्रिटेन अधीनस्थ कई भारतीय क्षेत्र ऑटोमन साम्राज्य की सीमा से सटे थे।

दक्षिणी मोरचे पर लड़ाई

दक्षिणी मोरचे पर ब्रिटिश सेना ने सन् 1915 में गैलीपोली एवं मेसोपोटामिया को साथ लेकर दूसरा मोरचा खोल दिया। परंतु यहाँ तुर्की की सेनाओं ने विपक्षी सेनाओं को परास्त कर दिया। इस मोरचे पर सन् 1915 से 1918 तक घमासान लड़ाई चलती रही। ब्रिटेन की सेनाओं ने 1915-16 में कूट पर अपना अधिकार जमा लिया और 1917 के मार्च महीने में उसने बगदाद को भी करारी शिकस्त दी। दिसंबर 1917 में येरूसलम पर भी उसने कब्जा जमा लिया तथा 1918 के

सितंबर महीने में एडमंड एलेनबी के नेतृत्व में इजिप्सियन एक्सपीडिशनरी सेनाओं ने ऑटोमन साम्राज्य के सैनिकों के पाँव जमीन से उखाड़ दिए।

तुर्की सेना का प्रमुख सेनानायक अनवर पाशा बड़ा ही महत्त्वाकांक्षी प्रकृति का अफसर था। उसकी इच्छा थी कि वह समूचे मध्य एशियाई भाग पर कब्जा कर ले। वह दिसंबर 1914 में अपने 1 लाख सैनिकों को साथ लेकर कॉकासन के मैदान में रूस की सेनाओं से जा भिड़ा, जहाँ कड़ाके की सर्दी का मौसम था और रूसी सेना पहले से ही पहाड़ियों में मोरचा लिये थी, जिस वजह से पाशा की इस लड़ाई में न केवल बुरी तरह हार हुई बल्कि उसके 86 हजार सैनिक मारे गए।

रूस के नवनियुक्त कमांडर ग्रांड ड्यूक निकोलस सन् 1915 में पूरे वर्ष अपनी सेना को अत्यधिक मजबूती प्रदान करने, रसद आपूर्ति के लिए रास्तों को खोलने तथा लंबी लड़ाई का प्रशिक्षण दे रहे थे। यह जल्द ही उनकी सेना के काम आया। वर्ष 1916 की शुरुआत में उन्होंने पूरी शक्ति के साथ तुर्की की सेना पर हमला बोल दिया और उन्हें इस लड़ाई में विजय प्राप्त हुई। उन्होंने तुर्की की सेना को अभी के आर्मीनिया से बाहर तक खदेड़ दिया। रूसी सेना ने काला सागर के दक्षिणी तट तक के बड़े क्षेत्र पर अपना अधिकार जमा लिया।

तुर्की की सेनाओं को भगाने के उपरांत निकोलस ने रेलवे लाइन बिछाने के काम को पूरा किया। निकोलस ने ऑटोमन साम्राज्य को नष्ट करने की योजना बना रखी थी। वे सफल भी हो जाते, यदि 1917 की रूसी क्रांति ने उनके कदम न रोक दिए होते। निकोलस के जाते ही रूसी सेना की पकड़ ढीली पड़ गई और रूस अपना वर्चस्व तुर्की पर कायम नहीं रख सका।

अंग्रेजी युद्ध-नीति की भूल

सन् 1915 में अंग्रेजों ने तुर्की की राजधानी कॉन्सटेंटिनोपल पर आक्रमण कर दिया था। उस वक्त ऑस्ट्रेलिया और न्यूजीलैंड की सेनाएँ यूरोप में मित्र राष्ट्रों की मदद को आ चुकी थीं। विश्व युद्ध का दूसरा वर्ष चल रहा था। अंग्रेज सेना डार्डेनल्स के जलडमरूमध्य से होकर तुर्की पर हमला कर कॉन्सटेंटिनोपल को अपने अधीन करना चाहती थी। अंग्रेजों को यहाँ भारी असफलता मिली। तुर्कियों को जर्मनी से हथियार और सेना की सहायता मिल रही थी। तुर्क सेना ने अंग्रेज सेना को मुँहतोड़ जवाब दिया। गैलीपोली नामक स्थान पर दोनों देशों

बहुरंगी ऑटोमन सेना।

के सैनिक आमने-सामने थे। युद्ध में हालाँकि अंग्रेज सेना को गैलीपोली के एक छोटे से हिस्से पर आधिपत्य करने में कामयाबी मिल गई थी। तुर्की पर हमला करने के लिए अंग्रेजों ने गैलीपोली के अधिकृत भाग पर मित्र राष्ट्रों की सैनिक टुकड़ी पहुँचा दी थी। पर मित्र राष्ट्रों के सैनिक यहाँ पहुँचकर अपनी पूर्व निर्धारित योजना के मुताबिक तुर्की पर हमले में अधिक सफल नहीं हो सके अंततः उन्हें वापस लौटना पड़ा। वापसी के दौरान तुर्की सेनाओं ने इन पर जोरदार हमले किए। अंग्रेजी सेना की युद्ध-नीति यहाँ असफल रही।

तुर्की का सेनानायक अनवर पाशा।

युद्ध का दूसरा साल चल रहा था। इटली भी मित्र राष्ट्रों के समर्थन में युद्ध में शामिल हो चुका था। मित्र राष्ट्रों के समर्थन में अब तक नौ देश आ चुके थे। ये थे—रूस, फ्रांस, इटली, ब्रिटेन,

सर्बिया, बेल्जियम, जापान, मोंटेनेग्रो और सैन मेरिना। ब्रिटेन अपने सभी उपनिवेशों के साथ युद्ध में शामिल हुआ था। मित्र राष्ट्रों की लड़ाई अब सीधे तौर पर जर्मनी, ऑस्ट्रिया-हंगरी और तुर्की से थी। युद्ध का क्षेत्र लगातार विस्तृत होता जा रहा था। अब तक बहुत से ऐसे देश, जो तटस्थ थे, युद्ध में शामिल हो गए थे। अफ्रीका, मिस्र, भारत, ऑस्ट्रेलिया और कनाडा भी येन-केन-प्रकारेण युद्ध से प्रभावित हो रहे थे।

❑

विश्व युद्ध का दूसरा वर्ष

"केवल मृतक ही युद्ध का अंत देख पाते हैं।"

—प्लेटो

ब्रिटेन जर्मनी के पश्चिमी क्षेत्र के सांदिए से लेकर आस्टेंड तक जबरदस्त किलेबंदी तोड़ने के लिए प्रयत्नशील था। सन् 1915 के अंत में ब्रिटिश सेनाओं ने सर जॉन फ्रेंच के नेतृत्व में अर्रास के उत्तर-पूर्व में आक्रमण किया। जर्मन सेना और ब्रिटिश साम्राज्य की विशाल सेना में यहाँ घमासान युद्ध हुआ; परंतु ब्रिटेन जर्मन सेना को बहुत पीछे नहीं धकेल पाया। ब्रिटेन ने लगभग 10 लाख सैनिकों के साथ इस क्षेत्र पर हमला किया था। जर्मनी बेल्जियम, लक्जमबर्ग और उत्तर-पश्चिमी फ्रांस पर बहुत मजबूत किलेबंदी कर चुका था, जिसे हिलाना ब्रिटिश सेना के लिए लोहे के चने चबाने के समान था।

अर्रास में जर्मन सेना सिर्फ 2 मील पीछे हटी थी। अब जर्मनी के जवाब देने की बारी थी। जर्मनी वर्दून के प्राचीन और मजबूत किले पर आक्रमण की तैयारी करने लगा। फ्रांस ने वर्दून में जबरदस्त किलेबंदी कर रखी थी। इस युद्ध का संचालन जर्मनी के युवराज विलियम द्वितीय ने स्वयं अपने हाथों में ले लिया था। 21 फरवरी, 1916 को जर्मन सेना ने वर्दून पर हमला कर दिया। शुरुआती हमले में फ्रेंच सेना थोड़ी लड़खड़ाई जरूर, पर मार्शल पेताँ के नेतृत्व में उसने संगठित एवं सुनियोजित ढंग से युद्ध किया और जर्मन सेना को रोकने में समर्थ हुई। वर्दून के कुछ इलाकों में जहाँ जर्मनी ने कब्जा कर लिया था, उसे वहाँ

जर्मन गोला-बारूद।

से हटने पर मजबूर कर दिया गया। वर्दून क्षेत्र में फ्रांस की स्थिति अब अधिक मजबूत होने लगी। जर्मनी यहाँ निराश हुआ। जुलाई से नवंबर 1916 तक आमीन के पूर्व तथा उत्तर-पूर्व में युद्ध लगातार चलता रहा। इस युद्ध को 'साम का युद्ध' कहा गया।

साम के युद्ध में पहली बार टैंकों का इस्तेमाल हुआ। ब्रिटिशों ने टैंक का निर्माण किया था। टैंक से गोलियाँ बरसाई जा सकती थीं। उससे गोले भी चलाए जा सकते थे। टैंक में लोहे की मोटी और चौड़ी चादर लगी होती थी, जो इसे खाइयों, ऊबड़-खाबड़ रास्तों या काँटेदार झाड़ियों आदि से होकर गुजरने में मदद करती थी। आधुनिक हथियारों की होड़ में उस वक्त मित्र राष्ट्रों के लिए टैंक वरदान साबित हुए। जर्मन सेना की किलेबंदी तोड़ने में इन टैंकों का महत्त्वपूर्ण योगदान रहा।

इटली-ऑस्ट्रिया युद्ध

पश्चिमी रणक्षेत्र में वर्दून में जर्मनी और फ्रांस आमने-सामने थे तो पूर्वी क्षेत्र में इटली ने ऑस्ट्रिया पर हमला कर दिया। परंतु इटली यहाँ ऑस्ट्रिया के सामने

ऊपर हवाई युद्ध, नीचे भीषणता बयाँ करतीं ध्वस्त इमारतें।

टिक नहीं सका। ऑस्ट्रिया ने इटली के अनेक प्रदेश अपने कब्जे में कर मई 1916 में इतालवी सैनिकों को अपनी सीमा से बाहर खदेड़ दिया। इधर रूस ने फिर ऑस्ट्रिया पर हमला तेज कर दिया। रूस ऑस्ट्रिया के गैलीसिया पर आधिपत्य चाहता था। ऐसी स्थिति में ऑस्ट्रिया ने अपनी सेना का एक बड़ा भाग रूस को रोकने के लिए उत्तरी रणक्षेत्र में भेज दिया। अब इटली को अच्छा अवसर मिल गया। वह जान गया कि ऑस्ट्रिया की अधिकांश सेना रूस के हमले को रोकने के लिए जा चुकी है। वह ऑस्ट्रिया साम्राज्य के उन सभी भागों को अपने राज्य में शामिल करना चाहता था, जहाँ इतालवी भाषा बोलनेवाले लोग रहते थे। उसने ऑस्ट्रिया पर हमला कर दिया। इतालवी भाषा बोलनेवाले क्षेत्र में त्रिएस्त प्रमुख था, जिस पर इटली का कब्जा हो गया। त्रिएस्त के रास्ते से इतालवी सेना आगे बढ़ती गई और ऑस्ट्रिया के कई अन्य क्षेत्रों पर भी अपना आधिपत्य जमा लिया।

सन् 1882 से प्रथम विश्व युद्ध प्रारंभ होने के समय तक इटली, जर्मनी एवं ऑस्ट्रो-हंगेरियन

साम्राज्य एक-दूसरे के साथ थे। परंतु बाद में ऑस्ट्रिया द्वारा ट्रेंटिनो ऑस्ट्रिया एवं डलमाशिया को अपने कब्जे में कर लेने के कारण इटली काफी नाराज हो गया, जिसके परिणामस्वरूप उसने फ्रांस के साथ एक गुप्त समझौता कर लिया। युद्ध आरंभ होने के बाद ऑस्ट्रिया ने इटली को अपने पक्ष में करने की बहुत कोशिश की, परंतु नाकाम रहा और इटली मित्र राष्ट्रों के साथ जा खड़ा हुआ। इटली ने 'लंदन पैक्ट' पर अपने हस्ताक्षर कर दिए और मई 1915 में ऑस्ट्रिया-हंगरी के विरुद्ध अपनी सेना मित्र देश की सेनाओं के साथ उतार दी।

इटली के पास सैनिकों की तादात् अधिक थी, परंतु अत्याधुनिक हथियारों की कमी थी। ऑस्ट्रिया-हंगरी से हुई लड़ाई में हंगरी की सेना पहाड़ी पर काफी ऊँचाई पर थी। इटली को इससे काफी नुकसान हुआ। सर्दी के मौसम में इस इलाके का एक बड़ा भूभाग बर्फ से पूरी तरह ढक-सा जाता था, जिसका फायदा सीधे तौर पर ऑस्ट्रिया-हंगरी की सेना को पहुँचता था। परंतु जैसे ही सर्दियों का मौसम जाता और गरमियाँ आतीं, इटली की सेना की ओर से हमला तेज कर दिया जाता था। इटली की सेना ने सन् 1915 में आइजोंजो मोरचे पर 15 बार जोरदार हमला करते हुए ऊपर चढ़ने की कोशिश की, पर ऑस्ट्रो-हंगेरियन सेना ने हर बार उसे अपने कदमों को पीछे करने को मजबूर कर दिया। 1916 के वसंत में ऑस्ट्रो-हंगेरियन सेनाओं ने असाइगो के एल्टोपियानो की तरफ से वेरोना और पदुआ पर जवाबी हमले किए; परंतु उन्हें कामयाबी नहीं मिली।

इधर जैसे ही गरमियों का मौसम आया इतालवी सेनाओं ने फिर से अपना जौहर दिखाना आरंभ कर दिया और काफी तेज गोलीबारी करते हुए वह इस बार आगे बढ़ती ही चली गई और जॉर्जिया पर अपना कब्जा जमा लिया। इटली की इस छोटी सी विजय ने ऑस्ट्रियाई सेना को काफी चोट पहुँचाई। इटली की सेना ने इस दौरान कई बार आइजोंजो से ऑस्ट्रिया-हंगरी की सेना को भगाने का अथक प्रयास किया, पर वह इसमें कामयाबी हासिल नहीं कर सकी।

इधर दूसरी ओर वर्ष 1917 के प्रारंभ में रूसी सेना पूर्वी मोरचे से धीरे-धीरे पीछे हटने लगी थी। इसलिए जर्मन लड़ाकू सैनिकों ने इस मोरचे पर अपनी बढ़त बनानी शुरू कर दी। जर्मन सेना ने इटली की सेना पर 26 अक्तूबर, 1917 को एक बहुत आक्रामक हमला किया। इसमें वह कोबरीड को जीतने में कामयाब रही। इस मोरचे से इटली की सेना को भागना पड़ा, परंतु उसने पूरी तरह हार नहीं मानी। लगभग 100 किलोमीटर पीछे जाने के उपरांत उसने अपनी सेना को पुनर्गठित किया और जवाबी हमले के लिए पूरी तरह तैयार होकर पियेव नदी

के किनारे मोरचाबंदी करते हुए ऑस्ट्रिया-हंगरी की सेना को करारी चुनौती दी। इटली की सेना ने अपनी स्थिति इस मोरचे पर इतनी मजबूत कर ली कि दुश्मन के जी-तोड़ प्रयास के बावजूद उसे हटाया नहीं जा सका। आखिरकार नवंबर के महीने में इटली की सेना को मित्र राष्ट्रों की सेना की सहायता मिल गई, जिससे उसने 'विटोरिया वेनेटो' के युद्ध में ऑस्ट्रिया-हंगरी की सेना को अपने आगे झुकने पर मजबूर कर दिया। अंततः ऑस्ट्रिया-हंगरी की सेना ने मित्र राष्ट्रों के आगे समर्पण कर दिया।

सर्बिया की हार

सर्बिया ने अपनी स्थिति आरंभ से काफी मजबूत बना रखी थी। युद्ध के प्रारंभ से लेकर दिसंबर 1914 तक ऑस्ट्रिया ने सर्बिया के ऊपर तीन अति घातक हमले किए, परंतु वह सर्बिया को अपनी स्थिति से हटा पाने में सक्षम नहीं हुआ। ऑस्ट्रिया की सेना के दो भागों में बँट जाने की वजह से उनमें उतनी मारक क्षमता नहीं रह गई थी, जिस कारणवश वह सर्बिया को मजा चखाने के अपने इरादे को पूरा नहीं कर पा रही थी। परंतु जब जर्मन सेना उससे आकर मिल गई तब जर्मनी, बुल्गारिया और ऑस्ट्रिया तीनों धुरी राष्ट्रों की सेनाओं ने एकजुट होकर अक्तूबर 1915 में सर्बिया पर काफी जोरदार आक्रमण किया, जिससे सर्बिया स्वयं को सुरक्षित नहीं रख सका और उसे हार का सामना करना पड़ा। परंतु इस हमले में सर्बियाई सेनाएँ अल्बानिया और ग्रीक के मोरचे पर तटस्थ रहीं, क्योंकि वहाँ ब्रिटेन व फ्रांस की सेनाएँ उनकी सहायता के लिए आ पहुँची थीं।

पूर्वी मोरचा

युद्ध के दौरान बने कई मोरचों में से पश्चिमी मोरचे पर दोनों गुटों के बीच जबरदस्त युद्ध चल रहा था पर कोई निर्णायक फैसला नहीं हो पा रहा था। पूर्वी मोरचे पर भी अति घमासान युद्ध छिड़ा हुआ था। धुरी राष्ट्रों ने रूस को करारा जवाब देने के लिए पूर्वी मोरचे को निशाना रूसी सेनाओं को जहाँ एक ओर ऑस्ट्रिया की सेना ने गैलीसिया में तो दूसरी ओर पूर्वी पर्शिया में जर्मन सेनाओं ने काफी जबर्दस्त टक्कर दी। युद्ध के प्रारंभ में तो रूसी सेना पूर्वी गैलीसिया पर अपना आधिपत्य जमाने में कामयाब रही, क्योंकि उस समय उसका सामना केवल ऑस्ट्रिया-हंगरी की सेना के साथ था और ऑस्ट्रिया की सेना का उस

वक्त दो भागों में बँटना हर जगह नुकसानदेह साबित हो रहा था। इसी वजह से रूसी सेना पूर्वी पर्शिया की लड़ाई में उस पर हावी होने में सक्षम हो पाई।

पूर्वी पर्शिया की लड़ाई में रूसी सेना ने जर्मन सेना को ऑस्ट्रिया की सहायता के लिए पूर्वी मोरचे तक पहुँचने से पहले उलझाए रखा था, अतः जर्मन सेना ऑस्ट्रिया को सैनिक सहायता समय पर नहीं दे पा रही थी। आखिर रूसी सेना जर्मन सेना को काफी दिनों तक रोककर नहीं रख सकी और अगस्त-सितंबर 1914 में जर्मनी ने रूस पर काफी तेज व घातक हमले किए, जिसे रूस की सेना सह न सकी और उसे युद्ध के मैदान में पीछे हटने पर मजबूर होना पड़ा। रूस की सैनिक क्षमता उतनी मारक भी नहीं थी जितनी कि ऑस्ट्रिया-हंगरी व जर्मन सेनाओं की थी। ऑस्ट्रिया-हंगरी एवं जर्मन सेनाएँ अत्याधुनिक व महँगे हथियारों से पूरी तरह लैस थीं। वहीं रूसी सेना के पास ऐसे आधुनिक हथियारों की कमी थी। रूस की आर्थिक स्थिति भी इन दोनों देशों की अपेक्षा कमजोर थी।

पोलैंड के दक्षिणी हिस्से में रूसी सेना को धुरी राष्ट्रों ने पीछे हटने को मजबूर कर दिया और रूस के पीछे हटते ही 5 अगस्त, 1915 को धुरी राष्ट्रों ने वारसा पर अधिकार जमा लिया। धुरी राष्ट्रों का मनोबल इस विजय से काफी उग्र हो चुका था। उन्होंने रूस पर हमला तेज करते हुए उसे पोलैंड से भी भागने को मजबूर कर दिया।

प्रथम विश्व युद्ध में धुरी राष्ट्रों की इस विजय को इतिहास में 'ग्रेट रिट्रीट' के नाम से जाना जाता है।

रूमानिया युद्ध में

इटली को ऑस्ट्रिया के विरुद्ध सफलता मिल ही रही थी। उधर रूस का गैलीसिया पर हमला लगातार जारी था। इस तरह रूस और इटली दोनों को ऑस्ट्रिया पर सफलता मिल रही थी। इस समय जर्मन सेना साम के युद्ध में उलझी थी। रूमानिया को जर्मनी पर आक्रमण के लिए यह उचित अवसर लगा। उसने मित्र राष्ट्रों का साथ देते हुए जर्मनी, ऑस्ट्रिया-हंगरी और बुल्गारिया के खिलाफ युद्ध की घोषणा कर दी। ट्रांसिल्वेनिया पर जर्मनी का आधिपत्य था। रूमानिया ट्रांसिल्वेनिया पर अपना अधिकार चाहता था। वह उसे अपने राज्य का अंग मानता था। रूमानिया के हमले के समय यद्यपि जर्मनी साम के युद्ध में व्यस्त था, तथापि उसने सेना की दो टुकड़ियाँ रूमानिया से मुकाबले के लिए

भेज दीं। रूमानिया की सेना में वह आक्रामकता नहीं थी कि वह जर्मनी के सामने टिक पाती। बड़ी सहजता से जर्मनी का रूमानिया की राजधानी बुखारेस्ट पर कब्जा हो गया। जिस देश का अपनी राजधानी पर से ही अधिकार छिन जाए, उसका देश के अन्य हिस्सों पर से अधिकार समाप्त होना स्वाभाविक ही था। अब रूमानिया के अधिकांश हिस्से जर्मनी के कब्जे में थे। रूमानिया बहुत ही समृद्ध देश था। उसमें मिट्टी का तेल प्रचुर मात्रा में था। वहाँ के लोगों को कभी अनाज की कमी नहीं होती थी। अब रूमानिया से जर्मनी को मिट्टी का तेल और अनाज काफी मात्रा में मिलने लगा था।

पनडुब्बियों का प्रयोग

जर्मनी, फ्रांस एवं ब्रिटेन द्वारा आधुनिक हथियारों का प्रयोग बदस्तूर जारी था। जर्मनी के पास पानी के बड़े-बड़े जहाज मौजूद थे। वे जलीय युद्ध के लिए तैयार थे। युद्ध के दौरान ही जर्मन इंजीनियरों ने पनडुब्बियों का निर्माण किया था। मित्र राष्ट्रों की सेना भी जलमार्ग से होनेवाले आक्रमण का जवाब देने को तैयार थी। अंग्रेज सेना के पास भी बड़े-बड़े जहाज थे, जो जर्मन सेना का डटकर मुकाबला कर सकते थे; परंतु पनडुब्बियों के आविष्कार ने जर्मनी को जलयुद्ध में मजबूत स्थिति दिला दी। वे पनडुब्बियाँ मित्र राष्ट्रों के जंगी जहाज एवं सेना ले जानेवाले जहाजों पर पानी के नीचे से आक्रमण कर देती थीं, जिससे वे जहाज

रोमानिया की सेना ट्रांसिल्वेनिया में।

जर्मन पनडुब्बी यू.सी.-5।

डूब जाते थे। उन पनडुब्बियों ने अंग्रेज सेना का समुद्र पर आधिपत्य कमजोर कर दिया था। अंग्रेज सेना जर्मन जंगी एवं व्यापारिक जहाजों को बंदरगाहों से बाहर जाने से रोक सकती थी; परंतु पनडुब्बियाँ समुद्र के नीचे से निकल जाती थीं, जिनका अंग्रेजी नौसेना को पता भी नहीं चल पाता था। अंग्रेज सेना और अन्य मित्र राष्ट्र जल युद्ध में कमजोर पड़ रहे थे। अब ब्रिटेन जर्मनी की मोरचाबंदी करने के लिए दूसरा रुख अख्तियार करने को मजबूर था। इस स्थिति में ब्रिटेन ने घोषणा की कि हॉलैंड, नॉर्वे, स्वीडन आदि तटस्थ देशों के बंदरगाहों पर जानेवाले जहाजों की तलाशी ली जाए, ताकि युद्ध के उपयोग में आनेवाले सामान को जर्मनी पहुँचने से रोका जाए।

ब्रिटेन ने तटस्थ देशों की तलाशी के लिए कर्कलैंड का बंदरगाह चुना। फरवरी 1915 में जर्मनी ने प्रयास किया कि उसके अपने देश के सारे अनाज भंडार पर सरकार का अधिकार हो जाए, ताकि युद्ध में सेना को रसद की दिक्कत का सामना न करना पड़े। इस पर अंग्रेजों ने अनाज को भी युद्धोपयोगी सामान घोषित कर दिया। उनका तर्क था कि सेना के जितने जरूरी हथियार हैं, उससे कहीं अधिक महत्त्व अनाज का है। इस तरह कर्कलैंड बंदरगाह पर जाँच के दौरान अनाज भी रोक दिया जाता था।

अब जर्मनी की परेशानी बढ़ने लगी। उसने कड़ा रुख अपनाते हुए घोषणा

लुसिटानिया जहाज, जिसे जर्मनी ने डुबो दिया था।

कर दी कि ब्रिटेन के चारों ओर का समुद्र युद्धक्षेत्र समझा जाएगा और इसमें जो भी जहाज आएगा, उसे डुबो दिया जाएगा। सन् 1917 के शुरुआती महीनों में जर्मन पनडुब्बियाँ यह काम बड़ी तत्परता से कर रही थीं। किसी भी देश से आनेवाले जहाज को, जो ब्रिटेन जा रहा हो, डुबो दिया जाता था। इसी क्रम में 7 मई, 1917 को 'लुसिटानिया' नाम का एक विशाल जहाज ब्रिटेन आ रहा था। 'लुसिटानिया' अमेरिका से चला था। उस जहाज में 1,000 से भी अधिक यात्री सवार थे जिनमें सैकड़ों अमेरिकी थे। उसमें कोई भी सामान युद्ध के प्रयोग के लिए नहीं था। जर्मनी ने सारी बातों को नजरंदाज करते हुए उसे भी बड़ी निर्दयता से डुबो दिया। कोई भी यात्री जीवित नहीं बचा, जिनमें बच्चे एवं महिलाएँ भी शामिल थीं। जर्मनी का यह कार्य बहुत ही अमानवीय और क्रूरतापूर्ण था। जिस जहाज का युद्ध से कोई लेना-देना नहीं था। जिस पर निर्दोष यात्री सवार होकर यात्रा कर रहे थे, उसे डुबो देना अंतरराष्ट्रीय नियमों के विरुद्ध भी था और यह नृशंसता की हद थी। इस अमानवीय व्यवहार का न सिर्फ अमेरिका में बड़ा विरोध हुआ, बल्कि दुनिया के कई देशों ने जर्मनी की कड़ी भर्त्सना की। ब्रिटेन, अमेरिका और मित्र राष्ट्रों के अन्य देशों में इससे रोष व्याप्त हो गया। इससे मित्र राष्ट्रों का नैतिक पक्ष मजबूत हुआ और दुनिया के कई तटस्थ देश मित्र राष्ट्रों के समर्थन में युद्ध के लिए तैयार हो गए। दुनिया के तमाम देशों के अखबारों में जर्मनी की कड़ी निंदा की गई। इससे हर जगह जर्मनी के विरुद्ध वातावरण बनने लगा।

❑

अमेरिका का युद्ध में पदार्पण

"क्रूरता का उत्तर क्रूरता से देने का अर्थ अपने नैतिक व बौद्धिक पतन को स्वीकार करना है।"

—महात्मा गांधी

पनडुब्बियों द्वारा किए जा रहे कुकृत्य से अमेरिका में जर्मनी के विरुद्ध वातावरण बन गया था। अभी तक अमेरिका युद्ध में तटस्थ था। तत्कालीन अमेरिकी राष्ट्रपति विल्सन ने युद्ध शुरू होने के वक्त घोषणा की थी कि अमेरिकी सरकार तटस्थ रहेगी और जनता से भी अपील की गई थी कि वह किसी का पक्ष न ले। अमेरिकी इसे यूरोप का आपसी युद्ध मानते थे, कि अटलांटिक महासागर के पार के देशों का इससे कोई लेना-देना नहीं है। परंतु युद्ध का रूप धीरे-धीरे व्यापक हो रहा था। अमेरिका में रहनेवाले लोगों में जर्मनी से आकर बसनेवाले भी शामिल थे। उनकी सहानुभूति जर्मनी के साथ होना स्वाभाविक ही थी। ज्यों-ज्यों युद्ध की आग प्रज्वलित होकर विकराल हो रही थी, अमेरिका की तटस्थता नीति डगमगाने लगी थी। अमेरिका में जहाँ अनेक अखबार जर्मनी के विरुद्ध थे, वहीं कुछ अखबारों ने उसे न्यायसंगत बताना शुरू कर दिया था। बेल्जियम की जनता से जर्मनी का अमानवीय व्यवहार, फ्रांस में रैंस के प्रसिद्ध गिरजाघर का विध्वंस आदि कई ऐसे कार्य थे, जिनसे अमेरिका में जर्मनी के विरुद्ध वातावरण बन गया था। कुछ व्यक्तिगत कारणों से भी अमेरिका फ्रांस और ब्रिटेन के करीब जा रहा था। वस्तुत:

अमेरिकी राष्ट्रपति विल्सन ने 3 फरवरी, 1917 को जर्मनी से अपने सभी राजनीतिक संबंध विच्छेद करने की घोषणा संसद् में की।

अमेरिका के स्वतंत्रता संग्राम में फ्रांस ने मदद की थी, जिससे अमेरिका फ्रांस की तरफ झुक रहा था। अमेरिका में अधिकतर ब्रिटेन से आकर बसे लोग थे। उनकी भाषा भी अंग्रेजी ही थी। यह भी एक कारण था कि अमेरिका का झुकाव ब्रिटेन और फ्रांस के पक्ष में हो रहा था। तात्कालिक कारणों में जर्मनी द्वारा 'लुसिटानिया' जहाज को डुबो देने जैसी घटनाओं ने आग में घी का काम किया।

अमेरिकी ज़नता राष्ट्रपति विल्सन पर दबाव बनाने लगी कि वे बिना वजह जर्मनी के क्रूर व्यवहार को सहन कर रहे हैं। राष्ट्रपति विल्सन अधिक दिनों तक जनभावना की उपेक्षा नहीं कर सके और 3 फरवरी, 1917 को जर्मनी से अपने सभी राजनीतिक संबंध विच्छेद कर अमेरिकी राजदूत को वापस बुला लिया गया और अमेरिका से जर्मन राजदूत को वापस भेज दिया गया।

उधर जर्मन पनडुब्बियों का खेल जारी था। वे लगातार जल-युद्ध में ब्रिटेन और अमेरिका से संबंधित जहाजों को डुबोने में लगी थीं। इस बीच जर्मनी के विदेश मंत्री ने मैक्सिको सरकार को एक पत्र लिखा, जिसमें अमेरिका और जर्मनी के बीच युद्ध की स्थिति में मैक्सिको को अमेरिका पर हमला करने के लिए

कहा गया था। बदले में उसे टेक्सास, न्यू मेक्सिको और एरिजोना के राज्य इनाम स्वरूप दिए जाने की बात कही गई थी। संयोगवश वह पत्र अमेरिका के हाथ लग गया। अब अमेरिका जर्मनी की असली मंशा समझ चुका था। उसे लगने लगा कि उसके तटस्थ रहने के फैसले में अविलंब बदलाव आवश्यक है।

राष्ट्रपति विल्सन ने 2 अप्रैल, 1917 को अमेरिकी कांग्रेस का विशेष अधिवेशन बुलाया। अधिवेशन में राष्ट्रपति विल्सन ने जर्मनी की स्वार्थ एवं वर्चस्व की लड़ाई को कांग्रेस के सामने रखा। उन्होंने कांग्रेस को बताया कि ऐसी स्थिति में सभी लोकतंत्र समर्थक देशों को जर्मनी के विरुद्ध आना चाहिए, ताकि शांति, न्याय और प्रजातंत्र के सिद्धांतों की रक्षा एवं स्थापना हो सके।

अमेरिकी राष्ट्रपति विल्सन।

इसलिए संयुक्त राज्य अमेरिका को मित्र राष्ट्रों के समर्थन में जर्मनी के विरुद्ध युद्ध में शामिल होना चाहिए और उन्हें धन व जन से पूरी सहायता करनी चाहिए। राष्ट्रपति विल्सन ने कांग्रेस से उसकी राय माँगी। राष्ट्रपति के इस प्रस्ताव को कांग्रेस ने संपूर्ण समर्थन दिया और बहुमत से प्रस्ताव पारित हो गया। अंततः अमेरिका ने 6 अप्रैल, 1917 को जर्मनी के विरुद्ध युद्ध की घोषणा कर दी। युद्ध की घोषणा के बाद अमेरिका ने ऑस्ट्रिया-हंगरी को जर्मनी का साथ न देने के लिए मनाने की भरपूर कोशिश की; परंतु वह इसमें सफलता हासिल नहीं कर पाया। इस बात से अमेरिका ऑस्ट्रिया से नाराज हो गया और उसने दिसंबर 1917 में ऑस्ट्रिया-हंगरी के खिलाफ युद्ध की घोषणा कर दी।

अमेरिका के समर्थन में आने पर अन्य बहुत से देश मित्र राष्ट्रों के पक्ष में आ गए। क्यूबा और पनामा मित्र राष्ट्रों के पक्ष में आ गए थे। ग्रीस भी जर्मनी के विरुद्ध लड़ाई में शामिल हो गया। उधर सियाम, चीन, ब्राजील और लाइबेरिया भी मित्र राष्ट्रों के पक्ष में जर्मनी एवं अन्य धुरी राष्ट्रों के विरुद्ध युद्ध में शामिल हो चुके थे।

युद्ध की घोषणाएँ होने के उपरांत परंतु यूरोप से दूरी के कारण अमेरिकी सेना को युद्ध क्षेत्र पर पहुँचने में कई महीने लगे। अमेरिकी नौसेना विशाल थी, जो धुरी राष्ट्रों की ताकत को मात देने के लिए काफी थी। वहीं ब्रिटिश ग्रांड

फ्लीट आधुनिक मारक क्षमतावाले हथियारों से लैस थी। ब्रिटेन के पास अच्छी किस्म की पनडुब्बियाँ भी थीं, जिन्हें आयरलैंड, क्विंसटाउन, एजोर्स तथा वैंट्री के खाड़ी क्षेत्रों में तैनात कर दिया गया था। मित्र राष्ट्रों द्वारा जर्मनी को मात देने के लिए अब सिर्फ अमेरिकी जहाजी बेड़ों का इंतजार था।

अब तक ब्रिटेन और फ्रांस ने इस युद्ध में ऑस्ट्रिया-हंगरी की शक्तियों का पूरा जायजा ले लिया था। यह देखते हुए ब्रिटेन ने अमेरिका से बड़ी संख्सा में अपनी पैदल सेना को भी भेजने का आग्रह किया। यह अनुरोध मानकर अमेरिका ने अपनी थलसेना भी यूरोप के लिए रवाना कर दी। परंतु अमेरिकी सेना के पास पर्याप्त हथियार नहीं थे, साथ ही उसके पास लड़ाकू जहाजों तथा तकनीकी इकाइयों की भी कमी थी, जिस वजह से अमेरिकी सेना के जनरल जॉन पर्सिंग ने अपनी सेना को ब्रिटेन तथा फ्रांस की सेना के साथ टुकड़ों में विभाजित कर इस्तेमाल करने और सीधे मोरचे पर भेजने का विरोध किया। परंतु जनरल जॉन पर्सिंग की बात को ब्रिटेन व फ्रांसीसी सेना के कमांडरों ने मानने से इनकार करते हुए अमेरिकी सेना को प्रथम पंक्ति में लड़ने के लिए भेज दिया। फलस्वरूप वर्ष 1918 की गरमियों में बड़ी संख्या में अमेरिकी सैनिक मारे गए।

अब संसार के अधिकांश राष्ट्र युद्ध में शामिल थे। संसार की कुल आबादी का 87 प्रतिशत इस विश्व युद्ध में शामिल था, जिसमें लगभग 90 प्रतिशत मित्र राष्ट्रों के पक्ष में थे और सिर्फ 10 प्रतिशत जर्मनी एवं धुरी राष्ट्रों के पक्ष में। जो आबादी युद्ध में शामिल नहीं थी वह सिर्फ 19 करोड़ थी। उन देशों में हॉलैंड, स्विटजरलैंड, डेनमार्क, नॉर्वे और स्वीडन थे जिनको तटस्थ रहना ही था। ये देश जर्मनी से बहुत निकटवर्ती हैं। ये चाहते हुए भी मित्र राष्ट्रों का समर्थन नहीं कर सकते थे, क्योंकि जर्मनी के विरुद्ध जाने की स्थिति में इन देशों का अस्तित्व ही खतरे में पड़ जाता।

दुनिया में तमाम देश युद्ध के कारण आर्थिक मंदी की चपेट में आ चुके थे। सभी देशों का व्यापार इससे प्रभावित था।

बाजार में जरूरी सामान उपलब्ध नहीं था। कीमतें आसमान छू रही थीं। सरकारें अधिक-से-अधिक धन युद्ध में लगा रही थीं जिससे जनता पर टैक्स का अतिरिक्त भार पड़ रहा था। जनता त्रस्त थी। एक तरफ युद्ध से उसकी जान संकट में थी और दूसरी तरफ जीवन-यापन के लिए आवश्यक चीजों की उपलब्धता के लिए उसे भारी कीमत चुकानी पड़ रही थी।

अब तक इस विश्व युद्ध में 70 लाख के करीब सैनिक और आम आदमी मारे जा चुके थे। इससे कहीं बड़ी संख्या में सैनिक घायल थे। लाखों लोग कैद कर लिये गए थे।

हिंडनबर्ग का रणक्षेत्र

जर्मनी ने पश्चिमी युद्धक्षेत्र में सांदिए से आस्टंड तक जबरदस्त मोरचाबंदी कर रखी थी। इतने बड़े क्षेत्र में लगातार सैनिकों को सारी सुविधाएँ उपलब्ध कराना जर्मनी को महँगा पड़ रहा था। सो जर्मन सेनापति ने मोरचाबंदी घटाकर दक्षिण में नीयो से अर्रास तक सीमित कर दिया। इस 100 मील लंबी लाइन को हिंडनबर्ग लाइन के नाम से जाना गया। जर्मन सेना द्वारा छोड़ा गया यह क्षेत्र लगभग 1,000 वर्गमील का था। वापस जाते वक्त जर्मन सेना उस क्षेत्र को बुरी तरह तहस-नहस कर चुकी थी। जर्मन सेना का पीछे हटना मित्र राष्ट्रों को उत्साहित कर रहा था। इससे मित्र राष्ट्रों ने हिंडनबर्ग पर दो बड़े आक्रमण किए। पहला आक्रमण उत्तर की तरफ से रैंस और सांक्वातो पर कब्जा करने के उद्देश्य से किया गया। दूसरा दक्षिण दिशा से लिओ पर कब्जे के लिए। परंतु जर्मन सेना अभी इतनी कमजोर नहीं हुई थी कि मित्र राष्ट्रों से पराजय का मुँह देखे। दोनों ही मोरचों पर उसने मित्र राष्ट्रों का डटकर मुकाबला किया। जर्मन सेना न आगे बढ़ना चाहती थी, न उसकी हिंडनबर्ग क्षेत्र से पीछे हटने की इच्छा थी। यह स्थिति युद्ध के अंत तक बनी रही।

❑

रूसी क्रांति

"जो कोई भी तलवार उठाएगा, तलवार से ही मारा जाएगा।"

—बाइबल

जनता प्रथम विश्व युद्ध में रूस की सेना को जबरन धकेलने के निर्णय एवं देश की समुचित अर्थव्यवस्था को पूरी तरह नष्ट करने का जिम्मेदार रूस के तत्कालीन जार को मान रही थी। रूस में लेनिन के साम्राज्य के समय से अब तक समाजवादी आंदोलन जारी थे, जिसे मजदूरों एवं गरीबों का भारी समर्थन मिल रहा था।

रूस ने जब सन् 1914 में अपनी सेनाओं को ऑस्ट्रिया-हंगरी के खिलाफ सर्बिया की ओर से युद्ध के लिए भेजा था, उस समय इसका खासा विरोध हुआ था। इसे नजरअंदाज करते हुए जार ने विरोधियों की आवाज दबा दी। रूस में जहाँ आम नागरिक युद्ध का विरोध कर रहे थे, वहीं कुछ पूँजीपतियों ने अपने निजी लाभ को ध्यान में रखते हुए इसका भारी समर्थन किया। वे युद्ध में काम आने वाले सारे उपकरणों का निर्माण कर रहे थे और रसदआपूर्ति के संसाधनों से भी जुड़े हुए थे। वहीं रूस के गरीब नागरिकों से जबरदस्ती बारूद बनाने के कारखानों में काम करवाया जा रहा था। उन मजदूरों को सही तरीके से वेतन व अन्य सुविधाएँ मुहैया कराई जा रही हैं या नहीं, इस बात की खबर तक जार प्रशासन की ओर से नहीं ली जा रही थी। जार का ध्यान यूरोप से जर्मनी व ऑस्ट्रिया-हंगरी को मिटाकर अपने साम्राज्य का विस्तार करने पर लगा हुआ था।

रूस के युवा पहले ही जार के इस शोषण व अन्याय के विरुद्ध अपनी आवाज उठा चुके थे। परंतु युद्ध के दौरान गरीब नागरिकों को जबरन सेना में भरती कर उन्हें युद्ध की आग में झोंकने पर तीव्र प्रतिक्रिया हुई और जब रूस के मजदूरों का बेइंतहा शोषण होने लगा तो ये गरीब व मजदूर उन क्रांतिकारी युवाओं का समर्थन करते हुए उनकी ताकत बन गए। रूस की सड़कों पर जार-विरोधी नारे बुलंद होने लगे। जार इससे काफी नाखुश हुआ और उसने जनता की आवाज को समझे बिना ही उस पर गोलियाँ चलवा दीं। इससे रूस की जनता बुरी तरह बौखला गई तथा अपना विरोध और तीव्र कर दिया।

रूस की सेना ने ऑस्ट्रिया-हंगरी की सेनाओं पर विजय हासिल की थी, पर फिर भी यह वर्ष उनके लिए हार का वर्ष ही रहा। 27 अगस्त, 1915 को रूमानिया युद्ध में शामिल हो गया और उसी समय जर्मन सेना भी ऑस्ट्रिया-हंगरी की सेना की सहायता के लिए ट्रांसिल्वेनिया आ पहुँची। 6 दिसंबर, 1916 को धुरी राष्ट्रों ने बुखारेस्ट पर अधिकार जमा लिया। रूस की इस हार से रूस में चल रही राज्य-क्रांति को और बल मिला। इसे दबाने में जार का ध्यान बँट गया, जिससे रूसी सेनाओं का मनोबल टूट गया और उनकी स्थिति कमजोर होती चली गई।

वर्ष 1917 के मार्च महीने में रूस में राज्य-क्रांति हो गई। जार को पदच्युत कर दिया गया। जब अगस्त 1914 में रूस ने विश्व युद्ध में प्रवेश किया तो उसके गिने-चुने सदस्यों को छोड़कर रूसी संसद् के लगभग सभी सदस्यों ने इसका स्वागत किया था। यदि जार निकोलस और प्रशासनिक अधिकारी समझदारी से काम लेते तो रूसी जनता की राष्ट्रीय भावना से लाभ उठा सकते थे। परंतु उन अधिकारियों ने विवेकहीनता, युद्ध-कार्य में अनावश्यक हस्तक्षेप, अयोग्यता और कर्तव्यहीनता का परिचय दिया। इससे सेना के मनोबल पर विपरीत प्रभाव पड़ा। सैनिक लड़ने के लिए भेज दिए गए, परंतु युद्ध-सामग्री का अभाव रहा। रूसी सरकार ने युद्ध के आरंभिक तीन वर्षों में डेढ़ करोड़ सैनिक युद्धक्षेत्र में भेज दिए, परंतु उचित सैन्य-व्यवस्था के अभाव में प्रथम दो वर्षों में ही लगभग 20 लाख सैनिक मारे जा चुके थे और 50 लाख घायल हो चुके थे। मित्र राष्ट्रों की तरफ से युद्ध में मारे जानेवाले सैनिकों में 40 प्रतिशत रूस के थे। ऐसी स्थिति में भी रूसी सेना ने मित्र राष्ट्रों का साथ दिया। वह अद्‌भुत साहस और वीरता का परिचय देते हुए मित्र राष्ट्रों के साथ डटी रही। आर्थिक दृष्टि से रूस वर्ष 1917 तक उतना कमजोर नहीं हुआ था, किंतु

बाल्टिक और काला सागर के बंद होने के कारण रूस का पश्चिमी दुनिया से संपर्क लगभग टूट गया था।

जार के शासन के दौरान अत्यधिक सैनिक युद्धक्षेत्र में भेजे जाने से कृषि पर भी बुरा असर पड़ा। देश में अनाज की कमी पड़ गई। समुचित युद्ध-सामग्री और खाद्यान्न के अभाव में रूसी सैनिक बेमौत मारे जा रहे थे। इस तरह फौज में राजद्रोह की भावना बढ़ रही थी। उधर शासन में भ्रष्टाचार का स्तर बढ़ता जा रहा था। युद्ध में हो रहे खर्च को पूरा करने के लिए उपयोगी वस्तुओं की कीमतें आकाश छूने लगीं। अनाज, ईंधन, कपड़े आदि की भारी कमी पड़ रही थी। एक तरफ रूसी नागरिक कष्ट में जीवन व्यतीत कर रहे थे और दूसरी तरफ शासक वर्ग भोग-विलास में मस्त था। ऐसी स्थिति में हड़तालों और दंगों का सिलसिला शुरू हो गया। सैनिक फौज से भागकर किसानों और श्रमिकों का साथ देने लगे।

दिसंबर 1916 में रास्पुतिन की हत्या कर दी गई। 7 मार्च, 1917 को रूस की राजधानी पेट्रोगाड में अप्रत्याशित रूप से विद्रोह हो गया। 7 मार्च को पेट्रोगाड में भूख से व्याकुल लोग सड़कों पर आकर लूटपाट करने लगे। उनकी माँग थी कि उन्हें रोटी चाहिए। जार ने सैनिकों को गोली चलाने के आदेश दिए, परंतु सैनिकों ने ऐसा नहीं किया। अगले दिन कारखाने से मजदूर हड़ताल में शामिल होने लगे। दो-तीन दिनों के अंदर पेट्रोगाड के सभी कारखाने बंद हो गए। वहाँ के लोग युद्ध बंद करने का आह्वान करने लगे। शहर के बाहरी

रास्पुतिन, ल्वाव और एलेक्जेंडर कैरेंस्की।

हिस्सों में मजदूरों ने पुलिस से हथियार छीन लिये। आंदोलन के दमन के लिए जो सैनिक भेजे गए, वे क्रांतिकारियों से मिल गए। इस तरह 11 मार्च को जार ने ड्यूमा के सदस्यों को भंग कर दिया। इससे क्रुद्ध होकर ड्यूमा के सदस्यों ने भी विद्रोह कर दिया। क्रांतिकारी मजदूरों और सैनिकों ने मिलकर सैनिकों तथा मजदूरों के प्रतिनिधियों की 'क्रांतिकारी सोवियत' का निर्माण किया। जार के समर्थक सैनिक क्रांति का दमन करने के लिए क्रांतिकारियों को गोली मारने के आदेश का पालन कर रहे थे। इससे क्रांति और भड़कती गई। 14 मार्च को क्रांतिकारी सोवियत और ड्यूमा के सदस्यों की एक समिति ने मिलकर 'अस्थायी सरकार' का निर्माण कर लिया। इस अस्थायी सरकार का नेतृत्व प्रिंस ल्वाव के हाथ में था। इस सरकार में क्रांतिकारी समाजवादी दल के नेता एलेक्जेंडर कैरेंस्की, कॉन्स्टीट्यूशनल डेमोक्रेटिक दल के नेता मिल्यूकोव तथा अक्टूबरिस्ट दल के नेता गुशकोव शामिल थे। विवश होकर जार निकोलस द्वितीय ने 15 मार्च को अपने भाई ग्रैंड ड्यूक माइकल के पक्ष में राजगद्दी छोड़ दी। अस्थायी सरकार के सदस्य अभी एकमत नहीं हो पा रहे थे कि रूस में राजतंत्र बरकरार रखा जाए या गणतंत्र की स्थापना कर दी जाए। अतः ड्यूक माइकल ने भी सिंहासन पर बैठना स्वीकार नहीं किया। इस तरह मार्च 1917 की क्रांति के फलस्वरूप रूस से निरंकुश जार के शासन का अंत हो गया और उसके स्थान पर नई क्रांतिकारी उदारवादी सरकार का गठन हुआ। इस क्रांति से सत्ता उदारवादियों के हाथों में हस्तांतरित हो गई। प्रिंस ल्वाव उदारवादी नेता थे। मिल्यूकोव को विदेशमंत्री बनाया गया, वहीं कैरेंस्की न्यायमंत्री और गुशकोव युद्ध मंत्री बने। इस सरकार के बनने के बाद निम्नलिखित उदार घोषणाएँ की गईं—

1. अधिकांश राजनीतिक बंदियों की रिहाई एवं निर्वासित व्यक्तियों को देश में लौटने की अनुमति दी गयी।
2. भाषण, लेखन एवं प्रेस के प्रतिबंध हटे।
3. यहूदियों के विरुद्ध लागू कानूनों को रद्द कर दिया गया।
4. मजदूरों को संघ बनाने और हड़ताल करने का अधिकार दिया गया।
5. मृत्युदंड समाप्त किया गया।
6. प्रशासन में व्याप्त भ्रष्टाचार समाप्त करने के आश्वासन दिए गए।
7. वयस्क मताधिकार प्रदान किया गया।
8. देश के लिए नए संविधान-निर्माण की स्वीकृति दी गई।

9. ग्रीक चर्च के विशेष अधिकार समाप्त कर दिए गए।
10. पुलिस के अधिकार सीमित किए गए।
11. युद्ध को जारी रखते हुए अधिक जोश एवं शक्ति से शामिल होने की घोषणा की गई।

युद्ध के प्रश्न पर फिर से समान विचार नहीं बन पा रहा था। अस्थायी सरकार मित्र राष्ट्रों के सहयोग से युद्ध में बने रहना चाहती थी, जिससे भविष्य में तुर्की एवं बालकन क्षेत्रों पर रूसी नियंत्रण हो सके; लेकिन क्रांतिकारी सोवियत के नेता युद्ध जारी रखने के विरुद्ध थे। वे लोकतंत्र बहाली के लिए युद्ध से अलग होना चाहते थे। सेना भी युद्ध से थक चुकी थी। इस तरह अस्थायी सरकार के लिए यह चुनौती का विषय था कि वह युद्ध जारी रखे या युद्ध से अलग हो जाए। देश के श्रमिक, किसान और मजदूर वर्ग युद्ध से अलग होना चाह रहे थे।

ऐसे वातावरण में जून 1917 में पेट्रोग्राड सोवियत ने 'सोवियतों की अखिल रूसी कांग्रेस' आमंत्रित की, जिसमें स्पष्ट घोषणा की गई कि केवल राजनीतिक क्रांति से काम नहीं चलेगा। इसके साथ-साथ सामाजिक और आर्थिक क्रांति भी जरूरी है। इस सम्मेलन में क्रांतिकारी समाजवादी, मेनशेविक और बोल्शेविक दलों के 300 से अधिक सदस्य शामिल हुए। बोल्शेविक प्रतिनिधियों ने यह विचार प्रस्तुत किया कि अस्थायी उदारवादी मंत्रिमंडल की जगह क्रांतिकारियों को अपना अलग मंत्रिमंडल गठित करना चाहिए। इस तरह अस्थायी उदारवादी सरकार अधिक सफल नहीं हो पाई। उसने अपनी सैन्य-शक्ति को संगठित कर गैलीसिया पर आक्रमण कर दिया था, जहाँ रूस को अधिक सफलता नहीं मिली थी।

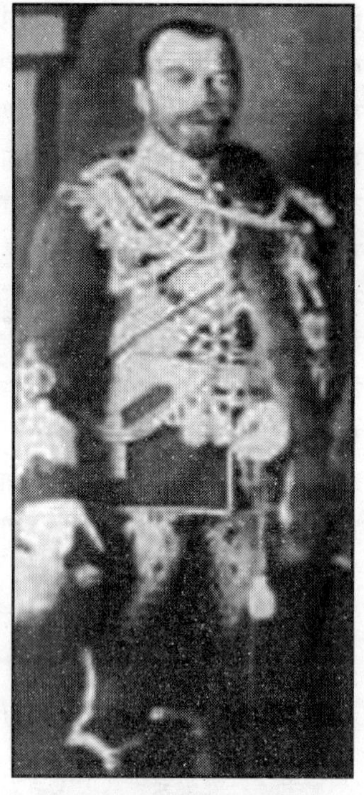

जार निकोलस द्वितीय।

कैरेंस्की सरकार

जनता के बढ़ते विरोध और गैलीसिया में रूसी आक्रमण की विफलता के फलस्वरूप प्रिंस ल्वोव और उसके साथियों ने उदारवादी सरकार से इस्तीफा दे दिया। इसके बाद कैरेंस्की के नेतृत्व में नई सरकार बनी। इस तरह सत्ता अब समाजवादियों के हाथ में आ गई। कैरेंस्की सरकार ने युद्ध-नीति को बढ़ावा दिया, परंतु इसे अधिक सफलता नहीं मिल पा रही थी। वे जर्मनी के खिलाफ टिक नहीं पा रहे थे। बोल्शेविक लोग कैरेंस्की सरकार का विरोध कर रहे थे। उनकी मुख्य माँग 'शांति, भूमि और रोटी' थी। इस तरह मजदूरों, किसानों और सैनिकों में असंतोष बढ़ता जा रहा था और इस का लाभ उठाकर कार्निलाव ने 7 सितंबर, 1917 को रूसी कज्जाक सैनिक टुकड़ी को पेट्रोगाड पर अधिकार के आदेश दे दिए। अब रूस के अंदर ही गृह युद्ध होने लगा। कैरेंस्की सरकार ने बोल्शेविकों की सहायता से सैनिक विद्रोह को तो दबा दिया, पर धीरे-धीरे बोल्शेविकों का प्रभाव तेजी से बढ़ने लगा। मेनशेविक दल के मंत्री भी कैरेंस्की की नीतियों से संतुष्ट नहीं थे। इससे कैरेंस्की सरकार का पतन निश्चित था।

बोल्शेविक क्रांति एवं रूस से संधि

मार्च 1917 की रूसी क्रांति के कुछ ही महीने बाद नवंबर में बोल्शेविक क्रांति हो गई। बोल्शेविक दल के प्रमुख संस्थापक लेनिन थे। मार्च 1917 की क्रांति के दौरान लेनिन देश से बाहर थे। बोल्शेविकों ने सत्ता में आने के लिए संचार माध्यम का सहारा लिया। उन्होंने 'प्रावदा' नामक समाचार-पत्र के माध्यम से अपनी दलीय नीति और कार्यक्रम का प्रचार आरंभ कर दिया। 3 अप्रैल, 1917 को लेनिन पेट्रोग्राड आए। उन्होंने अपने साथियों और अन्य समाजवादी नेताओं के सामने अपने उग्र विचार रखे। लेनिन के अनुसार, सत्ता श्रमिकों और किसानों या सर्वहारा वर्ग के हाथों में होनी चाहिए। तत्कालीन नेताओं स्तालिन, जिनोविव आदि ने उनके विचारों से सहमति

बोल्शेविक दल के प्रमुख संस्थापक लेनिन।

जताई। अप्रैल 1917 में सोवियतों को संपूर्ण शक्ति का केंद्र बनाने का निश्चय कर लिया गया। मई 1917 में ट्राटस्की भी अमेरिका से लौटकर पेट्रोग्राड पहुँचा। ट्राटस्की का अपना अलग दल था। लेनिन एवं ट्राटस्की में आपसी बातचीत हुई और बोल्शेविक दल अधिक प्रभावशाली बनता गया। कैरेंस्की सरकार ने बोल्शेविक नेताओं की गिरफ्तारी के आदेश दिए, जिस कारण लेनिन रूस छोड़कर फिनलैंड चले गए। ट्राटस्की बोल्शेविक दल के साथ पूरी तरह मिल चुका था और सितंबर में वह पेट्रोग्राड सोवियत का प्रधान बन गया। इस प्रकार लेनिन और ट्राटस्की के नेतृत्व में फिर क्रांति हुई और 7 नवंबर, 1917 को कैरेंस्की का पतन हो गया। लेनिन की बोल्शेविक सरकार जर्मनी से युद्ध करना व्यर्थ समझती थी। उसने निर्णय किया कि जर्मनी से अलग से संधि कर ली जाए। दिसंबर 1917 में ब्रेस्ट-लिटोवस्क नामक स्थान पर संधि परिषद् प्रारंभ हुई। जर्मनी इस परिषद् में विजेता के रूप में शामिल हुआ। युक्रेनिया, फिनलैंड, पोलैंड, लिथुआनिया, कूरलैंड, लिबोनिया और काकेशस के कुछ प्रदेशों को रूस ने जर्मनी के सुपुर्द करना स्वीकार कर लिया। ब्रेस्ट-लिटोवस्क की इस संधि से विशाल रूसी साम्राज्य विखंडित हो गया। उसके द्वारा दिए गए राज्यों में रूस की एक-तिहाई जनता निवास करती थी। रूस के प्राकृतिक खनिज भंडारों में तीन-चौथाई लोहे की खानें उसी क्षेत्र में थीं। रूस के प्रमुख व्यावसायिक नगर एवं कृषि योग्य भूमि भी उसी क्षेत्र में विद्यमान थे। इस तरह रूस युद्धक्षेत्र से बाहर निकल चुका था। अब जर्मनी अपनी संपूर्ण शक्ति पश्चिमी और दक्षिणी रणक्षेत्रों में लगाने में सक्षम था।

❑

अमेरिका का सम्मिलन : रूस का पलायन

"युद्ध को रोकने और युद्ध की तैयारी का काम आप एक साथ नहीं कर सकते।"

—अल्बर्ट आइंस्टीन

रूस के युद्ध से निकल जाने से मित्र राष्ट्र स्वयं को कमजोर महसूस कर रहे थे। निश्चय ही उन्हें क्षति पहुँची थी; परंतु अमेरिका के साथ आ जाने से कुछ हद तक क्षति-पूर्ति हो गई थी। जर्मनी चाहता था कि जब तक अमेरिका पर्याप्त सैन्य-शक्ति के साथ यूरोप पहुँचे, फ्रांस और ब्रिटेन की सम्मिलित शक्ति को कुचल दिया जाए। हिंडनबर्ग लाइन के सामने मित्र राष्ट्रों की जो मोरचाबंदी थी, उसका उत्तरी भाग अंग्रेजों और दक्षिणी भाग फ्रेंच सैनिकों के नियंत्रण में था। जर्मनी ने योजनाबद्ध तरीके से इस किलेबंदी के मध्य में आक्रमण करने की योजना बनाई, ताकि फ्रांस और ब्रिटेन के सैनिकों के आपसी संबंध टूट जाएँ। इसी आकांक्षा के साथ जर्मनी ने जबरदस्त हमला किया। वहाँ भयंकर युद्ध हुआ। इसमें जर्मनी को सफलता मिली और अंग्रेज सेना आमीन तक पीछे चली गई। परंतु फ्रांस ने तुरंत मोरचा सँभालते हुए जर्मन सेना को मुँहतोड़ जवाब दिया और उसे आमीन पर कब्जा करने में सफलता नहीं मिली।

फ्रेंच सेनापति फर्डिनेंड फॉच।

जर्मन हमलों का करारा जवाब देने के लिए मित्र राष्ट्रों ने विचार किया कि उनकी सेनाओं का संचालन एक सेनापति के हाथ में होना चाहिए। जब तक मित्र राष्ट्रों की सेनाएँ मिलकर एक नहीं होंगी तब तक जर्मन हमले का उचित जवाब देना असंभव था। 28 मार्च, 1918 को फ्रेंच सेनापति फर्डिनेंड फॉच को यह जिम्मेदारी सौंपी गई। जनरल फर्डिनेंड फॉच कुशल सेनापति सिद्ध हुआ। उसके उत्तरदायित्व सँभालते ही स्थिति सुधरने लगी। 9 अप्रैल, 1918 को जर्मन सेनाओं ने फिर हमला किया। जर्मनी ने यह हमला अरेस और येप्र के बीच किया था। इसका उद्देश्य था अंग्रेजी मोरचाबंदी को तोड़ते हुए कैले के बंदरगाह तक पहुँचना। पर इस बार अंग्रेज सेना ने बड़ी वीरता से जर्मन सेना को रोक लिया और जर्मन सेना कैले तक नहीं पहुँच पाई। मई 1918 में जर्मनी ने फिर पेरिस तक पहुँचने की मंशा लिये सोआस्सो एवं शातो-थियेरी पर हमला कर उन्हें अपने कब्जे में कर लिया था। जिन प्रदेशों पर जर्मनी का कब्जा हुआ, वे पेरिस के बहुत करीब थे। पर अब फ्रांस की मदद के लिए अमेरिकी सैनिक तैयार थे। वे पेरिस पहुँच चुके थे। अमेरिका के दखल से युद्ध में फ्रांस और ब्रिटेन की स्थिति मजबूत हो गई थी। जुलाई 1918 तक अमेरिका के 10 लाख सैनिक फ्रांस पहुँच चुके थे। अमेरिकी कारखानों में तेजी से हथियार बन रहे थे, जो निरंतर जर्मनी के विरुद्ध युद्ध में मित्र राष्ट्रों की तरफ से प्रयोग किए जा रहे थे।

जर्मन सेना पुनः 15 जुलाई, 1918 को पूरी ताकत के साथ पेरिस की तरफ बढ़ने की कोशिश करने लगी; परंतु इस बार फ्रांस, ब्रिटेन और अमेरिका की सम्मिलित ताकत जर्मन सेना के सामने थी। मित्र राष्ट्रों की सेना ने जर्मन सेना पर धीरे-धीरे हमले शुरू कर दिए थे। सितंबर 1918 में स्थिति ऐसी हो गई कि जर्मन सेना हिंडनबर्ग लाइन की मजबूत मोरचाबंदी से पीछे हटने को विवश हो गई।

जर्मन सेना का घटता कद

जर्मन सेना पश्चिमी रणक्षेत्र में हिंडनबर्ग में मुँह की खा चुकी थी। इसके अलावा दक्षिणी एवं अन्य रणक्षेत्रों में भी जर्मनी का कद तेजी से घटता जा रहा था। इससे पहले रूस तो हथियार डाल ही चुका था, परंतु ब्रेस्ट-लिटोवस्क की संधि में जो प्रदेश जर्मनी को दिए गए थे, उनमें भी अराजकता एवं अव्यवस्था व्याप्त थी। युक्रेनिया के लोग जर्मनी के शासन से संतुष्ट नहीं थे। युक्रेनिया की जनता अपने देश में स्वतंत्र गणतंत्र की स्थापना चाहती थी। अन्य प्रदेशों में भी कलह जारी थी। फिनलैंड में गृह-युद्ध चल रहा था। इस तरह जर्मनी संगठित नहीं हो पा रहा था और उसके द्वारा जीते गए प्रदेशों पर भी उसकी पकड़ ढीली पड़ती जा रही थी।

फ्रांस की ओर बढ़ते अमेरिकी टैंक।

धुरी राष्ट्रों में जर्मनी ही सबका नेतृत्व कर रहा था। अमेरिका, ब्रिटेन, फ्रांस आदि सभी मित्र राष्ट्रों को धुरी राष्ट्रों के इस युद्ध में जर्मनी से ही युद्ध करना पड़ रहा था। ऐसी स्थिति में जर्मनी युद्ध करते-करते थक चुका था। जिन प्रदेशों पर जर्मनी ने युद्ध के दौरान कब्जा किया था, उन सब में अव्यवस्था एवं अराजकता फैल रही थी। प्रायः सभी देशों में राष्ट्रवाद की भावना जाग रही थी और वे स्वतंत्र होना चाह रहे थे।

बुल्गारिया का आत्मसमर्पण

जनरल फॉच ने अपनी शक्ति सिर्फ पश्चिमी युद्धक्षेत्र तक ही सीमित नहीं रखी, उसने बालकन क्षेत्र में मोरचाबंदी शुरू कर दी। बालकन क्षेत्र में उसने शक्तिशाली सेना का गठन किया, जिसमें सर्बिया, ब्रिटेन, ग्रीक, अमेरिका और फ्रांस के सैनिक शामिल थे। अभी तक सर्बिया पर जर्मनी और उसके साथियों का अधिकार था। जर्मनी की स्थिति युद्ध करते-करते पस्त हो चुकी थी। जर्मनी और ऑस्ट्रिया इस स्थिति में नहीं थे कि अपनी सेना बालकन क्षेत्रों में भेज सकें। ऐसी स्थिति में बालकन क्षेत्र में मित्र राष्ट्रों से लड़ने के लिए धुरी राष्ट्रों की तरफ से संपूर्ण जिम्मेदारी बुल्गारिया पर आ गई थी। बुल्गारिया जर्मनी और अन्य साथी देशों की मदद पाकर युद्ध में टिक सकता था, परंतु स्वयं के दम पर मित्र राष्ट्रों से मुकाबला करना संभव नहीं था। इस तरह बुल्गारिया ने संधि करने में ही भलाई समझी और 29 सितंबर, 1918 को उसने मित्र राष्ट्रों के सामने घुटने टेक दिए। बुल्गारिया ने बिना शर्त आत्मसमर्पण कर दिया। मित्र राष्ट्रों को ऑस्ट्रिया-हंगरी के विरुद्ध युद्ध में बुल्गारिया के सभी संसाधनों का उपयोग करने का सुअवसर मिल गया। उन्हें आर्थिक मदद भी मिली। युद्ध से अर्थव्यवस्था पर हो रहे प्रतिकूल असर पर बुल्गारिया के संसाधनों के उपयोग से अतिरिक्त दबाव नहीं पड़ा।

मित्र राष्ट्रों की बढ़त देख जर्मन सेना तोपें पीछे छोड़कर भाग निकली।

जर्मन सरकार यह समझ चुकी थी कि युद्ध के परिणाम भयानक होनेवाले हैं। ऐसी स्थिति में जर्मनी चाहता था कि अमेरिकी सेना की सहायता मिलने से पूर्व मित्र राष्ट्रों को कुचल देना चाहिए, अन्यथा उनकी सहायता मिलने के उपरांत मित्र राष्ट्रों को हरा पाना धुरी राष्ट्रों के लिए असंभव-सा हो जाएगा। यह सब देखते हुए जर्मनी ने ब्रिटेन और फ्रांस पर तेज हमला करने का फैसला ले लिया।

ऑपरेशन माइकल

ब्रिटेन की सेना को अपनी जगह से हटाने के लिए जर्मनी ने 21 मार्च, 1918 को 'ऑपरेशन माइकल' को अंजाम दिया। जर्मन सेनानायक का इरादा ब्रिटेन और फ्रांस की स्थिति को न सिर्फ बिगाड़ना था, अपितु उन्हें एक-दूसरे से अलग करने का भी था। जर्मन सेनाओं द्वारा किया गया यह हमला अत्यधिक तीव्र व घातक था, जिससे ब्रिटेन व फ्रांस स्वयं को सुरक्षित नहीं रख सके और जर्मन सेनाओं को उनके मनसूबे में कामयाबी हासिल हुई। विश्व युद्ध के प्रारंभिक दिनों के बाद यह पहला मौका था, जब जर्मन सेना पश्चिमी मोरचे को तोड़ने में सफल हो पाई और ब्रिटेन की सेना को परास्त कर वह 60 किलोमीटर अंदर तक घुसती चली गई। जर्मन सेनाओं ने दुश्मन सेनाओं पर काफी तेज गोलीबारी की और काफी संख्या में दुश्मन सैनिकों को मार गिराया। जर्मन सेना की अग्रिम पंक्ति पेरिस से लगभग 120 किलोमीटर अंदर तक अपना अधिकार जमा चुकी थी। 'सुपर हैवी क्रुप रेलवे गन्स' नाम की जर्मन सेनाओं ने पेरिस पर लगभग 200 बमों की बारिश कर दी। बम धमाकों से पेरिसवासियों के बीच अफरा-तफरी मच गई। वे अपने घरों

जर्मन सेनानायक लूडिनडार्फ।

मोरचे पर लड़ाई ही नहीं, खबरें भी जरूरी हैं।

को छोड़कर दूसरे शहर के लिए कूच करने लगे। 24 मार्च के दिन जर्मन सेनाओं ने फ्रांस को इस हद तक नुकसान पहुँचाया कि फ्रांस में उस दिन सार्वजनिक अवकाश घोषित करना पड़ गया। जर्मनों को लगने लगा था कि अब उनकी जीत करीब है।

ब्रिटेन तथा फ्रांस ने जर्मनी को रोकने के लिए सारी शक्ति एक साथ लगा दी। जर्मन सेना ने मार्च-अप्रैल माह में फ्रांस में अपनी मजबूती तो कायम कर ली, पर इसके लिए उसे बड़ी कीमत चुकानी पड़ी। जर्मनी ने अपने 27,000 बहादुर सैनिकों को इस एक माह से भी कम समय में खो दिया। इधर जहाँ जर्मनी ने फ्रांस पर अपना हमला काफी तेज कर रखा था, ठीक उसी समय अमेरिकी फौजें फ्रांस की सहायता के लिए आ पहुँचीं। अमेरिकी सेना के जनरल फासिंग अपनी सेना की कमान अपने ही हाथों में रखना चाहते थे; परंतु ऐसा हो न सका और अमेरिकी सेनाओं को ब्रिटेन तथा फ्रांस की सेनाओं के साथ ही मिला दिया गया, जिसकी पूरी जिम्मेदारी फ्रेंच जनरल फर्डिनेंड फॉच के हाथों में थी।

दूसरी ओर जर्मन सेना ने 'ऑपरेशन माइकल' की सफलता को देखते हुए उत्तर में चैनल पोर्ट के खिलाफ 'ऑपरेशन ज्योंगेंट' प्रारंभ कर दिया। परंतु इस ऑपरेशन में जर्मन सेना को कुछ खास सफलता हाथ नहीं लगी, उलटे काफी नुकसान उठाना पड़ा। यह देखते हुए जर्मनी ने यह ऑपरेशन तुरंत बंद कर दिया। इस ऑपरेशन की असफलता के बाद जर्मनी ने दक्षिण में 'ब्लूचर' तथा 'मार्क' ऑपरेशनों को भी अंजाम दिया। परंतु इनमें भी जर्मन सेना को किसी प्रकार की सफलता हाथ नहीं लगी। जर्मनी ने यह सोचा था कि इन ऑपरेशनों के उपरांत वह पेरिस पर कब्जा कर लेगा। पर इन असफलताओं के बाद जर्मन सेना ने 15 जुलाई, 1918 को मार्न की दूसरी लड़ाई शुरू कर दी। यहाँ जर्मन सेनाओं ने 'रीम्स' की घेराबंदी कर हमला किया, परंतु इसमें भी उसे सफलता नहीं मिली। उलटे मित्र राष्ट्रों ने उसका मुँहतोड़ जवाब दिया। इस हमले के बाद मित्र राष्ट्रों की सेनाओं ने जर्मन सेना को आगे बढ़ने का कोई अवसर नहीं दिया।

लड़ाई के इस दौर में जर्मनी काफी आगे निकल चुका था, जहाँ से उसका वापस आना मुश्किल था। जर्मनी की आर्थिक स्थिति भी काफी डगमगा चुकी थी। सेना का मनोबल भी कुछ हद तक चूर हो चला था। सरकार एवं जर्मनवासी भी लंबी लड़ाई से काफी परेशान थे। इस समय जर्मनी के औद्योगिक उत्पादनों में भी 53 प्रतिशत तक की गिरावट आ चुकी थी। ❑

मित्र राष्ट्रों की मजबूती

"एक दिन राष्ट्रपति रूजवेल्ट ने मुझे बताया कि वे सार्वजनिक रूप से पूछ रहे थे कि युद्ध को क्या कहना चाहिए। मैंने तपाक से कहा, 'अनावश्यक युद्ध'।"

—विंस्टन चर्चिल

प्रथम विश्व युद्ध में चार वर्षों के दौरान हुई लड़ाइयों में काफी उठा-पटक चलती रही। दोनों ही गुट एक-दूसरे पर पूर्ण विजय पाने में सक्षम नहीं हो पा रहे थे।

ऐसी स्थिति में अमेरिका द्वारा मित्र राष्ट्रों को दी गई मदद से जर्मनी सकते में आ गया था। इसके बाद मित्र राष्ट्रों की स्थिति मजबूत हो चुकी थी। रूस के युद्ध से बाहर निकल जाने के उपरांत मित्र राष्ट्र कुछ हद तक कमजोरी महसूस कर रहे थे और यदि उन्हें अमेरिकी सहायता न मिली होती तो उनकी पराजय निश्चित थी। अब मित्र देश इस लड़ाई को और अधिक लंबा नहीं चलने देना चाहते थे और न ही जर्मनी व उसके सहयोगी देश। आखिरकार मित्र राष्ट्रों ने 8 अगस्त, 1918 को पूर्ण सुनियोजित तरीके से जर्मन एवं ऑस्ट्रिया-हंगरी की सेनाओं पर हमला कर दिया।

ब्रिटिश चतुर्थ आर्मी की तीसरी वाहिनी की सैनिक बटालियन ने बाईं तरफ से, प्रथम फ्रेंच आर्मी दाईं तरफ से और कनाडा एवं ऑस्ट्रेलिया की सेनाओं ने बीच में रहकर धुरी राष्ट्रों को पूरी तरह से घेरते हुए हमला किया।

युद्ध में चले वृहदाकार बम।

इस हमले में मार्क चतुर्थ एवं मार्क पंचम के 414 टैंकों का उपयोग किया गया। इस घेराबंदी की प्रथम पंक्ति में सैनिकों की कुल संख्या 1,20,000 थी।

यह हमला इतना घातक था कि मित्र राष्ट्रों की सेनाएँ 7 घंटे के भीतर-भीतर जर्मन सेना को धकेलते हुए उसके क्षेत्र में 12 किलोमीटर अंदर

फ्रांस में एक बम हमले के बाद उठता धुएँ का गुबार।

तक घुसती चली गईं। अब पश्चिमी मोरचे पर तैनात ब्रिटेन के टैंक अपना जलवा दिखाने में लग गए थे। पर 414 टैंकों में से केवल 7 का ही मुँह खोलने की नौबत आई। इस हमले को समाप्त करने की योजना ब्रिटिश फील्ड मार्शल डगलस हेग ने 15 अगस्त, 1918 को बनाई और साथ ही एलबर्ट में हमला करने की योजना को भी अंजाम देना चाहा, जिसे मित्र राष्ट्रों की सेना ने मिलकर 21 अगस्त, 1918 को पूरा भी कर दिया। एलबर्ट पर किए गए हमले में 1,30,000 अमेरिकी सैनिक ब्रिटेन की तीसरी और चौथी आर्मी के सैनिकों के साथ शामिल थे। यह हमला चौंकाने वाला था। इस हमले से जर्मनी की दूसरी पंक्ति की सेनाओं को भी मोरचे से साढ़े पाँच किलोमीटर तक मैदान को छोड़कर पीछे हटना पड़ा। इसमें मित्र राष्ट्रों को विजय के रूप में बेपाऊम नगर मिला, जिस पर उन्होंने कब्जा कर लिया। धीरे-धीरे यह हमला तीव्र होता चला गया और जर्मन सेनाओं को 2 सितंबर तक हिंडनबर्ग की लाइन के पार धकेल दिया गया।

मित्र राष्ट्रों के हमले रुकने का नाम नहीं ले रहे थे। 26 सितंबर को हिंडनबर्ग लाइन जर्मन सेना के हाथ से निकल गई। मित्र राष्ट्रों की सभी बटालियनें अपना-अपना लक्ष्य हासिल करने में सक्षम रहीं। परंतु जर्मन सेनाओं

ने ए.ई.एफ. (अमेरिकन एक्सपिडिशनरी फोर्सेस) की 79वीं डिवीजन को मांटफाकोन पर थाम रखा था। इससे जर्मन सेनाओं को पुनः एकत्रित होने का समय मिला। परंतु वह एकत्र होकर भी मित्र राष्ट्रों की सेना का सामना न कर सकी और अंततः 27 सितंबर को मांटफाकोन भी उसके हाथ से निकल गया।

अब तक लगभग सारे मोरचों पर मित्र राष्ट्रों का कब्जा हो चुका था, जिससे यह साफ जाहिर हो रहा था कि जर्मनी इस विश्व युद्ध में हार के कगार पर खड़ा है। जर्मन सेना के ज्यादातर टैंक बुरी तरह तबाह हो चुके थे और जो थोड़े-बहुत बाकी थे, वे भी सही काम नहीं कर पा रहे थे। स्थिति को परखते हुए जर्मन कमांडर लूडिनडोर्फ इस निष्कर्ष पर पहुँचा कि जर्मनी के पास अब मात्र दो ही रास्ते शेष हैं—या तो युद्ध करे, जिसमें उसका विनाश निश्चित है या मित्र राष्ट्रों के साथ संधि करे। उसने उसी दिन जर्मन उच्च अधिकारियों की एक बैठक 'स्पा' नगर में बुलाई और संधि प्रस्ताव पर चर्चा की, जिसका समर्थन उच्चाधिकारियों ने भी किया। लेकिन संधि प्रस्ताव को तत्काल नकारते हुए मित्र राष्ट्रों की सेना ने अक्तूबर के पूरे महीने जर्मनी के खिलाफ युद्ध जारी रखा। वे जर्मनी को कड़ा सबक सिखाना चाहते थे।

तुर्की का आत्मसमर्पण

बुल्गारिया पहले ही आत्मसमर्पण कर चुका था। तुर्की के पास भी इतनी

सैनिकों को दुश्मनों को ही नहीं, लाखों मुर्दाखोर चूहों को भी मारना पड़ा।

वर्दून, फ्रांस में युद्ध के लिए आरक्षित बमों का जखीरा।

सैन्य-क्षमता नहीं थी कि वह मित्र राष्ट्रों से युद्ध कर पाता। युद्ध की रणनीति ने तुर्की को स्वयं उसके हितैषी देशों से अलग करवा दिया था। तुर्की साम्राज्य के अंतर्गत अरब प्रदेशों में आपसी विद्रोह शुरू हो चुका था। तुर्की साम्राज्य आपस में लड़ रहा था, जिससे उसकी सेना एकत्रित नहीं हो पा रही थी। मित्र राष्ट्रों के कूटनीतिज्ञ इनमें आपसी मतभेद पैदा कर रहे थे तो उनकी सेना तुर्क सेना को पीछे खदेड़ने में लगी हुई थी। इस तरह मित्र राष्ट्रों के सामने तुर्की ने स्वयं को निःसहाय पाते हुए 31 अक्तूबर, 1918 को आत्मसमर्पण कर दिया।

ऑस्ट्रिया की हार : विघटन

ऑस्ट्रिया जर्मनी के समर्थन से ही युद्ध में खड़ा था। जब जर्मनी की हालत ही दयनीय हो गई तो ऑस्ट्रिया का औंधे मुँह गिरना स्वाभाविक था। ऑस्ट्रिया-हंगरी की आंतरिक दशा निर्बल और कमजोर हो गई थी। उनका विशाल साम्राज्य छिन्न-भिन्न हो गया था। उसकी अपने अधिकृत देशों पर पकड़ कमजोर पड़ गई थी। ऑस्ट्रिया में चेक, स्लोवाक, यूगोस्लाव आदि कई

जातियाँ रहती थीं, जो युद्ध से लाभ उठाकर अपना स्वतंत्र अस्तित्व बनाना चाहती थीं। राष्ट्रवाद उनके अंदर हिलोरें ले रहा था। जातिगत आधार पर स्वतंत्र राष्ट्र की परिकल्पना से ऑस्ट्रिया को अपने ही देश में कई मोरचों पर विरोध का सामना करना पड़ रहा था। मित्र राष्ट्र उन जातियों से सहानुभूति रखते हुए उनकी सहायता कर रहे थे। इससे ऑस्ट्रिया के अंदर कई जगह विद्रोह की चिनगारियाँ धधक रही थीं। ऑस्ट्रिया में राजतंत्र था। उसके सम्राट् की शक्ति देश के आंतरिक विद्रोहों को दबाने में लग रही थी। ऐसी स्थिति में ऑस्ट्रिया जर्मनी को भी मदद नहीं कर पा रहा था। जर्मनी को युद्ध में सबसे अधिक मददगार उसकी आधुनिक पनडुब्बी थी। परंतु पनडुब्बियों के कहर से बचने के लिए ब्रिटेन ने अमेरिकी जहाज की मदद से जर्मनी के कई इलाकों में बारूद की खानों एवं अन्य हथियारों का ध्वंस कर दिया था। इस तरह अमेरिकी जहाज अटलांटिक महासागर पार कर रहे थे, जिससे युद्धक्षेत्र के पश्चिमी भाग पर भी जर्मनी की पकड़ ढीली हो रही थी।

ऑस्ट्रिया-हंगरी जर्मनी के बिना युद्ध में अधिक दिनों तक बना नहीं रह सकता था, इसलिए उसके सम्राट् ने 7 अक्तूबर, 1918 को अमेरिकी राष्ट्रपति विल्सन को एक पत्र लिखकर संधि-प्रस्ताव भेजा। उधर इतालवी सेना ने ऑस्ट्रिया पर लगातार आक्रमण जारी रखा था। इटली के उन हिस्सों में, जहाँ ऑस्ट्रिया का युद्ध के शुरुआती दिनों में कब्जा हो गया था, इटली की सेना ने उन्हें वहाँ से खदेड़ दिया, साथ ही त्रेन्त एवं त्रिएस्त पर भी अपना अधिकार जमा लिया। ऑस्ट्रिया-हंगरी साम्राज्य विघटित हो चुका था। बहुत सारे प्रदेश उनके आधिपत्य से बाहर जा चुके थे। स्थिति यह बनी कि ऑस्ट्रिया को 3 नवंबर, 1918 को बिना शर्त आत्मसमर्पण करना पड़ा। इस तरह यूरोप के नक्शे से पुराना ऑस्ट्रिया-हंगरी साम्राज्य पूरी तरह समाप्त हो गया। उसके अंतर्गत रहनेवाली कई जातियाँ अपने-अपने स्वतंत्र राष्ट्रों का निर्माण कर चुकी थीं। चेक जाति ने चेकोस्लोवाकिया और यूगोस्लाव ने यूगोस्लाविया नाम के दो अलग देश बना लिये थे। उधर हमेशा से ऑस्ट्रिया के साथ रहा हंगरी भी अपना अलग अस्तित्व बनाने में जुट गया था। युद्ध में ऑस्ट्रिया पूरी तरह बरबाद हो चुका था। वहाँ राजा के गौरवमयी शासन का पतन हो चुका था।

युद्ध समाप्ति की ओर

सन् 1918 के अंत के महीनों में धुरी राष्ट्रों का नेता जर्मनी कमजोर पड़

अति प्राचीन होहेंट्सोलर्न राजवंश के अंतिम सम्राट् विलहेम द्वितीय (दाएँ) ने 9 नवंबर, 1918 को राजसिंहासन का त्याग कर दिया और इसी के साथ जर्मनी से राजसत्ता का अंत हो गया। उनके बाद साम्यवादी नेता फ्रिडरिख एबट जर्मनी के पहले चांसलर बने।

चुका था। वह समझ गया था कि अब उसके लिए युद्ध जारी रखना असंभव है। अतः उसने पहल करते हुए अक्तूबर 1918 में राष्ट्रपति विल्सन को संधि-प्रस्ताव भेजा। संधि-प्रस्ताव सीधे जर्मनी ने नहीं भेजा, बल्कि इसकी शुरुआत स्विट्जरलैंड की सरकार द्वारा की गई। विल्सन ने स्विस सरकार को स्पष्ट बता दिया कि संधि में कोई शर्त मान्य नहीं होगी। साथ ही जर्मनी को आश्वस्त करना होगा कि वह पुनः युद्ध नहीं करेगा। जर्मनी किसी भी तरह से युद्ध-विराम चाहता था। उसने मित्र राष्ट्रों को आश्वस्त किया कि भविष्य में वह युद्ध नहीं करेगा। इसका विश्वास दिलाने के लिए जर्मन सम्राट् ने कई अफसरों एवं जर्मन सरकार में भारी फेर-बदल किए। जर्मन सेनापति लुडिनडोर्फ को पदच्युत भी कर दिया गया। लुडिनडोर्फ मित्र राष्ट्रों के विरुद्ध कई युद्धों का नेतृत्व कर चुका था। इधर जर्मनी की संधि-वार्त्ता चल रही थी, उधर मित्र राष्ट्रों की सेना जनरल फॉच के नेतृत्व जर्मनी में लगातार अपना आधिपत्य बना रही थी। जर्मन सेना के लिए उनसे मुकाबला करना संभव नहीं था। ऐसी स्थिति में जर्मनी के सम्राट् विलहेम द्वितीय ने 9 नवंबर, 1918 को राजसिंहासन का त्याग

कर दिया। सम्राट् विलहेम द्वितीय का यह आश्चर्यजनक फैसला पूरी दुनिया को चकित कर गया था। विलहेम द्वितीय यह भली-भाँति जान गए थे कि जर्मनी में शासन चलाना अब उनके वश में नहीं है। देश-हित की बात कहते हुए उन्होंने राजसत्ता का परित्याग करने में ही भलाई समझी। इस प्रकार विलहेम द्वितीय के सत्ता के त्याग के साथ ही प्रशिया के अति प्राचीन होहेंट्सोलर्न राजवंश का अंत हो गया। अगले ही दिन जर्मनी में राज्य क्रांति हो गई। फ्रेडरिख एबट नाम के एक साम्यवादी नेता के नेतृत्व में जर्मनी में नई सरकार का गठन हुआ और संधि की शर्तों पर इसी सरकार ने पहल की। उसी दिन मित्र राष्ट्रों के सम्मिलित सेनापति जनरल फॉच ने प्रतिनिधिमंडल के सामने संधि की शर्तें रखीं, जिनमें कुछ महत्त्वपूर्ण शर्तें निम्नलिखित थीं—

1. जर्मन सेना ने जिन-जिन प्रदेशों पर अधिकार किया है, उसे वह 2 सप्ताह के अंदर खाली कर दे।
2. बेल्जियम, लक्समबर्ग और फ्रांस के उत्तर-पूर्वी क्षेत्र को भी 15 दिनों के अंदर खाली कर दिया जाए।
3. जर्मन सेना राइन नदी के पूर्वी तट तक चली जाए, ताकि राइन नदी के पश्चिम का क्षेत्र, जो अब तक जर्मनी का क्षेत्र है, उस पर मित्र राष्ट्रों का कब्जा हो जाए।
4. ऑस्ट्रिया-हंगरी, तुर्की, रूमानिया और रूस में जो जर्मन सेनाएँ हैं, उन्हें वापस बुला लिया जाए।
5. राइन नदी के पश्चिमी क्षेत्र में जो भी खनिज संपदा, रेलवे, सड़कें, खानें आदि हैं उनपर मित्र राष्ट्रों का अधिकार हो जाए।
6. जर्मनी की पनडुब्बियों, जंगी जहाज और अन्य युद्ध सामग्रियों पर मित्र राष्ट्रों का अधिकार हो।

नई जर्मन सरकार किसी भी शर्त पर युद्ध-समाप्ति चाहती थी। उसने सभी शर्तों को मानते हुए 11 नवंबर, 1918 को संधि-पत्र पर हस्ताक्षर कर दिए। इस तरह मानव इतिहास के अति भयंकर महाविनाश का अंत हो गया। ❑

आर्थिक परिणाम

"युद्धों ने बड़े-बड़े राष्ट्रों के नामोनिशान मिटा दिए हैं।"

—महात्मा गांधी

बीसवीं सदी की शुरुआत ऐसे प्रलयंकारी विनाश से होगी, ऐसा अंदाजा लगाना भी मुश्किल था कि युद्ध इतना विकराल रूप ले लेगा, जिसमें लाखों लोग काल के गाल में समा जाएँगे, करोड़ों लोग बेघर हो जाएँगे और कई राष्ट्रों का अस्तित्व ही समाप्त हो जाएगा। अरबों रुपए की हानि होगी, जिससे उबरने में वर्षों लग जाएँगे। मानव निर्मित आधुनिक हथियारों से मानव-संहार का इतना विस्तृत एवं विकराल रूप इससे पहले मानव इतिहास में शायद ही कहीं चिह्नित किया गया हो। प्रभुता एवं वर्चस्व की लड़ाई ने विश्व को सैकड़ों वर्ष पीछे धकेल दिया। जर्मनी के अति महत्त्वांकांक्षी दृष्टिकोण एवं मित्र राष्ट्रों की संवेदनहीनता ने लाखों का बलिदान ले लिया।

इस विश्व युद्ध में 32 देश एक पक्ष में थे और 4 देश दूसरे में । 32 देशों का समूह 'मित्र राष्ट्र' के नाम से एवं 4 देशों का समूह 'धुरी राष्ट्र' के नाम से जाना गया। संसार में सिर्फ 14 देश थे जिनका किसी भी समूह से युद्ध में कोई लेना-देना नहीं था। इन 14 देशों में 6 यूरोप में, 7 अमेरिका में एवं 1 अफ्रीका में था। युद्ध में जर्मनी और उसके सहयोगियों की तरफ से 2 करोड़ सैनिकों ने भाग लिया, जबकि मित्र राष्ट्रों की तरफ से इसकी संख्या 4 करोड़ की थी। इस तरह प्रत्यक्ष रूप से युद्ध में 6 करोड़ सैनिकों ने भाग लिया। इसके

अतिरिक्त 36 राष्ट्रों की जनता कहीं-न-कहीं, प्रत्यक्ष या परोक्ष, किसी-न-किसी रूप में इस युद्ध में शामिल थी।

युद्ध में घायल और हताहत

इस विकराल युद्ध में दोनों ही तरफ के लगभग 80 लाख लोग काल के गाल में समा गए। इससे बहुत अधिक संख्या में लोग घायल हुए। आँकड़ों के अनुसार घायलों की संख्या लगभग 1 करोड़ 90 लाख बताई गई। इसमें 60 लाख अपाहिज हो चुके थे, जिनकी जिंदगी मौत से भी बदतर हो गई थी। मित्र राष्ट्रों में मरनेवालों की संख्या अधिक थी। इनके लगभग 50 लाख लोग मारे गए और 1 करोड़ 10 लाख घायल हुए। युद्ध में लापता लोगों की संख्या दोनों पक्षों को मिलाकर 70 लाख थी।

कुल मिलकर 3 करोड़ 20 लाख लोग प्रत्यक्ष रूप से प्रभावित हुए, जो या तो मारे गए या घायल हुए या लापता हो गए। दोनों पक्षों ने कुल 6 करोड़

लोगों को सैनिक एवं उनके सहायकों के लिए भरती किया था, जिनमें से आधे से अधिक सैनिक प्रत्यक्ष रूप से युद्ध से प्रभावित हुए।

युद्ध में आम नागरिकों को भी बड़ी संख्या में जान गँवानी पड़ी। युद्ध के दौरान जर्मनी द्वारा पनडुब्बियों के इस्तेमाल द्वारा ब्रिटिश जहाजों को समुद्र में डुबोया गया। इस तरह 700 अमेरिकी नागरिक एवं 20,620 ब्रिटिश नागरिक समुद्र में समा गए। हवाई बमबारी में लगभग 1,500 ब्रिटिश नागरिक मारे गए।

युद्ध में सिर्फ सैनिकों की ही लड़ाई नहीं हो रही थी, कूटनीतिक लड़ाइयाँ भी चल रही थीं। तुर्की साम्राज्य में तथा कई अन्य राष्ट्रों में जातिगत एवं धार्मिक लड़ाइयों में भी लाखों लोग मारे गए। तुर्की के सुलतान ने इसलाम के प्रचार के लिए अपने राज्य में ईसाइयों एवं यहूदियों पर बहुत अत्याचार किए। इसमें भी लाखों लोग मारे गए। इतने भीषण विश्व युद्ध के बाद जहाँ करोड़ों जानें गई हों, वहाँ महामारी फैलना स्वाभाविक था। युद्ध के बाद फैली महामारी से निजात पाने के लिए आवश्यक सुविधाएँ भी उपलब्ध नहीं थीं। आर्थिक दृष्टि से सभी देश जर्जर हो चुके थे। उनके पास आवश्यक चीजों की भी कमी पड़ रही थी। आम नागरिकों के लिए दो वक्त का खाना उपलब्ध नहीं था। सिर्फ महामारी से मरने वालों की संख्या लगभग 40 लाख थी। युद्ध में जो भी सैनिक मारे गए, वे नौजवान थे। स्वाभाविक है, सैनिकों में नौजवानों की ही भरती होती है। इस तरह, युद्ध-समाप्ति के बाद यूरोप के देशों में नौजवानों की कमी हो गई थी, जो आर्थिक संकट से उबरने में मेहनत कर उसे पटरी पर लाने में सहयोगी होते।

विभिन्न देशों का विश्व युद्ध में व्यय

इतने बड़े युद्ध में किस देश का कितना व्यय हुआ, इसका मोटा अनुमान ही लगाया जा सकता है। इस युद्ध में किसी भी देश की अर्थव्यवस्था को डगमगा देनेवाले व्यय हुए। विभिन्न अर्थशास्त्रियों ने सम्मिलित रूप से युद्ध के दौरान प्रत्येक वर्ष होनेवाले व्यय का अनुमान इस प्रकार दिया है–

प्रथम वर्ष – लगभग 6 हजार करोड़ रुपए
द्वितीय वर्ष – लगभग 10 हजार करोड़ रुपए
तृतीय वर्ष – लगभग 12.25 हजार करोड़ रुपए
चतुर्थ वर्ष – लगभग 30 हजार करोड़ रुपए

कुल मिलाकर 58.25 हजार करोड़ रुपए की धनराशि इस युद्ध में व्यय

हुई। इस विशाल धनराशि में एक-तिहाई व्यय जर्मनी एवं उसके सहयोगियों का हुआ और दो-तिहाई खर्च मित्र राष्ट्रों का। युद्ध समाप्ति के समय संयुक्त राज्य अमेरिका की संपूर्ण संपत्ति भी इतनी नहीं थी जितना व्यय इस युद्ध में हुआ। ब्रिटिश साम्राज्य की संपूर्ण संपत्ति की कीमत भी इतनी बड़ी धनराशि से कम ही थी। चार साल तक चले इस युद्ध के प्रतिदिन का खर्च अगर निकाला ज़ाए तो औसतन 40 करोड़ रुपए प्रतिदिन व्यय होते थे। युद्ध समाप्ति के दौरान सन् 1918 में प्रति घंटे का औसतन व्यय 3.5 करोड़ रुपए होता।

इस असाधारण व्यय के कारण संसार के सार्वजनिक ऋणों की मात्रा बढ़ गई थी। युद्ध के शुरू होने के समय दोनों पक्ष के देशों का कुल सार्वजनिक ऋण 8 हजार करोड़ रुपए था जो वर्ष 1918 में बढ़कर 40 हजार करोड़ रुपए हो गया। इस प्रकार सभी राष्ट्र ऋण के बोझ से दब गए थे। युद्ध में न सिर्फ धन का अपव्यय हुआ, बल्कि अपार संपत्ति का भी नुकसान हुआ। आँकड़ों के अनुसार, 'जमीन पर संपत्ति का विनाश 10 हजार करोड़, समुद्र में संपत्ति का विनाश 2.5 हजार करोड़, तटस्थ देशों की संपत्ति का विनाश 700 करोड़। कुल मिलाकर 13,200 करोड़ की संपत्ति के नुकसान का अनुमान अर्थशास्त्रियों ने

लगाया था। आँकड़ों के अनुसार, अनुमानों को अगर सही मानें तो संपूर्ण युद्ध में संबद्ध राष्ट्रों को लगभग 71.5 करोड़ का सार्वजनिक नुकसान हुआ। परिणामस्वरूप वस्तुओं की उपलब्धता मुश्किल होने लगी। लोगों को आवश्यक चीजें नहीं मिल पा रही थीं। नौजवानों की भारी संख्या में मृत्यु या घायल होने से उत्पादन एवं कृषि-पैदावार पर प्रतिकूल असर पड़ा। जो भी चीजें बाजार में उपलब्ध थीं, उनकी कीमतें इतनी होती थीं कि आम आदमी उन्हें खरीदने में अक्षम थे। मजदूर नहीं मिल रहे थे। मजदूरी बढ़ गई थी। मुद्रा का अवमूल्यन हो रहा था। कोई भी व्यापार ठीक से नहीं चल पा रहा था। सरकारें परेशान थीं। खजाने में रकम के लिए टैक्स बढ़ा रही थीं और जनता रोटी व कपड़ा जुटा पाने में ही मुश्किलों का सामना कर रही थी। उस पर टैक्स के अतिरिक्त भार ने जनजीवन अस्त-व्यस्त करके रख दिया था। इतने बड़े नुकसान से उबरने में यूरोप को कई वर्ष लग गए।

❑

राजनीतिक परिणाम

"इतिहास हमें यह सिखाता है कि युद्ध तब शुरू होते हैं जब सरकार को यह विश्वास होता है कि आक्रामकता की कीमत सस्ती है।"

—रोनाल्ड रीगन

विश्व युद्ध की समाप्ति के बाद यूरोप में नए युग का सूत्रपात हुआ। कई छोटे-छोटे राष्ट्रों ने अपना स्वतंत्र अस्तित्व कायम किया। राष्ट्रों के बीच अंतरराष्ट्रीय संबंधों का मापदंड बदल गया। युद्ध के राजनीतिक परिणामों को निम्नलिखित बिंदुओं से समझा जा सकता है–

नए स्वतंत्र गणतंत्रों की स्थापना

युद्ध के शुरू होने से ठीक सौ वर्ष पहले सन् 1814 में यूरोप में केवल राजतंत्रीय शासन था। उन्नीसवीं सदी के संपूर्ण काल में चार ऐसे देश हुए, जिनमें गणतंत्रीय शासन शुरू हुए। युद्ध शुरू होने के वक्त फ्रांस, स्विट्जरलैंड और पुर्तगाल ही ऐसे देश थे जहाँ गणतंत्र स्थापित था। कुछ छोटे देशों को छोड़कर अधिकांशत: में वंशानुगत राजाओं का शासन था। उन्नीसवीं सदी में लोकतंत्रवाद का विस्तार यूरोप में आरंभ हुआ, परंतु इसका प्रभावकारी असर नहीं दिख रहा था। कई अन्य देश गणतांत्रिक शासन की स्थापना के लिए राजतंत्र के विरुद्ध खड़े हुए थे, परंतु यूरोप के प्रभावशाली राज्यों में अब भी राजाओं का शासन था। विश्व युद्ध के दौरान ऑस्ट्रिया में कई राज्य जातिगत

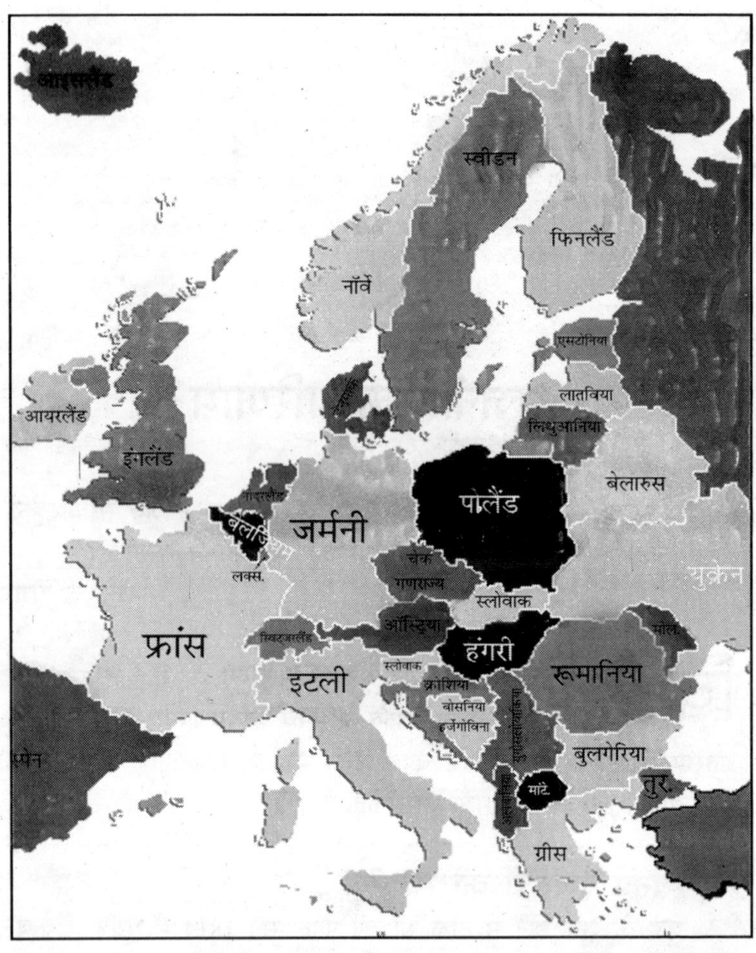

आधार पर अपना स्वतंत्र गणतंत्र स्थापित कर चुके थे। इसी तर्ज पर रूस, जर्मनी, ऑस्ट्रिया, पोलैंड, चेकोस्लोवाकिया, लिथुआनिया, लैटविया, एस्टोनिया, फिनलैंड और यूक्रेन ऐसे दस देश थे, जहाँ गणतांत्रिक व्यवस्था कायम हो चुकी थी। न सिर्फ यूरोप के इन दस राष्ट्रों में बल्कि यूरोप के बाहर एशिया व अफ्रीका में भी बहुत से गणतंत्र स्थापित हुए और बहुत से देशों में राष्ट्रवाद की भावना बढ़ते हुए गणतांत्रिक शासन की माँग बढ़ने लगी। जनता राजा के शासन से मुक्ति चाहती थी। वह अपने अधिकार के लिए संघर्षरत थी। अब जनता अपने वोटों के अधिकार से राष्ट्रपति या राष्ट्राध्यक्ष चुनती थी। अभी जापान और

तुर्की ही ऐसे दो राष्ट्र रह गए थे, जहाँ राजा के दैवी अधिकार का सिद्धांत माना जा रहा था। सन् 1925 में तुर्की से भी राजा के दैवी अधिकार का अंत हो गया। कुछेक देशों में, जहाँ राजा का शासन था वहाँ भी जनता के अधिकार बढ़ गए थे और सरकार निर्माण में जनता का हस्तक्षेप काफी बढ़ गया था।

एकतंत्र शासनों का अंत

यूरोप में लोकतंत्र की शुरुआत फ्रांस की राज्य-क्रांति से मानी जाती है। फ्रांस की राज्य-क्रांति से युद्ध की समाप्ति तक लोकतंत्र काफी पैर पसार चुका था। सन् 1789 में फ्रांस में राजतंत्र का अंत हुआ और वहाँ लोकतंत्र की स्थापना हुई। इसी तर्ज पर अब जर्मनी, ऑस्ट्रिया, हंगरी में भी राजवंश समाप्त हो चुका था। रूस में भी गौरवशाली राजतंत्र न रहा और वहाँ युद्ध के दौरान ही क्रांति हुई। परिणामत: गौरवशाली राजतंत्र का अंत होकर लोकतंत्र की स्थापना हुई। ऑस्ट्रिया-हंगरी के राजतंत्र का इतिहास भी गौरवशाली रहा था। वहाँ के हॉप्सबुर्ग सम्राट् प्राचीन पवित्र रोमन सम्राटों के उत्तराधिकारी थे। इस पवित्र रोमन साम्राज्य का अंत हो चुका था, पर हाप्सबुर्ग सम्राट् अभी तक उस परंपरा को बनाए हुए थे। फ्रांस की राज्य-क्रांति एवं उसके बाद की 1830 और 1848 की क्रांतियाँ भी इस राजवंश को कोई नुकसान नहीं पहुँचा सकीं। परंतु प्रथम विश्व युद्ध के बाद 1918 में यह राजवंश सदा के लिए समाप्त हो गया। ऑस्ट्रिया-हंगरी साम्राज्य के बहुत से प्रदेश या तो स्वतंत्र सत्ता कायम कर चुके थे या फिर मित्र राष्ट्रों के अधिकार-क्षेत्र में चले गए थे। रूस के जार के शासनकाल में स्थिति ऐसी थी कि उसके साम्राज्य में प्रजा के अधिकार, लोकमत, स्वतंत्र विचार आदि के लिए कोई जगह नहीं थी। वे इन बातों का पूरी तरह विरोध करते हुए शासन चला रहे थे। इनकी शासन-व्यवस्था की तुलना फ्रांस में राज्य-क्रांति के वक्त जारी बूर्बों राजवंश से की जाती थी। फ्रांस का बूर्बों राजवंश भी जनता पर निरंकुश तरीके से शासन करता था। उनके शासन को राजाओं के शान और वैभव का उदाहरण माना जाता था। ऐसी ही दशा रूस के जार की थी, परंतु क्रांति की मशाल ने रूस के जार को राजसत्ता से बेदखल कर दिया और वहाँ भी लोकतंत्र की स्थापना हुई। युद्ध में पराजय के बाद जर्मनी की दशा भी कुछ ऐसी ही हुई। जर्मनी का होहेंट्सोलर्न वंश अपनी वीरता और सैन्य-शक्ति के लिए प्रसिद्ध था। उन्हें अपनी शक्ति पर गर्व भी था, जो सिर चढ़कर बोलता था। युद्ध में पराजय के बाद उन्हें सत्ताच्युत होना पड़ा और वहाँ भी लोकतंत्र की स्थापना हुई। इसके अलावा भी कई छोटे-छोटे राज्यों से राजतंत्र समाप्त हो

गया। विश्व युद्ध समाप्ति के लगभग सात वर्ष तक तुर्की में सुलतान का शासन कायम रहा। सन् 1925 में वहाँ भी लोकतंत्र की स्थापना हुई। तुर्की के सुलतान न सिर्फ राजा थे बल्कि उन्हें 'खलीफा' भी कहा जाता था। विश्व भर के मुसलमान उन्हें अपना धर्मगुरु मानते थे। यहाँ के राजतंत्र की समाप्ति के बाद अधिकांश राज्यों में लोकतंत्र स्थापित हो चुका था। सन् 1789 की फ्रांस की राज्य-क्रांति से लोकतंत्र की जो बयार बही, वह 1918 में प्रथम विश्व युद्ध की समाप्ति के कुछ वर्ष बाद तक धरती के बहुत बड़े हिस्से तक बहती रही और लोगों में लोकतंत्र के प्रति विश्वास जाग्रत् करते हुए उसने उन्हें सत्ता से सीधे जोड़ दिया।

राष्ट्रीयता

लोकतंत्र की स्थापना में लोगों ने जो उत्साह दिखाया उसके पीछे जाति, धर्म, परंपरा, भाषा, संस्कृति एवं कुछ अन्य भौगोलिक व सामाजिक कारण थे। इन्हीं कारणों के साथ लोगों में राष्ट्रीयता की भावना जाग्रत् हो रही थी। उपर्युक्त बिंदुओं के आधार पर वे स्वतंत्र राष्ट्र की स्थापना चाहते थे। कोई भाषा को आधार बना रहा था तो कोई धर्म व जाति को। किसी को परंपरा एवं संस्कृति अलग राष्ट्र की स्थापना के लिए प्रेरित कर रही थी तो कोई भौगोलिक दृष्टि से एक होने की स्थिति को आधार बनाकर राष्ट्र की स्थापना चाहता था।

इस राष्ट्रवाद का बीजारोपण निश्चित रूप से फ्रांस की राज्य-क्रांति से हुआ था, जिसका विस्तार लोकतंत्रवाद एवं राष्ट्रीयता की भावना के रूप में हुआ। उन्नीसवीं सदी में यही प्रवृत्तियाँ कार्य-रूप में परिणत हुईं और युद्ध-समाप्ति के बाद संपूर्ण यूरोप में स्वतंत्र राज्य के लिए संघर्ष शुरू हुआ। परिणामस्वरूप राजतंत्र एवं एकतंत्रवाद का अंत हुआ।

लोकतंत्र की स्थापना के लिए सबसे प्रमुख आधार राष्ट्रीयता को माना गया। युद्ध-समाप्ति के बाद राष्ट्रीयता के सिद्धांत को स्वीकृति मिली और इसी तर्ज पर पेरिस की शांति परिषद् ने यूरोप के पुनर्निर्माण का प्रयत्न किया। इसके फलस्वरूप यूरोप में आठ नए राज्यों का निर्माण हुआ। ये आठ नए देश थे– चेकोस्लोवाकिया, यूगोस्लाविया, पोलैंड, लिथुआनिया, लेटविया, फिनलैंड, एस्थोनिया और हंगरी।

बावजूद इसके संसार में अभी भी कई ऐसे देश थे जहाँ किसी और का शासन चलता था। यहाँ न तो राजतंत्र था और न ही लोकतंत्र। इसे गुलामी की संज्ञा दी गई। इसका उदाहरण स्वयं भारत था, जो ब्रिटेन के अधीन था। आयरलैंड और मिस्र भी ब्रिटिश हुकूमत के अधीन थे। कोरिया पर जापान का अधिकार था

तो फिलिपींस अमेरिका के नियंत्रण में था। यूरोपीय राज्यों के बहुत सारे उपनिवेश थे, चीन और अफ्रीका में अभी भी कायम थे। वहाँ राष्ट्रीयता के सिद्धांत के आधार पर स्वतंत्र राष्ट्र की स्थापना नहीं हो पाई थी।

फासीवाद का उदय

हरेक क्रांति एवं नई सोच के साथ कुछ ऐसी विचारधाराएँ भी जन्म लेती हैं, जिनका परिणाम अपेक्षित नहीं होता। लोकतंत्रवाद की स्थिति में युद्ध के समय राज्यों के सामने ऐसी स्थिति आई, जब उन्हें अविलंब फैसला लेने की जरूरत पड़ी। सभी राज्य शक्ति और अधिकार बढ़ाना चाहते थे, जो जरूरी भी था। उस वक्त युद्ध के सही एवं सुचारु रूप से संचालन के लिए सरकारें लोकमत की परवाह नहीं भी कर सकती थीं। लोकतंत्र में प्रेस को संपूर्ण आजादी मिली हुई थी, परंतु युद्ध के दौरान प्रेस पर अंकुश लगाना आवश्यक था। देश की जो जनता युद्ध का समर्थन नहीं कर रही थी, उसका दमन भी आवश्यक था। सरकार जनता से सहयोग की अपेक्षा रखती थी, जो गलत भी नहीं था। इसलिए युद्ध के दौरान प्राय: सरकारें फैसले लेने के लिए अबाधित अधिकार का प्रयोग कर रही थीं और वे स्वेच्छाचारी हो गई थीं। ये आदतें बहुत सारी सरकारों में युद्ध-समाप्ति के बाद भी बनी रहीं। इस तरह राजनेताओं में यह आदत पड़ गई कि देश की सुरक्षा एवं भलाई के नाम पर वे कुछ भी फैसले लेने लगें। इसी के परिणामस्वरूप इटली और स्पेन में लोकसत्ता का अंत होकर वर्ग विशेष या दल विशेष का शासन कायम हो गया। यह प्रवृत्ति लोकतंत्र के लिए घातक थी। जर्मनी में इसी प्रवृत्ति का अभ्युदय हुआ। जर्मनी के साथ-साथ अन्य देशों में भी ऐसे ही शासन स्थापित होने लगे। राजनीतिक भाषा में इसे 'फासीवाद या फासिज्म' कहा गया। फासीवादी शासन में जनता को जो अधिकार लोकतंत्र में थे, उनका अंत हो गया और या तो एक राजनीतिक दल या किसी कद्दावर नेता के हाथों में राजसत्ता चली गई।

अंतरराष्ट्रीय संबंधों में प्रगाढ़ता

विश्व युद्ध के बाद संसार के अनेक देश एक-दूसरे के संपर्क में आए। संसार के विभिन्न राज्य किसी-न-किसी अंतरराष्ट्रीय संगठन में शामिल हो रहे थे। इसके लिए पहले भी प्रयास किए जा चुके थे, परंतु उनका कोई अपेक्षित परिणाम सामने नहीं आया था। परंतु इस महाविनाश में दोनों ही गुटों की धन और जन की जो हानि हुई थी, उसे ध्यान में रखकर इस प्रकार के अंतरराष्ट्रीय

संगठन की आवश्यकता नजर आने लगी थी। इसी को ध्यान में रखते हुए पेरिस की शांति परिषद् में राष्ट्रपति विल्सन ने राष्ट्र संघ की स्थापना पर जोर दिया। सभी देश अंतरराष्ट्रीय स्तर पर एक ऐसी व्यवस्था चाहते थे, जिससे बहुत सारे आपसी मतभेदों एवं विवादों को राष्ट्र संघ या न्यायालय द्वारा निपटाया जा सके और युद्ध की भयंकरता से देशों को बचाया जा सके। इसी विचार को कार्य-रूप देने के लिए राष्ट्र संघ, अंतरराष्ट्रीय न्यायालय और अंतरराष्ट्रीय मजदूर संघ की स्थापना की गई।

सैन्यवाद

युद्ध की समाप्ति के पश्चात् सैन्य-शक्ति का पुरजोर विकास किया गया। फ्रांस, ब्रिटेन और कई अन्य देशों ने अपनी पूरी शक्ति सैन्य-क्षमता को बढ़ाने में लगा दी। युद्ध-समाप्ति के समय जर्मनी ने जो हिस्से मित्र राष्ट्रों को सौंपे थे, उन प्रदेशों की खनिज संपदा; जैसे लौह, कोयले आदि का उपयोग फ्रांस आदि देशों ने अस्त्र-शस्त्र बनाने में किया। अपनी सैन्य-क्षमता बढ़ाने के लिए भारी संख्या में सैनिकों की भरती की गई। युद्ध के सात वर्ष बाद फ्रांस की स्थायी सेना में 7 लाख 70 हजार से भी अधिक सैनिक थे। फ्रांस एक शक्तिशाली राष्ट्र के रूप में उभर चुका था। फ्रांस का आल्सेन-लारेन पर तो अधिकार था ही, राइन नदी

ब्रिटिश युद्धपोत एच.एम.एस. हरक्यूलिस।

के पश्चिमी क्षेत्र में, जो जर्मनी का हिस्सा था उस पर भी उसका आधिपत्य था। पोलैंड और चेकोस्लोवाकिया फ्रांस के नए मित्र देश थे। जर्मनी के अधिकार में आनेवाले अनेक अफ्रीकी उपनिवेशों पर उसका कब्जा था, साथ ही तुर्की साम्राज्य के सीरिया को भी फ्रांस अपने अधीन कर चुका था। इस तरह उसकी सामुद्रिक और औपनिवेशिक शक्ति काफी बढ़ गई थी।

माना यह जा रहा था कि मित्र राष्ट्र जर्मनी के सैन्यवाद के विरुद्ध लड़ रहे थे। राष्ट्रहित में तो यह होता कि युद्ध के बाद ऐसी सार्वजनिक संधिवार्त्ता होती कि कोई भी देश अपनी सेना में इतनी सैन्य वृद्धि न करे, जो दूसरे देश के लिए खतरे का कारण हो। परंतु हुआ इसके विपरीत। युद्ध के बाद फ्रांस ने अपनी सैन्य-शक्ति बढ़ा ली। ब्रिटेन और बेल्जियम को भी कई उपनिवेश प्राप्त हुए थे। इटली का ऑस्ट्रिया के कुछ प्रदेशों पर आधिपत्य था। इस तरह यूरोप के देश दो भागों में बँटे नजर आने लगे। एक ऐसा समूह था जिसके पास साम्राज्य थे व दूसरे ऐसे थे जिनके पास साम्राज्य नहीं थे। इस तरह साम्राज्यवादी देश धनी और शक्तिशाली थे और दूसरी तरफ साम्राज्य-विहीन देश गरीब। इसी कारणवश आपसी ईर्ष्या बढ़ने लगी और येन-केन प्रकारेण छोटे-बड़े सभी देश सैन्य-क्षमता बढ़ाने में जुट गए। सैन्य-शक्ति बढ़ाने की होड़ में सन् 1922 में इन देशों में सैनिकों की संख्या इस प्रकार थी-

फ्रांस	-	7 लाख 70 हजार
पोलैंड	-	2 लाख 90 हजार
इटली	-	2 लाख 50 हजार
स्पेन	-	2 लाख 17 हजार
ग्रीस	-	2 लाख 50 हजार
बेलजियम	-	1 लाख 13 हजार

युद्ध-समाप्ति के बाद भी यूरोप के देशों में इतनी अधिक संख्या में सैनिकों के होने से उस पर राष्ट्रीय आय का एक बहुत बड़ा हिस्सा व्यय होता था। जहाँ देशों की अर्थव्यवस्था पटरी पर नहीं थी, वहीं सैनिकों के पीछे करोड़ों रुपए खर्च किए जा रहे थे। सैनिकों की संख्या सीमित करने के उद्‌देश्य से वार्त्ता करने के लिए सन् 1921 में वाशिंगटन में एक सम्मेलन आयोजित किया गया, परंतु इससे बहुत अधिक लाभ नहीं हुआ। अत्याधुनिक हथियार बन रहे थे और सभी देशों में हथियारों की अधिक-से-अधिक मात्रा में एकत्रित करने की होड़ चल रही थी।

❑

सामाजिक परिणाम

"यह तो अच्छा है कि युद्ध इतना भयानक होता है, वरना हमें इसकी आदत ही पड़ जाती।"

—रॉबर्ट ई. ली

युद्ध की समाप्ति के बाद यूरोप एवं अन्य देशों में कई परिवर्तन हुए, जिसके आर्थिक और सामाजिक परिणाम के रूप में कहीं नई व्यवस्थाओं का जन्म हुआ तो कहीं सत्ता-परिवर्तन हुए।

मजदूर आंदोलन

युद्ध में अधिकांश नौजवान मारे गए थे, फलतः मजदूरों की संख्या घट गई। युद्ध के समय कल-कारखानों में मजदूरों का महत्त्व बढ़ गया था, क्योंकि सैनिकों को युद्ध के लिए हथियार एवं अन्य युद्धोपयोगी सामग्रियों की जरूरत थी। ये सामग्रियाँ कारखानों में ही तैयार हो सकती थीं। इससे कारखानों में काम करनेवाले मजदूरों की माँग बढ़ने लगी। वे अपना वेतन बढ़ाने, साथ ही काम के घंटों में कमी, रहने-सहने का उत्तम प्रबंध एवं अन्य विशेष सुविधाओं की माँग करने लगे। अपनी माँगों को सरकार के समक्ष सबल रूप से रखने के लिए उन्होंने अनेक संघों की स्थापना की। अब संघों के माध्यम से मजदूर कारखानों के मालिकों, पूँजीपतियों एवं सरकारों पर दबाव बनाने लगे।

प्रथम विश्व युद्ध के दौरान कारखानों में कार्यरत महिलाएँ।

महिलाओं की हालत

रणक्षेत्र में करोड़ों की संख्या में पुरुष काम आ चुके थे। अत: समाज में पहले जो काम पुरुष करते थे, अब महिलाओं में हस्तांतरित हो गए। दफ्तर, दुकान से लेकर परिवार तक की जिम्मेदारी स्त्रियों पर आ गई थी। आर्थिक जीवन में महिलाएँ नगण्य थीं, पर अब उन्हें परिवार छोड़कर अन्य कामों में हाथ बँटाना पड़ रहा था। बस, ट्राम आदि चलाने से लेकर लोहे के कारखानों एवं भट्ठियों में महिलाएँ काम करने लगीं। इस तरह समाज में महिला क्रांति होने लगी। महिलाएँ अब यह जान गई थीं कि पुरुष द्वारा किए जानेवाले प्रत्येक कार्यक्षेत्र में वे योगदान दे सकती थीं। इसका परिणाम यह हुआ कि अब स्त्रियों को वे सभी अधिकार दिए जाने लगे, जिससे वे अब तक वंचित थीं। सरकार में हिस्सेदारी से लेकर वोट देने तक का अधिकार महिलाओं को दिया गया। युद्ध से महिलाओं को समान सामाजिक और राजनीतिक अधिकार मिले, इसमें कोई संदेह नहीं है।

शिक्षा पर प्रतिकूल प्रभाव

नौजवानों की अंधाधुंध सैन्य भरती से उच्च शिक्षा में जानेवाले नौजवानों की दिशा बदल गई। न सिर्फ युवा बल्कि अध्यापकों ने भी पुस्तकें छोड़ बंदूकें

थाम लीं। युद्ध का प्रभाव कॉलेजों और यूनिवर्सिटियों पर भी पड़ा। बहुत सारे स्कूल, कॉलेज बंद हो गए। जिन हाथों में कलम होनी चाहिए थीं, उन हाथों में बंदूकें थमा दी गईं। अल्प विकसित मस्तिष्क में दूसरे देशों के प्रति द्वेष व ईर्ष्या भर दी गई।

वैज्ञानिक आविष्कार

इसमें संदेह नहीं कि युद्ध-काल में विभिन्न देशों के वैज्ञानिकों ने तरह-तरह के आविष्कार किए। उन्हें पता था कि युद्ध सिर्फ सैन्य संख्या से नहीं लड़े जा सकते। सैनिकों को आवश्यक हथियार और अन्य सुविधाओं की भी आवश्यकता पड़ेगी। इसी तर्ज पर वैज्ञानिकों ने अपनी संपूर्ण क्षमता आविष्कारों के पीछे लगा दी। वैज्ञानिकों ने न सिर्फ नए हथियारों, बल्कि तमाम अन्य क्षेत्रों में भी नए-नए आविष्कार किए। शिक्षा पर जो प्रतिकूल असर युद्ध के दौरान पड़ा, उसकी थोड़ी क्षतिपूर्ति वैज्ञानिक आविष्कारों से हुई। युद्धकालीन आविष्कार न सिर्फ युद्ध के समय बल्कि उसके बाद भी मानव समाज के लिए उपयोगी सिद्ध हुए।

आर्थिक संकट

युद्ध में अरबों रुपए खर्च हुए। सभी देशों की मुद्रा पानी की तरह बह रही थी। कल-कारखानों, रेलवे, जहाज आदि अन्य राष्ट्रीय संपत्ति युद्ध के नाम पर विनाश कार्य में लग रही थी। देशों की हालत ऐसी हो गई थी कि सिवाय कर्ज लेने के उनके पास दूसरा कोई उपाय नहीं था। कर्ज या तो देश के पूँजीपतियों से लिया जा सकता था या अन्य देशों से। जनता पर भी अतिरिक्त टैक्स बढ़ाए गए। वस्तुओं की कीमतें आसमान छूने लगीं। इस प्रकार युद्ध समाप्त होते-होते अधिकांश देश कर्ज में डूब गए और वहाँ आर्थिक संकट पैदा हो गया।

रंगभेद में कमी

यूरोपीय देशों के गोरे लोग अपने को विशिष्ट समझते थे। उन्हें अपनी नस्ल एवं वर्ण पर गर्व था। उन्हें लगता था कि गोरे लोग उत्कृष्ट हैं और एशिया एवं अफ्रीका के काले एवं गेहुँए लोग अपेक्षाकृत उनसे हीन व दुर्बल। जिन अफ्रीकी एवं एशियाई देशों पर यूरोपियों का आधिपत्य था, वे वहाँ की जनता को अपना गुलाम समझते थे। परंतु युद्ध की स्थिति में इन देशों से भी सैनिक

मित्र राष्ट्रों के समर्थन में गए और साथ-साथ युद्ध किया। भारत, अफ्रीका और जापान जैसे शासित देशों से भेजे गए सैनिक जर्मनी के विरुद्ध युद्ध में यूरोप के सिपाहियों से कहीं कमतर नहीं रहे। अब यूरोपियों को लगने लगा था कि वे भी हमारे ही जैसे हैं। इससे उनके मन से नस्लों की उत्कृष्टता का विचार समाप्त हुआ और नस्लों एवं रंगों के प्रति विचार समान हुआ।

धार्मिक दखलंदाजी

युद्ध के दौरान दोनों ही पक्षों के चर्च अपने-अपने राज्य के पक्ष को धर्मानुकूल बताते थे और अपने पक्ष की विजय के लिए ईश्वर से प्रार्थना करते थे। फ्रांस, जर्मनी, ऑस्ट्रियाई-सभी देश ईसाई धर्म के अनुयायी थे। दोनों ही गुटों में चर्च के पादरी युद्ध के समर्थन में प्रार्थना कर रहे थे। ऐसे में जनता समझ नहीं पा रही थी कि क्या गलत है और क्या सही। होना तो यह चाहिए था कि चर्च के नेता जनता से युद्ध-विराम की बात करते, दुःखी मानव-जाति की सेवा की बात करते और शांति-स्थापना के लिए प्रयास करते तो जनता में धर्म के प्रति आस्था बढ़ती। परंतु पादरियों ने ऐसा नहीं किया और सभी अच्छे-बुरे कार्यों का समर्थन करने में लगे रहे। इस तरह एक ही धर्म के माननेवाले जर्मनी में चर्च में प्रार्थना करते कि मित्र राष्ट्रों की पराजय हो जाए और वहीं फ्रांस के गिरजाघरों में जर्मनी के विनाश की प्रार्थना होती। ईसाई धर्मगुरुओं ने राजा के पक्ष में आगे आकर युद्ध का समर्थन किया तो भोली-भाली जनता में इससे संदेह की भावना बढ़ने लगी।

इस तरह, इतने बड़े वीभत्स एवं विकराल युद्ध में जहाँ मानवता शर्मसार हुई हो, जहाँ मृतकों के परिजन अपने प्रियों की अंत्येष्टि भी न कर पाए हों, जहाँ अनगिनत नववधुएँ अपने पति के इंतजार में वृद्ध हो गई हों, जहाँ मासूम बच्चों की किलकारियों को सांत्वना देने के लिए पिता का स्नेह भरा हाथ न उठ पाया हो, जहाँ वृद्ध माता-पिता के बुढ़ापे का एकमात्र सहारा छिन गया हो, जहाँ बहन अपने भाई के बिना डोली सजा रही हो-ऐसे विनाशकारी एवं हृदय विदारक विश्व युद्ध के बाद समाज में बड़े उथल-पुथल हुए। दुनिया के तमाम देशों पर आर्थिक, राजनीतिक और सामाजिक परिवर्तन नजर आए। अधिकतर दुःखद परिणामों के बीच कुछ सुखद परिणाम सांत्वना-स्वरूप विश्व को प्राप्त हुए।

❑

विश्व युद्ध में नए प्रयोग

"युद्ध संसार की सबसे अवांछनीय और घृणित वस्तु है।"

—महात्मा गांधी

प्रथम विश्व युद्ध के विशाल एवं भयंकर परिणामों को हम देख चुके हैं। ऐसे विकराल युद्ध में जहाँ प्रत्यक्ष या परोक्ष रूप से विश्व भर के देश समर में उतर आएँ हों तो स्वाभाविक है कि नए-नए प्रयोग एवं कतिपय विशेषताएँ भी सामने आएँगी। युद्ध में विज्ञान के आविष्कारों की चर्चा हो चुकी है। आधुनिक हथियार से लेकर युद्ध में प्रयुक्त होनेवाली अन्य विध्वंसक सामग्रियों का आविष्कार भी वैज्ञानिकों ने किया था। इसी से संबंधित कुछ आविष्कारों एवं विशेषताओं की चर्चा यहाँ की गई है-

वायुयानों का प्रयोग

मानव इतिहास में युद्ध के लिए सबसे पहले वायुयानों का प्रयोग प्रथम विश्व युद्ध के दौरान ही किया गया था। उस वक्त वायुयान बिलकुल नई चीज थे। वायुयान का आविष्कार सन् 1908 में युद्ध शुरू होने के महज 6 वर्ष पूर्व हुआ था; परंतु युद्ध में उपयोगी आविष्कार के रूप में इसकी महत्ता प्रथम विश्व युद्ध के दौरान बढ़ी। स्थल भाग पर युद्ध आमने-सामने हो रहा था। सागरों में जहाजों का प्रयोग भी युद्ध में हो रहा था। ऐसे में वायुमार्ग से हमला युद्ध के दूसरे वर्ष में शुरू हो गया।

फ्लाइंग बोट।

शुरुआत में वायुयान बहुत छोटा होता था। इसमें सिर्फ एक या दो व्यक्तियों के बैठने की गुंजाइश होती थी। सन् 1914 में शत्रु के शिविरों के ऊपर जाकर उनकी सेना और तैयारी की खबर लेने में वायुयान का प्रयोग किया जाने लगा। परंतु वैज्ञानिकों ने आनन-फानन में इसके आकार में परिवर्तन किया और अब इसमें अधिक आदमी बैठ सकते थे। युद्ध के दूसरे वर्ष 1915 में वायुयान से शत्रुओं पर बम गिराने का काम शुरू हो गया। आकाश मार्ग से बम गिरना युद्ध में बिलकुल नई बात थी। सन् 1916 में वायुयानों का प्रयोग धड़ल्ले से होने लगा। जल और थलसेना के साथ-साथ वायुसेना भी तैयार हो गई थी। वायु मार्ग से युद्ध करने के लिए सेनाओं की विशेष भरती की गई। उन्हें जहाज उड़ाने से लेकर हर तरह की विशेष ट्रेनिंग दी जाने लगी।

पनडुब्बियों का प्रयोग

प्रथम विश्व युद्ध में सबसे पहले जर्मनी ने पनडुब्बियों का प्रयोग किया। पनडुब्बी पानी की सतह के नीचे चलती थी और मित्र राष्ट्रों के जंगी और सेना ले जानेवाले जहाजों पर पानी के नीचे से ही आक्रमण करके उन्हें डुबो देती थी। जहाजी बेड़े तो प्रायः हर बड़े देश के पास थे, परंतु युद्ध के दौरान ही

जर्मन वैज्ञानिकों ने पनडुब्बी का आविष्कार कर पूरे विश्व को चौंका दिया। इसका सबसे बड़ा खामियाजा ब्रिटेन को उठाना पड़ा। ब्रिटेन की हालत तो ऐसी हो गई थी कि युद्ध-सामग्री को ब्रिटेन बंदरगाहों पर ही रोकने लगा। बौखलाहट की स्थिति यहाँ तक पहुँच गई कि जर्मनी जानेवाली खाद्य-सामग्री को भी ब्रिटेन ने युद्ध-सामग्री कहकर रोकना शुरू कर दिया। जर्मनी ब्रिटेन जानेवाले किसी भी जहाज को बिना सोचे-समझे डुबो देता था, भले ही उस जहाज पर निर्दोष नागरिक और व्यापारी ही क्यों न जा रहे हों। इसी क्रम में 7 मई, 1915 को 'लुसिटानिया' नामक जहाज, जो अमेरिका से ब्रिटेन जा रहा था, जर्मन पनडुब्बी का शिकार हो गया। इस जहाज में युद्ध से संबंधित कोई सामग्री नहीं थी। उस पर 1,200 नागरिक सवार थे, जिसमें सैकड़ों अमेरिकी भी थे। स्त्री और बच्चों समेत सभी नागरिक समुद्र में समा गए।

जहरीली गैसों का प्रयोग

जर्मनी आविष्कार करने में अग्रणी था। किसी भी युद्ध में यह पहली बार हुआ कि शत्रुओं पर जहरीली गैसों का प्रयोग किया गया। जर्मनी द्वारा जहरीली गैसों के प्रयोग के बाद मित्र राष्ट्र भी युद्ध के दौरान कई तरह की जहरीली गैसों का प्रयोग करने लगे। इस प्रयोग ने न सिर्फ सैनिकों को बल्कि आम नागरिकों को भी प्रभावित किया। इन गैसों से तरह-तरह की बीमारियाँ फैलने लगीं। जर्मनी द्वारा शुरू किए गए इस प्रयोग से आम नागरिकों को युद्ध में शामिल न रहने के बावजूद नुकसान उठाना पड़ रहा था। सैनिकों में जहरीली गैसों के दुष्प्रभाव को कम करने के लिए मास्क का उपयोग शुरू किया गया। अब सैनिक 'मास्क' लगाकर युद्ध करते थे। इसके अतिरिक्त आम नागरिक, जो युद्धक्षेत्र के निकट रहते थे, उन्हें भी मास्क दिए गए और उनके प्रयोग की जानकारी दी गई।

अखबारों का प्रयोग

प्रथम विश्व युद्ध के समय तक संसार में मीडिया अपने पाँव पसार चुका था। लोग कलम के माध्यम से अपनी बातों एवं विचारों को अधिक-से-अधिक लोगों तक पहुँचाते थे। इससे पूर्व तक साधारण जनता युद्ध के दौरान स्वयं को उससे अलग रखती थी। परंतु प्रथम विश्व युद्ध के दौरान लोकतंत्रवाद की विचारधारा प्रायः अधिकांश देशों में फैल रही थी। ऐसी स्थिति में अभिव्यक्ति

की स्वतंत्रता एवं खबरों को अधिक-से-अधिक लोगों तक पहुँचने में अखबारों एवं अन्य लेखन सामग्रियों का महत्त्वपूर्ण योगदान रहा।

इस विश्व युद्ध में जनता कहीं-न-कहीं, किसी-न-किसी प्रकार से युद्ध में शामिल थी। धर्मगुरु अपने देश की जनता से कहते थे कि यह युद्ध मानव सभ्यता, धर्म और राष्ट्रीयता की रक्षा के लिए है। ब्रिटेन व फ्रांस आदि देश इस प्रचार में जुटे थे कि जर्मनी अत्याचार कर रहा है, उसका दमन आवश्यक है। वहीं जर्मनी कहता था कि वे समाज के शत्रु हैं और सभ्यता और धर्म के विनाश को तुले हुए हैं।

इस प्रकार प्रचार-माध्यम से आम जनता में दूसरे देशों के प्रति वैमनस्यता फैलाई जा रही थी और युद्ध के लिए समर्थन जुटाया जा रहा था।

अंतरराष्ट्रीय समस्याएँ

जर्मनी शक्तिशाली राष्ट्र के रूप में उभर चुका था। बिस्मार्क के नेतृत्व में जर्मनी का उत्कर्ष हुआ तो आल्सेस-लारेन प्रदेश पर जर्मनी ने अपना आधिपत्य जमा लिया। जबकि आल्सेस-लारेन पर फ्रांस अपना अधिकार समझता था। उधर पोलैंड अपना स्वतंत्र अस्तित्व चाहता था, जिसे रूस, जर्मनी और ऑस्ट्रिया ने तीन टुकड़ों में बाँट दिया था। पोलैंड छिन्न-भिन्न हो चुका था। ऑस्ट्रिया-हंगरी साम्राज्य के अंतर्गत कई अलग-अलग जातियों के समुदाय रहते

थे। ये जातिगत आधार पर स्वतंत्र राष्ट्र की इच्छा रखते थे। चेक, स्लाव आदि राज्य अपने पृथक् स्वतंत्र राष्ट्र की स्थापना के लिए ऑस्ट्रिया-हंगरी साम्राज्य में रहकर ही विरोध कर रहे थे। बालकन क्षेत्र के राज्य भी आपसी विवादों में घिरे थे। रूमानिया टांसिल्वेनिया और बुकोविना पर अधिकार चाहता था। बुल्गारिया और सर्बिया का भी राष्ट्रीय सीमा पर विवाद था।

विश्व युद्ध में तुर्की साम्राज्य उजड़ गया था। तुर्की के अंतर्गत आनेवाले राज्यों सीरिया, मेसोपोटामिया और अरब की समस्याएँ सामने आईं। सवाल था कि इन प्रदेशों में शासन-व्यवस्था कैसे चलाई जाए या इन पर किसका अधिकार हो? युद्ध-विस्तार के साथ राष्ट्रों की सीमाएँ परिवर्तित होती गईं। जापान की कोशिश थी कि चीन में उसके प्रभाव का विस्तार हो। जापान युद्ध में जर्मनी के विरुद्ध शामिल हुआ था। जर्मनी यह चाहता था कि ब्रिटिश साम्राज्य के उपनिवेशों को भी स्वतंत्र किया जाए। भारत और आयरलैंड जैसे देशों से ब्रिटिश हुकूमत समाप्त हो। बेल्जियम, मोंटेनेग्रो, रूमानिया, लक्समबर्ग एवं उत्तर-पूर्वी फ्रांस पर जर्मनी या उसके सहयोगियों का अधिकार था। अफ्रीका के जर्मन उपनिवेश को ब्रिटेन या फ्रांस ने हथिया लिया था। इस प्रकार, युद्ध के उपरांत इन सभी प्रदेशों के अधिकार-क्षेत्र एवं आधिपत्य में जो परिवर्तन हुए, उसके लिए सभी पक्षों को वार्त्ता से समाधान करना था, जो इतना आसान नहीं था। एक समस्या यह भी थी कि युद्ध कैसे समाप्त किया जाए? चार साल में जर्मनी, ब्रिटेन, रूस और फ्रांस जैसे देशों में इतने विविध मारक हथियारों का निर्माण हो चुका था, जो किसी देश के अहंकारी होने का कारण बन चुका था। परंतु युद्ध रुक नहीं रहा था। बुद्धिजीवियों को ऐसे उपायों की तलाश थी, जो आपसी मतभेदों एवं झगड़ों को मिटा सकें।

विज्ञान की प्रगति से मनुष्य को ऐसा लग रहा था मानो उसने प्रकृति पर विजय पा ली हो। रेल, मोटरकार आदि आविष्कारों से यातायात के प्रचुर साधन उपलब्ध हो गए। व्यापार में बढ़ोतरी हुई। वायुयानों का प्रचलन बढ़ा। अब दूरियाँ सिमट गई थीं। जिस महासागर को पार करना अत्यंत कठिन था, अब वह कुछ घंटों में वायुयान से पार किया जा रहा था। तार एवं टेलिफोन के आविष्कार से संचार-व्यवस्था में क्रांति आ गई थी। पहले संवाद प्रेषण के लिए व्यक्तिगत तौर पर किसी को भेजना पड़ता था, जो अधिक-से-अधिक सबसे तेज सवारी घोड़े का प्रयोग करता था। परंतु अब एक देश से दूसरे देश तक संवाद संप्रेषण कुछ ही पलों में संभव था।

अब राज्य एक-दूसरे के करीब आ गए। व्यापार की वृद्धि से देश परस्पर आश्रित होने लगे। कहीं से खनिज पदार्थ आयात हो रहा था तो कहीं से कपड़े का निर्यात। कहीं से अनाज मँगाया जा रहा था तो कहीं तेल भेजा जा रहा था। अब कोई भी देश अपनी सभी आवश्यकताओं की पूर्ति स्वयं नहीं कर सकता था। उस वक्त तक प्रेस भी अपनी महत्त्वपूर्ण भूमिका निभाने लगा था। अब विभिन्न लेखकों, विचारकों एवं दार्शनिकों के विचार पुस्तकों के माध्यम से संपूर्ण संसार में उपलब्ध थे। ब्रिटेन के महान् लेखक शेक्सपियर, जर्मनी के शिलर और फ्रांस के वाल्टेयर के विचारों का प्रसार देश-विदेश में हो रहा था। इन विचारकों के शब्दों का विभिन्न भाषाओं में अनुवाद हो चुका था। इस प्रकार अलग-अलग देशों की वस्तुस्थिति सभी जानने लगे और 'विश्व-संस्कृति' का विकास होने लगा। गलत प्रचार-प्रसार के कारण आम जनता में एक-दूसरे के प्रति जो दुर्भावनाएँ पल रही थीं, वे अब दूर होने लगी थीं। अब सभी राष्ट्र अंतरराष्ट्रीय मापदंड पर राष्ट्रीय स्वाधीनता को बचाते हुए शांतिपूर्ण तरीके से आपसी विवादों का हल ढूँढ़ना चाह रहे थे और यह विचार 'राष्ट्र संघ' के निर्माण को प्रबलता से पेश कर रहा था।

सन् 1918 में यूरोप के सभी देशों में आपसी संधि से युद्ध तो बंद हो गया था, परंतु शांति की स्थापना नहीं हुई थी। इतने मारक एवं विस्फोटक हथियार बनाए जा चुके थे, जिनकी गर्जना यदा-कदा सुनाई पड़ जाती थी। राष्ट्रीय आमदनी का एक बहुत बड़ा हिस्सा हथियारों के आविष्कार में लग चुका था। अब संसार के शांतिप्रिय एवं सभ्य राज्य एक-दूसरे के विनाश के लिए बनाए गए हथियारों के निर्माण पर रोक लगाना चाहते थे। इसके लिए शांति से बैठकर हथियारों को नियंत्रित करने एवं राष्ट्रीय सुरक्षा के नाम पर राष्ट्रीय आमदनी का अधिकांश हिस्सा व्यय न करना महत्त्वपूर्ण प्रश्न था।

❑

18

युद्ध के दौरान शांति-प्रयास

"किसी भूकंप को जीता जा सकता है, लेकिन युद्ध को कभी नहीं जीता जा सकता।"

—अज्ञात

चार वर्षों तक अनवरत चले इस युद्ध के दौरान अनमने ढंग से कुछ शांति प्रयास किए गए थे। दिसंबर 1916 में जर्मनी ने शांति का प्रयास किया था। वस्तुस्थिति यह थी कि उस वक्त जर्मनी मजबूत स्थिति में था। पोलैंड, सर्बिया और रूमानिया जैसे कई देश ऐसे थे, जिन पर जर्मनी कब्जा जमा चुका था। ऐसा लग रहा था मानो अब मित्र राष्ट्रों की पराजय निश्चित हो। उस वक्त जर्मनी ने पूरे विश्व को अपने समर्थन में जुटाने के लिए शांति का प्रस्ताव किया; परंतु मित्र राष्ट्रों ने उस प्रस्ताव पर ध्यान नहीं दिया। मित्र राष्ट्र जानते थे कि अभी शांति-प्रस्ताव स्वीकार करने पर जर्मनी उन पर अपनी शर्तों का बोझ अवश्य लादेगा। इस प्रकार जर्मनी अंतरराष्ट्रीय ख्याति भी बटोर लेगा और अत्यधिक भूभाग भी। मित्र राष्ट्रों के प्रस्ताव पर ध्यान न देने की स्थिति में जर्मन सम्राट् विलहेम द्वितीय ने यह घोषणा की कि मित्र राष्ट्र अहंकार के मद में चूर हैं। वे जर्मनी को मिटा देना चाहते हैं। अत: जर्मनी आत्मरक्षा के लिए युद्ध में डटा रहेगा।

अमेरिकी राष्ट्रपति विल्सन का प्रयास

अमेरिकी राष्ट्रपति विल्सन ने 18 दिसंबर, 1916 को दोनों पक्षों को एक पत्र लिखकर शांति-प्रस्ताव भेजा। विल्सन के पत्र में इस बात का उल्लेख किया गया कि संसार के विभिन्न देशों की सुरक्षा एवं दोनों पक्षों के हित के लिए शांति आवश्यक है। जर्मनी तो उस वक्त शांति के लिए तैयार था ही, पर मित्र राष्ट्रों की पहल अच्छी नहीं रही। मित्र राष्ट्रों की तरफ से राष्ट्रपति विल्सन के सामने निम्नलिखित शर्तें रखी गईं–

- मित्र राष्ट्रों की जितनी धन-संपदा का नाश हुआ है, जर्मनी उसकी भरपाई करे।
- युद्ध से पूर्व जर्मनी ने जिन प्रदेशों पर जनता की सहमति के विरुद्ध अधिकार किया है, उन्हें स्वतंत्र कर दे।
- राष्ट्रीयता के सिद्धांत के आधार पर राष्ट्रों का पुनः निर्माण हो।
- आल्सेस-लारेन के प्रदेश फ्रांस को एवं त्रिएस्त प्रदेश इटली को वापस कर दिए जाएँ।
- ऑस्ट्रिया के अधीनस्थ चेक व स्लाव लोगों को मुक्त कर उन्हें स्वतंत्र राष्ट्र घोषित किया जाए।
- पोलैंड की स्वतंत्रता पुनः स्थापित की जाए।
- तुर्की साम्राज्य का अंत कर उसके अधीनस्थ प्रदेशों को स्वतंत्र किया जाए।
- जर्मनी के उपनिवेशों को उसकी अधीनता से मुक्त किया जाए।

जर्मनी इस प्रस्ताव को कतई स्वीकार नहीं कर सकता था। उसने मित्र राष्ट्रों की निंदा की और किसी भी शर्त को मानने से इनकार कर दिया। इस प्रकार राष्ट्रपति विल्सन का शांति-प्रयास विफल रहा।

पोप का शांति-प्रयास

मित्र राष्ट्रों द्वारा राष्ट्रपति विल्सन के शांति-प्रस्ताव को ठुकराने के तीन महीने बाद मार्च, 1917 में रूस में राज्य-क्रांति हो गई और गृह-युद्ध छिड़ गया। सुनियोजित युद्ध-नीति एवं युद्ध के लिए आवश्यक सामग्री के अभाव में सर्वाधिक सैनिक रूस के ही मारे जा रहे थे। इससे रूस के अंदर ही कलह का वातावरण बनने लगा। रूस की आपसी कलह से मित्र राष्ट्रों की ताकत थोड़ी कम हुई, जिससे जर्मनी की शक्ति बढ़ने लगी। हालाँकि रूस की राज्य

क्रांति की क्षतिपूर्ति अमेरिका द्वारा मित्र राष्ट्रों को दिए गए समर्थन से हो गई। रूस की राज्य-क्रांति से एक प्रकार की नास्तिकता की लहर चलने लगी थी। वहाँ बोल्शेविक नेता यह मानते थे कि क्रिश्चियन चर्च हमेशा राजाओं और पूँजीपतियों का साथ देता है। इससे बोल्शेविकों का विश्वास चर्च से उठ गया और वे इसका विरोध करने लगे। ऐसी स्थिति बनने पर यूरोप के रोमन कैथोलिक चर्च के अधिपति पोप ने शांति समझौता कराने की कोशिश की। उन्हें ईसाई धर्म के ऊपर बोल्शेविक क्रांतिकारियों द्वारा उत्पन्न नई विपत्ति के बढ़ने का खतरा सता रहा था। पोप ने यूरोप के ईसाई धर्मानुयायी देशों को आपसी बातचीत के माध्यम से युद्ध समाप्त करने के लिए प्रेरित किया। पोप ने 1 अगस्त, 1917 को दोनों पक्षों को संधि-प्रस्ताव भेजा। पोप के संधि-प्रस्ताव की महत्त्वपूर्ण बातें निम्नलिखित थीं–

- आपसी झगड़ों के निबटारे के लिए आपसी बातचीत का रास्ता अपनाया जाए।
- अंतरराष्ट्रीय मामलों में शांति के साथ सुलह करने की कोशिश की जाए।
- युकिस राज्य पर किसका हक हो, इसके लिए वहाँ की जनता की राय ली जाए।
- युद्ध के लिए किसी से कोई जुर्माना न वसूला जाए।
- युद्ध से पहले जिसके पास जो राज्य थे, उसे दे दिए जाएँ।
- समुद्री मार्ग सबके लिए खुले हों। उन पर कोई बंदिश न लगाई जाए और
- सब देश मिलकर हथियारों को कम करने का प्रयास करें।

राष्ट्रपति विल्सन ने पोप के इस शांति-प्रस्ताव का उत्तर दिया। उनके अनुसार बहुत सारे देशों में राजतंत्र है, जहाँ आम नागरिक सरकार से सीधे तौर पर नहीं जुड़े हैं। ऐसी स्थिति में उन सरकारों से वार्त्ता व्यर्थ है। कुल मिलाकर इस शांति-प्रस्ताव का कोई अपेक्षित परिणाम नजर नहीं आया।

राष्ट्रपति विल्सन का पुनः शांति-प्रयास

पोप के शांति-प्रस्ताव का कोई परिणाम नहीं निकला। इसके छह महीने बाद राष्ट्रपति विल्सन ने 14 सिद्धांत प्रतिपादित किए। इन सिद्धांतों को विल्सन ने अमेरिकी कांग्रेस के माध्यम से संपूर्ण राष्ट्र के समक्ष पेश किया। ये 14 सिद्धांत थे–

1. सभी राज्य आपसी गुप्त संधियों एवं समझौतों को समाप्त कर दें।
2. राज्यों के मध्य व्यापार एवं अन्य आर्थिक मामलों में कोई बाधा न रहे।
3. समुद्र पर किसी का अधिकार न हो, वे सबके लिए खुले रहें।
4. सभी राज्य हथियारों के जमावड़े को कम करें।
5. किसी भी राष्ट्र के उपनिवेश का अधिग्रहण या स्वतंत्रता वहाँ की जनता के हितों को ध्यान में रखकर हो।
6. रूस के गृह-युद्ध को समाप्त करने में सभी मदद करें।
7. बेल्जियम में स्वतंत्र सत्ता की स्थापना की जाए।
8. फ्रांस के आल्सेस-लारेन के प्रदेश से जर्मनी अपना आधिपत्य छोड़ दे और उसे फ्रांस को सौंप दे।
9. ऑस्ट्रिया-हंगरी साम्राज्य के अधीन जातियों को स्वतंत्र किया जाए।
10. इटली की राष्ट्रीय सीमा का पुनः निर्धारण हो।
11. बालकन राज्यों की स्वतंत्र सत्ता पुनः संपादित की जाए।
12. तुर्की साम्राज्य के अंतर्गत सभी भिन्न जातियों को स्वतंत्र अस्तित्व प्रदान किया जाए।
13. पोलैंड को स्वतंत्र राष्ट्र घोषित किया जाए और
14. सबसे महत्त्वपूर्ण 'राष्ट्र संघ' की स्थापना की जाए।

इन 14 सिद्धांतों में कहीं-न-कहीं जर्मनी के पक्ष को नकारा गया था। अमेरिका की इन शर्तों में मित्र राष्ट्रों के लिए अधिक अवसर खुले थे। हालाँकि दोनों पक्षों द्वारा शांति-प्रस्ताव मानने की स्थिति में यूरोप की बहुत सारी समस्याओं से निजात पाया जा सकता था; परंतु जर्मनी इन शर्तों पर शांति-प्रस्ताव के लिए तैयार नहीं था। ब्रिटेन भी पूरी तरह से तैयार नहीं था। वह जर्मन उपनिवेशों पर कब्जा जमाए रखना चाहता था। पुनः आपसी स्वार्थ शांति समझौते पर हावी हो रहे थे। अब यह स्पष्ट हो चुका था कि युद्ध तभी समाप्त होगा, जब कोई पक्ष सैनिक दृष्टि से हार जाए। युद्ध की समाप्ति तभी हुई, जब ऑस्ट्रिया-हंगरी, तुर्की और जर्मनी ने हथियार डाल दिए।

युद्ध की समाप्ति पर तात्कालिक संधि-पत्र पर हस्ताक्षर हो चुके थे, परंतु स्थायी संधि होनी अभी बाकी थी।

❑

पेरिस में शांति सम्मेलन

"युद्ध मानव जाति का विनाशक है, अत: उससे बचने के सभी उपाय करने चाहिए।"

—महात्मा गांधी

प्रथम विश्व युद्ध चार वर्षों तक चला, परंतु शांति प्रक्रिया युद्धोपरांत भी आगे पाँच वर्षों तक चलती रही। कूटनीतिक कुचक्रों की चाल अब शुरू हुई थी। शांति-स्थापना के लिए कई संधियाँ की गईं। पेरिस शांति सम्मेलन के साथ-साथ कई अन्य संधियाँ भी हुईं, जिनमें जर्मनी के साथ वारसा की संधि, ऑस्ट्रिया के साथ सेंट जर्मेन की संधि एवं बुल्गारिया के साथ न्यूइली की संधि आदि प्रमुख हैं।

युद्ध-समाप्ति के बाद फ्रांस की राजधानी पेरिस को शांति सम्मेलन के लिए चुना गया। इस संधि में सिर्फ मित्र राष्ट्रों को बुलाया गया। जो राष्ट्र युद्ध में पराजित हुए थे, उन्हें नहीं बुलाया गया। उनकी आवश्यकता केवल तभी समझी गई जब शांति संधियों पर हस्ताक्षर की बारी आई। सम्मेलन का पहला पूर्ण अधिवेशन 18 जनवरी, 1919 को शुरू हुआ। इसमें 32 देशों ने हिस्सा लिया। इन देशों से कुल 70 प्रतिनिधि शामिल हुए। इनमें मुख्य-मुख्य देशों के विशेष प्रतिनिधि, राष्ट्रपति, राष्ट्राध्यक्ष, प्रधानमंत्री एवं विदेशमंत्री शामिल थे। इस शांति-वार्त्ता में अमेरिका के राष्ट्रपति विल्सन भी शामिल हुए। इसके अतिरिक्त कई अखबारों के संपादक एवं वरिष्ठ संवाददाता भी इस सम्मेलन में

'बिग फोर'–क्रमशः ब्रिटिश प्रधानमंत्री लॉयड जॉर्ज, इटली के प्रधानमंत्री ऑरलैंडो, फ्रांसीसी प्रधानमंत्री क्लीमेंशो और अमेरिकी राष्ट्रपति विल्सन।

शरीक हुए। पेरिस में इतने देशों के विशिष्ट व्यक्तियों की उपस्थिति ने रौनक ला दी थी। राजनीतिज्ञों के अतिरिक्त विभिन्न राजनीतिक विचारधाराओं व राजनीतिक दलों के नेता भी अपने मंतव्यों के प्रचार एवं शांति परिषद् के सदस्यों पर प्रभाव डालने के लिए पेरिस में मौजूद थे। जिन सिद्धांतों को प्रतिपादित करने के लिए मित्र राष्ट्रों के सभी प्रतिनिधि पेरिस में एकत्र हुए थे, उनमें कुछ समस्याएँ भी सामने आ रही थीं। उन समस्याओं में कुछ प्रमुख थीं–

- संधि प्रारंभिक हो अथवा अंतिम। कुछ देशों का मानना था कि छोटी-छोटी बातों पर विवाद करने की अपेक्षा शांति-स्थापना के लिए तुरंत ही पूर्ण संधि पर विचार हो।
- सम्मेलन में इतने अधिक प्रतिनिधि आए थे कि सम्मेलन सुचारु रूप से संचालित नहीं हो पा रहा था। इसके लिए पहले दस सदस्यीय टीम बनाई गई, लेकिन बाद में मार्च 1919 में चार व्यक्तियों की परिषद् बनी। ये चार प्रमुख व्यक्ति थे–अमेरिकी राष्ट्रपति विल्सन, ब्रिटिश प्रधानमंत्री लॉयड जॉर्ज, फ्रांसीसी प्रधानमंत्री क्लीमेंशो और इटली के प्रधानमंत्री ऑरलैंडो। इन्हें 'बिग फोर' कहा गया। अप्रैल 1919 में इटली के प्रधानमंत्री ऑरलैंडो शांति समझौते से कुछ बिंदुओं से अप्रसन्न होकर वापस लौट

गए, जिससे संपूर्ण निर्णयों का भार विल्सन, लॉयड जॉर्ज और क्लीमेंशो पर आ पड़ा।

- पेरिस का सम्मेलन एक तरह से विजेता राष्ट्रों की विजय-गोष्ठी थी। जिस सम्मेलन में पराजित राष्ट्र भाग ही न ले रहे हों, वहाँ शांति की स्थापना कहाँ तक संभव थी?
- पेरिस का यह सम्मेलन दोषपूर्ण था। इसकी कार्य-पद्धति भी अपूर्ण थी। सम्मेलन के सभी महत्त्वपूर्ण निर्णय त्रिमूर्ति यानी विल्सन, क्लीमेंशो और लॉयड जॉर्ज द्वारा ही लिये जा रहे थे।
- पेरिस में शांति-स्थापना चाहनेवाले बस अपनी आकांक्षाओं की पूर्ति चाहते थे। यह सम्मेलन कुल मिलाकर प्रारंभ से अंत तक सबके विरुद्ध था।
- इस सम्मेलन के तीनों प्रमुख व्यक्तियों में किसी प्रकार की समानता नहीं थी। तीनों अपनी स्वार्थ-सिद्धि में लगे थे। किसी भी निर्णय में इन तीनों की आपसी खींचतान चलती रहती थी। बाकी देशों को इनके निर्णयों पर सिर्फ मुहर लगानी थी। फ्रांस के क्लीमेंशो का रुख शांति-विरोधी था। फ्रांस का एकमात्र उद्‌देश्य जर्मनी का दमन करना था, ताकि वह भविष्य में उसके सामने संकट का कारण न बन सके।

अमेरिकी राष्ट्रपति वूड्रॉव विल्सन

अमेरिकी राष्ट्रपति विल्सन को पेरिस सम्मेलन में उच्च स्थान प्राप्त था। यूरोप में उस वक्त यह भावना विद्यमान थी कि विल्सन ही ऐसे व्यक्ति हैं जो विभिन्न राष्ट्रों के बीच द्वंद्व और उनकी ईर्ष्या-भावना से ऊपर उठे हुए एवं मानवता की रक्षा करने वाले हैं। पेरिस पहुँचने पर अपार जन-समूह ने उनका अभिवादन किया।

ब्रिटिश प्रधानमंत्री लॉयड जॉर्ज

ब्रिटिश प्रधानमंत्री लॉयड जॉर्ज एक यथार्थवादी, तेज और चतुर कूटनीतिज्ञ थे। लॉयड जॉर्ज दूसरे दुर्बल देशों से काम निकलवाने में माहिर थे। वे काफी विनोदप्रिय एवं मितभाषी थे। उनकी कार्य-शक्ति की प्रशंसा चतुर्दिक् होती थी। लॉयड जॉर्ज की एक और खासियत थी, वे अच्छी सलाह का हमेशा सम्मान करते थे और उसका अनुकरण भी करते थे। स्वभाव से लॉयड जॉर्ज उदार व्यक्ति थे। फ्रांस हमेशा जर्मनी का पूर्ण दमन चाहता था, परंतु लॉयड जॉर्ज की

मानसिकता ऐसी नहीं थी। वे ब्रिटिश व्यापार के विकास के लिए जर्मनी से उदार एवं ईमानदार प्रतिस्पर्द्धा चाहते थे। वे शांति के पक्षधर थे।

फ्रांसीसी प्रधानमंत्री क्लीमेंशो

क्लीमेंशो फ्रांस के प्रधानमंत्री थे। उनकी प्रतिष्ठा भी लॉयड जॉर्ज से किसी प्रकार कमतर नहीं आँकी जा सकती थी। वे बहादुर भी थे और जर्मनी से पिछली हार का पूर्णतः प्रतिशोध चाहते थे। क्लीमेंशो सैनिक दृष्टि से जर्मनी को पंगु बनाना चाहते थे। शांति सम्मेलन के प्रधान के रूप में क्लीमेंशो की भूमिका महत्त्वपूर्ण थी। वे विरोध में उठ रही आवाजों को दबाने में सक्षम थे। उनकी प्रतिभा बहुमुखी थी। वे जिस तरह बोलने में प्रवाहपूर्ण वाक्यों का प्रयोग करते थे, उसी तरह जरूरत पड़ने पर उग्रता से पेश आते थे।

इतालवी प्रधानमंत्री ऑरलैंडो

हालाँकि ऑरलैंडो शांति सम्मेलन से वापस आ चुके थे, पर फिर भी चार बड़े प्रभावशाली व्यक्तियों में वे भी शुमार थे। वे विद्वान्, वक्ता एवं कुशल कूटनीतिज्ञ थे। उन्हें कानून का ज्ञाता भी माना जाता था। ऑरलैंडो के शांति-सम्मेलन में सम्मिलित होने का उद्देश्य उनके देश इटली की लूट की प्रतिपूर्ति पाना था।

शांति सम्मेलन में इन चार दिग्गजों के अतिरिक्त अमेरिका के लैनसिंग तथा कर्नल हाउस, इंग्लैंड से बालफोर और बोनर ला, फ्रांस से मिशोन और कांबो, इटली से सोन्नियो, बेल्जियम से हाइमैंस, दक्षिण अफ्रीका से जनरल स्मेट्स तथा पोलैंड से दमोवस्की और पादरेफस्की भी शामिल हुए थे। शांति समझौते में अमेरिका के राष्ट्रपति विल्सन का मत था कि युद्ध-काल में प्रतिपादित 14 सिद्धांतों पर अमल किया जाए। ब्रिटेन, फ्रांस, इटली आदि मित्र राष्ट्र युद्ध के समय की सभी गुप्त संधियों के आधार पर शांति समझौते की रूपरेखा तैयार करना चाहते थे। शांति निर्माताओं के निर्णय को रूस की क्रांति ने भी बहुत प्रभावित किया। वे रूस को अंतरराष्ट्रीय क्षेत्र से बहिष्कृत मानते थे। सम्मेलन के प्रत्येक निर्णय पर रूसी क्रांति का भय दृष्टिगोचर हो रहा था। राष्ट्रीयता की भावना का स्वतंत्रता के लिए विकसित होना भी समझौते का आधार रहा। इस भावना ने भी शांति सम्मेलन को प्रभावित किया।

❑

वारसा की संधि

"जहाँ तक मेरा मानना है, युद्ध हमेशा विफलता से पैदा होते हैं।"

—जॉक शिरॉक

जर्मनी के साथ वारसा (वर्सेल्स, फ्रांस) की संधि 28 जून, 1919 को हुई। 6 मई, 1919 को वारसा की संधि का अंतिम प्रारूप तैयार हुआ। 230 पृष्ठों में छपा यह संधि-पत्र 15 भागों में विभाजित था। इसमें 439 धाराएँ और 80 हजार शब्द थे। 6 मई को इसे शांति परिषद् के सामने पेश कर स्वीकृति दे दी गई। अगले दिन इसे जर्मन सरकार के पास विचार के लिए छह सप्ताह का समय देकर भेजा गया। जर्मन राजनीतिज्ञों ने संधि समझौते का अध्ययन किया और साठ हजार शब्दों का एक आवेदन पत्र प्रस्तुत किया, जिसमें अनेक सिफारिशें की गईं। मित्र राष्ट्रों की तिकड़ी क्लीमेंशो, लॉयड जॉर्ज और विल्सन ने पहले पेश किए गए संधि-पत्र पर थोड़े-बहुत परिवर्तन स्वीकार कर जर्मन सरकार को चेतावनी दी कि 23 जून, 1919 तक इस संशोधित संधि समझौते को स्वीकार कर ले। लॉयड जॉर्ज ने साफ-साफ शब्दों में जर्मनी से कहा, "संधि की इन शर्तों को स्याही से नहीं, अपितु युद्ध में मारे गए अनेक वीरों के खून से लिखा गया है। हमें हमेशा के लिए यह सुनिश्चित करना होगा कि जिन लोगों ने युद्ध छेड़कर सारे संसार को संकट में डाला, वे पुनः ऐसा नहीं करेंगे। जर्मनी इस संधि को स्वीकार करे, वरना इसके परिणाम दूरगामी होंगे।" 28 जून, 1919 को पत्थरों और गोलियों की बौछार के बीच जर्मन प्रतिनिधि पेरिस से वारसा पहुँचे। उन्हें

वारसा शांति सम्मेलन में ब्रिटिश प्रधानमंत्री डेविड लॉयड जॉर्ज व अन्य प्रतिनिधि।

कैदियों की तरह शीशमहल लाया गया और उन्होंने वक्त की नजाकत को समझते हुए संधि-पत्र पर हस्ताक्षर कर दिए। हस्ताक्षर के उपरांत जर्मन प्रतिनिधियों ने कहा, ''हमारे प्रति फैलाई गई घृणा की भावना से हम परिचित हैं। हमारा देश दबाव के कारण आत्मसमर्पण कर रहा है, किंतु वह यह कभी नहीं भूलेगा कि यह अन्यायपूर्ण संधि है।''

वारसा संधि की प्रमुख समस्याएँ

मित्र राष्ट्रों को जर्मनी के साथ संधि में कई समस्याओं का हल करना था, उनमें से मुख्य निम्नलिखित थीं–

- एक ऐसी व्यवस्था बन सके, जिससे भविष्य में युद्ध की आशंका दूर हो। अब यह अनुभव किया जाने लगा था कि विश्व शांति स्थापित करने के लिए अंतरराष्ट्रीय संगठन का निर्माण परमावश्यक है। वे ऐसा संगठन बनाने के लिए कृत-संकल्प थे, जिससे अंतरराष्ट्रीय स्तर पर सहयोग की प्रवृत्ति का विकास हो, साथ ही देशों के आपसी झगड़ों का निपटारा शांतिपूर्ण तरीके से हो सके।
- सन् 1870 के युद्ध में जर्मनी ने फ्रांस को बुरी तरह पराजित किया था। इस पराजय का बदला लेने के लिए फ्रांस उतावला था। फ्रांस के नेता इस शांति सम्मेलन द्वारा ऐसी व्यवस्था चाहते थे जिससे जर्मनी भविष्य में कभी शक्तिशाली न हो पाए। स्वरक्षा के लिए फ्रांस चाहता था कि राइन नदी

के पश्चिम के प्रदेश को जर्मनी से अलग कर दिया जाए और ऐसे देश के रूप में परिवर्तित किया जाए, जो फ्रांस के प्रभाव में रहे।

- फ्रांस लंबे अरसे से आल्सेस-लारेन के प्रदेशों को जर्मनी से प्राप्त करना चाहता था। आल्सेस-लारेन में पोल जाति के लोग भी जर्मनवासियों के साथ रहते थे। विश्व युद्ध आरंभ होने तक पोलैंड जर्मनी, ऑस्ट्रिया और रूस में बँटा हुआ था।
- अफ्रीका और एशिया के ऐसे देश, जिन पर युद्ध के दौरान जर्मनी ने अपना आधिपत्य जमा लिया था, उन देशों के बारे में क्या निर्णय लिया जाए?
- मित्र राष्ट्र युद्ध की सारी जिम्मेदारी जर्मनी पर लाद रहे थे। उनका कहना था कि जर्मनी और उसके सहयोगी देशों की वजह से ही संसार इस महाविनाशकारी युद्ध का गवाह बना। अतः जर्मनी से हरजाने की बड़ी रकम वसूल की जाए।
- जर्मनी को युद्ध के लिए दोषी ठहराते हुए मित्र राष्ट्रों की मंशा थी कि जर्मनी में ऐसी व्यवस्था की जाए, जिससे वह अपनी सेना को सीमित रखे। उनके हथियारों की मात्रा तय हो। लड़ाकू जहाजों को सीमित किया जाए। उससे सभी युद्ध-सामग्री बनानेवाले कारखाने छीन लिये जाएँ, ताकि भविष्य में जर्मनी यूरोप के लिए किसी प्रकार का खतरा न बन सके। इसके लिए व्यावसायिक और आर्थिक दृष्टि से मित्र राष्ट्र जर्मनी को पंगु बनाना चाहते थे।

जर्मनी पर लादी गई कठोर आर्थिक शर्तें

जर्मनी से हरजाना वसूली के लिए उस पर कठोर शर्तें लादी गईं। शांति सम्मेलन में एक क्षति-पूर्ति आयोग गठित किया गया। उसे 1 मई, 1921 से आगामी 30 वर्षों में जर्मनी द्वारा चुकाई जानेवाली क्षति-पूर्ति राशि निश्चित करनी थी।

- 1 मई, 1921 से पहले तक के लिए यह तय हुआ कि जर्मनी मित्र राष्ट्रों को स्वर्ण, जहाज आदि के हरजाने के तौर पर 5 अरब डॉलर की धनराशि चुकाएगा।
- आयोग की माँग पर जर्मनी को 5 वर्षों तक मित्र राष्ट्रों के लिए 20 लाख टन के जहाज प्रतिवर्ष बनाने होंगे।
- जर्मनी के पास 1,600 टन या उससे अधिक के जो भी जहाज हैं, उन्हें वह मित्र राष्ट्रों को सौंप देगा।

- जर्मनी फ्रांस को 70 लाख टन, बेल्जियम को 80 लाख टन और इटली को 70 लाख टन कोयला आगामी 10 वर्षों तक प्रति वर्ष देता रहेगा।
- जर्मनी विशाल मात्रा में मशीन, औजार, पत्थर, ईंट, लकड़ी, स्टील, सीमेंट, चूना आदि सामग्री मित्र राष्ट्रों को देता रहेगा।
- जर्मनी के उपनिवेशों में जो भी सरकारी या गैर-सरकारी जर्मन पूँजी थी वह मित्र राष्ट्रों द्वारा ले ली गई।
- स्विट्जरलैंड और चेकोस्लोवाकिया जैसे स्थल प्रदेशों से घिरे हुए देशों को समुद्र तक पहुँचने के लिए जर्मनी की मुख्य नदी को अंतरराष्ट्रीय घोषित कर दिया गया। कील नहर को भी अंतरराष्ट्रीय घोषित कर दिया गया।
- जर्मनी से कहा गया कि वह बेल्जियम का ऋण 5 प्रतिशत के हिसाब से मित्र राष्ट्रों को चुका दे। इस प्रकार जर्मनी पर विभिन्न आर्थिक बोझ लाद दिए गए। स्वयं आर्थिक बोझ में दबा जर्मनी इतना अतिरिक्त बोझ उठाने की स्थिति में नहीं था। फलतः नवंबर 1936 में जर्मनी ने इन सभी शर्तों को भंग कर दिया।

जर्मनी का विभाजन

वारसा की संधि में जर्मनी का 15 प्रतिशत हिस्सा उसके हाथ से निकल गया। फ्रांस की नजर आल्सेस-लारेन पर थी, जो उसे प्राप्त हो गया। बेल्जियम को भी कई भूभाग प्राप्त हुए। यूपन, मल्मेडी और मोरेसनेट का कुछ अंश बेल्जियम को मिला। सन् 1864 में प्रिंस बिस्मार्क के नेतृत्व में श्लेश्विग का प्रदेश जर्मनी ने डेनमार्क से प्राप्त किया था। यहाँ की जनता से राय ली गई। उत्तरी श्लेश्विग ने डेनमार्क के पक्ष में वोट दिया और दक्षिणी श्लेश्विग वारसा की संधि में डेनमार्क को दे दिया गया। इसके अतिरिक्त मेमल का प्रदेश लिथुआनिया को दिया गया। पोलैंड को साइलीसिया और प्रशिया का अधिकांश हिस्सा प्राप्त हुआ। डासिंग का बंदरगाह, जिसका महत्त्व अंतरराष्ट्रीय व्यापार के लिए विशिष्ट था, उस पर मित्र राष्ट्रों का आधिपत्य हो गया। इस तरह जर्मनी से बहुत सारे छोटे एवं बड़े भूभागों का विभाजन हो गया। कुल मिलाकर जर्मनी के संपूर्ण भू-प्रदेश का 15 प्रतिशत हिस्सा मित्र राष्ट्रों में बँट गया, जिसमें जर्मनी की कुल आबादी के 10 प्रतिशत लोग रहा करते थे।

हालाँकि इतिहासकारों एवं विद्वानों के अनुसार जर्मनी का इस प्रकार अंग-भंग

होना अंतरराष्ट्रीय राजनीति की दृष्टि से महत्त्वपूर्ण था। सन् 1871 से पहले आल्सेस-लारेन का प्रदेश फ्रांस के अधीन था। वहाँ फ्रेंच और जर्मन दोनों भाषाएँ बोलनेवाले लोग रहते थे। यह प्रदेश फ्रांस और जर्मनी की सीमा पर अवस्थित था। बिस्मार्क के नेतृत्व में जर्मनी ने यह क्षेत्र अपने अधीन कर लिया था। जर्मनी से आल्सेस-लारेन क्षेत्र को अलग करने के उपक्रम में उससे सटे सार प्रदेश को भी अलग कर दिया गया था। आल्सेस-लारेन व्यावसायिक दृष्टि से अति विशिष्ट प्रदेश है। यह लोहे की खानों के लिए प्रसिद्ध है। फ्रांसीसी चाहते थे कि आल्सेस-लारेन के साथ-साथ सार पर भी उनका प्रभुत्व रहे, ताकि फ्रांस को लोहे के साथ-साथ कोयले की कमी भी न हो।

सार में जर्मन लोगों का निवास था। लगभग 7 लाख की आबादीवाले सार प्रदेश के लिए यह व्यवस्था की गई कि 15 वर्ष बाद लोगों की राय लेकर यह निश्चित किया जाए कि सार जर्मनी का हिस्सा हो या फ्रांस का। उस समय उसे फ्रांस के अधीनस्थ कर दिया गया। चेकोस्लोवाकिया और पोलैंड को भी वारसा की संधि में जर्मनी के उत्तर और पूर्व क्षेत्र के अनेक प्रदेश दिए गए। पोलैंड ने ऐसे कई क्षेत्रों पर अधिकार कर लिया था, जहाँ के बहुसंख्यक निवासी जर्मन थे। अफ्रीकी जर्मन उपनिवेश ब्रिटेन, फ्रांस और बेल्जियम को मिल गए। जर्मनी के अधीनस्थ अफ्रीकी उपनिवेशों की जनसंख्या 1.25 करोड़ से भी अधिक थी। इन उपनिवेशों का 42 फीसदी ब्रिटेन, 33 फीसदी फ्रांस और 25 फीसदी बेल्जियम को दिया गया। शांति समझौते के लिए विल्सन द्वारा प्रतिपादित 14 सिद्धांतों के अनुसार इन उपनिवेशों का भाग्य-निर्धारण स्थानीय निवासियों पर छोड़ना था, परंतु ऐसा नहीं किया गया। ये प्रदेश विजय-उन्माद में मित्र राष्ट्रों ने आपस में बाँट लिये।

फ्रेंच लोग चाहते थे कि जर्मनी की पश्चिमी सीमा को राइन नदी तक सीमित कर दिया जाए। फ्रांस के सेनापति मार्शल फॉच ने राइन नदी को प्रकृति- प्रदत्त सुरक्षा माना। उनका मानना था कि राइन नदी के बाईं ओर जो जर्मनी के प्रदेश हैं, उन्हें एक अलग राज्य बना दिया जाए, जिस पर अंतरराष्ट्रीय दृष्टि से फ्रांस की देखरेख रहे। पर ब्रिटेन और अमेरिका ऐसा नहीं चाहते थे। उस प्रदेश का क्षेत्रफल लगभग 10 हजार वर्ग मील था। उसे अलग राज्य बनाने की स्थिति में इस प्रदेश पर फ्रेंच लोग बड़ी संख्या में जा बसते, जिससे आलसेस-लॉरैन की तरह वहाँ भी भविष्य में कई कठिनाइयाँ उत्पन्न हो सकती थीं। काफी विचार-विमर्श के बाद क्लीमेंशो राइन नदी के संदर्भ में हुए समझौते को स्वीकार करने के

लिए तैयार हुए कि कुछ निश्चित समय के लिए इस प्रदेश में मित्र राष्ट्रों की सामूहिक सेनाएँ तैनात की जाएँ, ताकि जर्मनी इसका उपयोग सैन्य-शक्ति के लिए न कर सके। इस प्रकार राइन नदी क्षेत्र को उत्तर, मध्यवर्ती और दक्षिण भागों में बाँटा जाए। उत्तरी हिस्से पर मित्र राष्ट्रों की सेनाओं की 5 वर्षों तक निगरानी रहे, मध्य क्षेत्र पर आगामी 10 वर्षों तक और दक्षिणी क्षेत्र पर 15 वर्षों तक मित्र राष्ट्रों का आधिपत्य रहे। जर्मनी इन क्षेत्रों में किसी प्रकार की गतिविधि न कर पाए, ऐसी व्यवस्था सुनिश्चित की गई। जर्मनी द्वारा हरजाने की रकम न देने की स्थिति में इन क्षेत्रों पर मित्र राष्ट्रों का कब्जा और अधिक दिनों तक बढ़ाया जा सके, यह भी निर्णय लिया गया।

मित्र राष्ट्रों के दबाव में आकर जर्मनी क्षत-विक्षत हो रहा था। उससे अफ्रीकी उपनिवेश तो छिन ही गए, पूर्वी एशिया के कई प्रदेशों से भी उसे हाथ धोना पड़ा। जर्मनी का चीन के शांतुंग प्रदेश एवं क्याऊ चाऊ क्षेत्र पर भी कब्जा था, जिन पर विश्व युद्ध के समय जापान का कब्जा हो गया था। चीन जर्मनी के विरुद्ध युद्ध में मित्र राष्ट्रों की सहायता कर रहा था। पेरिस शांति-वार्त्ता में चीन के प्रतिनिधि भी शामिल हुए थे। उनकी माँग थी कि शांतुंग प्रांत में जर्मनी को जो विशेषाधिकार प्राप्त थे, जो अब जापान के अधीनस्थ थे, वे चीन को वापस कर दिए जाएँ। उधर जापान के प्रतिनिधि पूर्वी एशिया से जर्मनी के प्रभुत्व को समाप्त करने के एवज में अपनी कुर्बानियों के बदले शांतुंग प्रांत और क्याऊ चाऊ पर अपना नियंत्रण चाहते थे। इसके अतिरिक्त प्रशांत महासागर के उत्तरी भाग के छोटे-मोटे द्वीपों पर भी जापान अपना अधिकार चाहता था, जो अभी जर्मनी के नियंत्रण में थे। राष्ट्रपति विल्सन जापान की दोनों माँगों के विरुद्ध थे। परंतु फ्रांस, ब्रिटेन और इटली की जापान के साथ हुई गुप्त संधि से उसका पलड़ा भारी रहा और चीन को इन क्षेत्रों को वापस लेने में सफलता नहीं मिली। इसी वजह से चीन ने वारसा की संधि पर हस्ताक्षर नहीं किए।

वारसा की संधि से जर्मनी के कई उपनिवेश छिन गए। अफ्रीकी एवं एशियाई उपनिवेशों से तो उसे हाथ धोना ही पड़ा, उसके अपने कई प्रदेश भी उसके हाथ से निकल गए। राइन क्षेत्र जर्मनी के हाथ से निकल गया। सार जैसा खनिज भंडारवाला क्षेत्र भी जर्मनी के हाथों से निकल गया। राष्ट्रीयता के सिद्धांत के अनुसार प्रदेशों की पूर्णत: अनदेखी की गई। जर्मनी को इस प्रकार छोट-बड़े देशों द्वारा दमन भला कब तक बरदाश्त हो सकता था! अकेले दम पर मित्र राष्ट्रों की इतनी बड़ी फौज को लोहे के चने चबवानेवाला जर्मनी आखिर कब तक

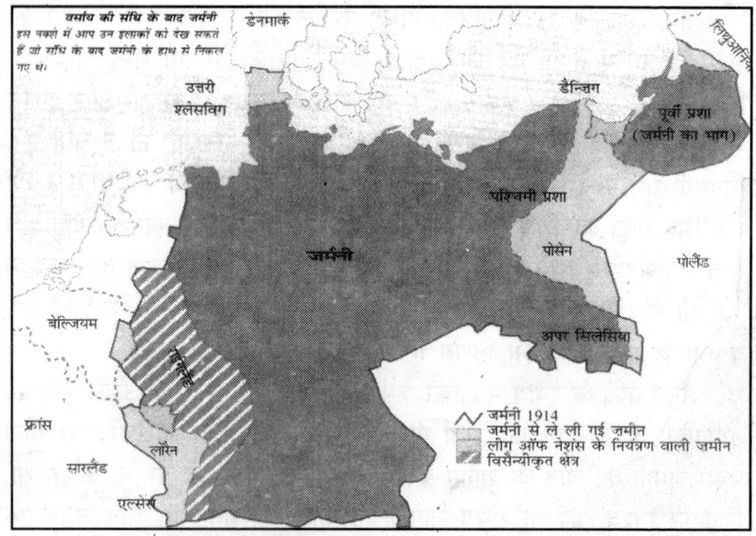

इन बंदिशों को झेल पाता। इस तरह वारसा की संधि में ही द्वितीय विश्व युद्ध की आधारशिला रख दी गई।

वारसा की संधि का औचित्य

वारसा की संधि में जर्मनी पर अत्यधिक दबाव बनाया गया, परंतु इस संधि को पूर्णरूप से अनुचित कहना गलत होगा। संधि के औचित्य के प्रश्न पर ब्रिटिश प्रधानमंत्री लॉयड जॉर्ज ने कहा कि यह संधि बदला लेने के लिए नहीं की गई थी। उनके अनुसार, ''जर्मनों ने युद्ध का समर्थन किया था। अत: यह आवश्यक है कि जो देश अकारण ही आक्रांता बन जाते हैं, उन्हें यह बताना चाहिए कि पड़ोसी देशों पर हमला करनेवालों पर किस प्रकार शिकंजा कसा जाता है।''

मित्र राष्ट्रों के अनुसार, वारसा की संधि को अनुचित इसलिए नहीं माना जा सकता था, क्योंकि यदि युद्ध में जर्मनी की जीत होती तो मित्र राष्ट्रों पर वह उससे भी अधिक कठोर बंदिशें ठोक देता। इससे पहले जर्मनी सन् 1918 में रूस के साथ हुई संधि में इसका उदाहरण दे चुका था। इस 'ब्रेस्ट लिटोवस्क' संधि में जर्मनी ने पराजित रूसियों के साथ घोर अपमानजनक और दुर्दशापूर्ण व्यवहार किया था। मित्र राष्ट्रों में सम्मिलित अधिकांश राष्ट्र जर्मनी से बहुत खफा थे। उसके प्रति सहानुभूति का भाव किसी भी देश में नहीं था। सभी मित्र राष्ट्रों के सदस्य एक सुर में जर्मनी से बेरुखी का व्यवहार करने के पक्षधर थे। शायद

यह भी संभव था कि जर्मनी से नरमी बरतने की स्थिति में कुछ सरकारें विरोध के स्वर बुलंद कर देतीं।

इस संधि के माध्यम से भविष्य में पुन: युद्ध न हो, ऐसी व्यवस्था करने पर विचार हुआ एवं समुचित कदम उठाने की कोशिश भी की गई। राष्ट्र संघ जैसी संस्था की स्थापना वारसा की संधि का ही परिणाम है। निष्कर्षत: वारसा की संधि दोषपूर्ण होते हुए भी शांति-व्यवस्था स्थापित करने के लिए कदम उठाने का असफल प्रयास तो थी ही।

वारसा संधि की आलोचना

संसार के बहुत से देशों ने वारसा संधि की आलोचना की है। पं. नेहरू के अनुसार, ''मित्र राष्ट्र प्रतिशोध की भावना से लबालब थे। वे जर्मनी के अर्द्ध-मृत शरीर से खून की आखिरी बूँद भी चूस लेना चाहते थे।''

कठोर शर्तें : इस संधि का मुख्य उद्‌देश्य जर्मनी को हमेशा के लिए पंगु बनाना था। संधि में बदले की भावना कूट-कूटकर भरी थी।

एकपक्षीय शर्तें : जर्मनी को किसी प्रकार की सुविधा नहीं दी गई। युद्ध का उत्तरदायी जर्मनी को मानते हुए उस पर अत्यधिक शर्तें लाद दी गईं। सभी आदर्शों का प्रयोग जर्मनी पर किया गया। मित्र राष्ट्रों को इससे पृथक् रखा गया।

आरोपित संधि : संधि के सभी सिद्धांतों की बलि चढ़ाकर जर्मनी पर यह संधि थोपी गई थी। उससे बातचीत तक नहीं की गई।

लोकतंत्र की जबरन स्थापना : लोकतंत्र किसी पर थोपा नहीं जा सकता, परंतु जर्मनी पर वारसा की संधि ने लोकतंत्र थोप दिया। जर्मनी की जनता राजतंत्र की अभ्यस्त थी। वहाँ अचानक लोकतंत्र थोप देने से शासन-व्यवस्था में लोकतंत्र की स्वतंत्रता नहीं आ पाई और एकतंत्रात्मक शासन-व्यवस्था फलीभूत हो गई, जिसके परिणामस्वरूप हिटलर की तानाशाही का जन्म हुआ।

छोटे-छोटे राज्यों का निर्माण : इस संधि से कई छोटे-छोटे राज्यों का निर्माण हुआ, जो राजनीतिक दृष्टि से शासन चलाने में अपरिपक्व थे। इससे राजनीतिक अव्यवस्था का जन्म हुआ और ये शक्तियाँ बड़े राज्यों के प्रभाव-क्षेत्र में आ गईं।

विश्वासघाती संधि : वारसा की संधि को जर्मनी स्वयं के साथ विश्वासघात बताता था। उसका आरोप था कि संधि से पूर्व मित्र राष्ट्रों ने उसके जिन हितों का ध्यान रखने का आश्वासन दिया था, उन्हें नहीं निभाया गया। जर्मनी ने संधि-पत्र

पर हस्ताक्षर करते हुए यह कहा था कि "एक संपूर्ण राष्ट्र को उसकी मृत्यु के आदेश-पत्र पर हस्ताक्षर करने के लिए कहा गया है।"

नए संघर्ष की आधारशिला : जर्मनी को मजबूर कर संधि-पत्र पर हस्ताक्षर कराए गए। इस तरह आगामी विश्व युद्ध की आधारशिला रख दी गई।

वारसा संधि की विफलता

वारसा की संधि का प्रमुख उद्‌देश्य यूरोप में स्थायी शांति स्थापित करना था, परंतु ऐसा नहीं हुआ। संधि पर हस्ताक्षर के बाद ही रक्तपात शुरू हो गया।

इस संधि में मित्र राष्ट्रों का पक्ष प्रबल था। जर्मनी पर अनेक शर्तें थोपी गई थीं, इसलिए उसने धीरे-धीरे संधि की व्यवस्थाओं को ठुकराना शुरू कर दिया। शायद इससे पहले अंतरराष्ट्रीय संबंधों के इतिहास में कोई ऐसी संधि नहीं हुई होगी, जिसमें इतनी जल्दी तोड़-मरोड़ की गई हो। इस संधि की विफलता यह रही कि इसमें जर्मन सम्राट् एवं अन्य युद्ध-अपराधियों को सजा नहीं दी जा सकी। सिर्फ 12 व्यक्तियों को साधारण दंड दिए गए। क्षतिपूर्ति के मामले में भी कई संशोधन किए गए और अंततः वे समाप्त कर दिए गए। क्षतिपूर्ति की निर्धारित रकम को अप्रैल 1921 में आयोग ने स्वयं, 1924 में डावेस कमेटी ने, 1929 में यंग कमेटी ने और 1931 में हूवर कमेटी ने कम किया। अंत में सन् 1932 में लोसाने सम्मेलन द्वारा उसे समाप्त ही कर दिया गया।

जर्मनी ने जो रकम वर्ष 1920 से 1931 के बीच मित्र राष्ट्रों को दी, उससे दुगुनी रकम अमेरिका से उधार ले ली। जर्मनी ने इन 11 वर्षों के दौरान 21 अरब 58 करोड़ 50 लाख स्वर्ण मार्क मित्र राष्ट्रों को दिए। सन् 1935-36 में हिटलर ने उन सीमाओं को भंग कर दिया, जो जर्मन सेना के निरस्त्रीकरण से संबंध रखती थीं। हिटलर ने 1936 में राइन क्षेत्र में भी सैनिक भेज दिए। उसने मार्च 1938 में ऑस्ट्रिया का जर्मनी से एकीकरण कर लिया, 1938 में चेकोस्लोवाकिया को विघटित कर दिया। मार्च 1939 में बोहेमिया तथा मोराविया पर अधिकार कर संधि का विखंडन कर दिया।

वारसा की संधि के बारे में मार्शल फॉच ने कहा कि "वारसा की संधि संधि नहीं, बल्कि 20 वर्षों तक की युद्ध-विराम संधि है।"

सचमुच उसकी भविष्यवाणी सच निकली। निस्संदेह वारसा की संधि एक सीमा तक द्वितीय विश्व युद्ध के लिए उत्तरदायी थी।

❑

अन्य प्रमुख संधियाँ

"लोगों की इच्छा के विरुद्ध किसी भी युद्ध को लंबा नहीं खींचा जा सकता है।"

—एडमंड बर्क

ऑस्ट्रिया और सेंट जर्मेन की संधि

ऑस्ट्रिया और सेंट जर्मेन की संधि पेरिस के निकट सेंट जर्मेन नामक स्थान पर 10 सितंबर, 1919 को हुई। इस संधि के अंतर्गत निम्नलिखित धाराएँ लगाई गई थीं–

- ऑस्ट्रिया-हंगरी में लोकतंत्र की स्थापना की जाए एवं उसके प्राचीन हाप्सबुर्ग साम्राज्य का अंत कर दिया जाए।
- नए ऑस्ट्रियाई गणतंत्र द्वारा विभिन्न देशों को ऑस्ट्रिया के विभिन्न क्षेत्र दिए गए। इटली को दक्षिणी जाइरल, त्रेंतिनो, त्रिएस्त, इस्त्रिया और इज्मातिया के तटवर्ती द्वीप। इटली का युद्ध में मित्र राष्ट्रों को समर्थन का यही प्रमुख उद्‌देश्य भी था।
- यूगोस्लाविया को बोस्निया हर्जेगोविना तथा डोलमेशियन तट के कुछ हिस्से दिए गए।
- चेकोस्लोवाकिया नामक नए देश का निर्माण हुआ, जिसमें बोहेमिया, मोराविया, निम्न ऑस्ट्रिया और लगभग सारा ऑस्ट्रियन साइलेशिया सम्मिलित था।

- रूमानिया को बुकोविना तथा ट्रांसिल्वानिया दिया गया।
- ऑस्ट्रिया में सैन्य-शक्ति कम कर दी गई और नई भरती पर रोक लगा दिया गया। उसके लड़ाकू जहाज एवं युद्ध से संबंधित उपकरणों को भी सीमित कर दिया गया।
- ऑस्ट्रिया का यूरोप के बाहरी देशों पर जो अधिकार था, उसे वह त्यागना पड़ा।
- ऑस्ट्रिया पर भी युद्ध के उत्तरदायित्व का दोष लगाकर हरजाने वसूले गए।
- पोलैंड में ऑस्ट्रियाई गैलीशिया मिला दिया गया।
- ऑस्ट्रिया के जर्मनी से संबंध पर प्रतिबंध लगा दिए गए।
- ऑस्ट्रिया की सेना सीमित कर दी गई, जिसके अनुसार थलसेना 30 हजार निश्चित की गई और नौसेना को भी सीमित कर दिया गया।
- ऑस्ट्रिया पर युद्ध की क्षतिपूर्ति को लेकर उसकी राष्ट्रीय कलाकृतियाँ भी छीन ली गईं।

वस्तुतः इस संधि द्वारा ऑस्ट्रिया-हंगरी को आर्थिक रूप से पंगु बना दिया गया। ऑस्ट्रिया जैसे विशाल साम्राज्य का अंग भंग हो गया। आर्थिक बोझ के कारण उसकी स्थिति दयनीय हो गई। कई वर्षों तक वहाँ अव्यवस्था कायम रही।

बुल्गारिया और न्यूली की संधि

बुल्गारिया को युद्ध में मित्र राष्ट्रों के सामने आत्मसमर्पण करना पड़ा था। यह संधि पेरिस के उपनगर न्यूली में 27 नवंबर, 1919 को हुई थी। इस संधि के अनुसार–

- बुल्गारिया के पश्चिमी भाग के चार छोटे प्रदेश चेकोस्लोवाकिया को दे दिए गए।
- बुल्गारिया को पश्चिमी थ्रेस यूनान को देना पड़ा। ग्रीस और बुल्गारिया की सीमा में भी परिवर्तन किए गए।
- बुल्गारिया की सैन्य-शक्ति घटा दी गई और उसकी सैन्य-क्षमता 33 हजार निश्चित कर दी गई।
- पश्चिमी बुल्गारिया के कुछ भागों पर यूगोस्लाविया का अधिकार हो गया।
- रूमानिया को दोब्रुजा प्रदेश दे दिया गया।
- युद्ध में क्षतिपूर्ति के लिए बुल्गारिया को 45 करोड़ डॉलर की धनराशि अगले 37 वर्षों में चुकानी थी।

इस तरह इस संधि से बुल्गारिया पर कई आर्थिक दंड लगाए गए। न्यूली की इस संधि ने बुल्गारिया के साथ न्याय नहीं किया। राष्ट्रीयता के सिद्धांत के अनुसार उनका विभाग करना और उनकी राष्ट्रीय सीमाओं को नियत कर सकना आसान नहीं था, पर मैसिडोनिया प्रदेश को बुल्गारिया से लेना ऐसी बात थी जिससे उसकी समस्या सुलझने के बजाय उलझ गई। यही कारण है कि न्यूली की संधि के बाद कई सालों तक बालकन प्रायद्वीप में गृह–युद्ध चलते रहे।

हंगरी के साथ ट्रायनान की संधि

यह संधि वारसा के ट्रायनान क्षेत्र में 4 जून, 1920 को हुई थी। हंगरी ने युद्ध में बिना किसी शर्त के आत्मसमर्पण किया था। हंगरी से संधि में हुई देरी का कारण यह था कि वहाँ प्राचीन हाप्सबुर्ग वंश के पतन के बाद अव्यवस्था फैल गई थी। राजतंत्र समाप्त होने के बाद लोकतंत्र में कई दलों के लोग राजसत्ता प्राप्त करने की होड़ में लग गए थे। इस संधि के अनुसार जो व्यवस्थाएँ की गईं वे इस प्रकार थीं–

- हंगरी राज्य के फ्यूम बंदरगाह पर कुछ दिनों तक इटली व यूगोस्लाविया का संयुक्त नियंत्रण होगा। बाद में समझौता होने के बाद फ्यूम इटली को दिया गया। फ्यूम इटली को मिलने से एड्रियाटिक सागर पर उसका नियंत्रण प्रभावी हो गया।
- ऑस्ट्रिया–हंगरी पहले सम्मिलित रूप से शासन चलाते थे, परंतु इस संधि में हंगरी को ऑस्ट्रिया से अलग कर दिया गया। बुर्जनलैंड का 1,532 वर्गमील क्षेत्र ऑस्ट्रिया को दिया गया। संधि द्वारा किसी पराजित राष्ट्र को मिलनेवाला यह एकमात्र ऐसा क्षेत्र था।
- ट्रांसिल्वानिया और उसके साथ के कुछ प्रदेश रूमानिया को दिए गए।
- क्रोशिया एवं स्लावेनिया के प्रदेश यूगोस्लाविया को दिए गए।
- स्लोवाकिया का प्रदेश चेकोस्लोवाकिया गणतंत्र के अंतर्गत कर दिया गया।
- अन्य पराजित राष्ट्रों की तरह हंगरी को भी युद्ध के लिए उत्तरदायी ठहराकर हरजाने की रकम वसूल की गई।
- हंगरी के कुछ और प्रदेश ऑस्ट्रिया को दिए गए।
- हंगरी में थलसेना की संख्या सीमित कर 35 हजार कर दी गई और नौसेना भंग कर दी गई।

इस प्रकार विश्व युद्ध से पहले हंगरी की आबादी 2 करोड़ से अधिक थी। ट्रायनान की संधि के बाद घटकर 75 लाख रह गई। 30 लाख हंगेरियन अब अन्य देशों की प्रजा बन गए थे। जो क्षेत्र दूसरे देशों को दिए गए, उनमें हंगेरियन की बड़ी आबादी रहती थी। यही कारण था कि इस संधि से हंगेरियन अप्रसन्न थे। उन्होंने मित्र राष्ट्रों से संधि पर पुनर्विचार के लिए अनुरोध किया, परंतु पराजित राष्ट्रों की आवाज सुनने को कोई तैयार न था।

तुर्की के साथ सेवर्स की संधि

मित्र राष्ट्रों ने सेवर्स नामक स्थान पर 10 अगस्त, 1920 को तुर्की से संधि की। इस संधि की प्रमुख धााराएँ निम्नलिखित थीं–

- तुर्की ने मिस्र, सूडान, साइप्रस, ट्रिपोलिटानिया, मोरक्को, ट्यूनीशिया, अरब, फिलिस्तीन, मेसोपोटामिया और सीरिया पर अपने सभी अधिकारों का त्याग कर दिया।
- एशिया माइनर एवं थ्रेस का कुछ अंश एड्रियानोपल और गैलीपोली (यूनान) को दिए गए।
- सीरिया पर फ्रांस का कब्जा हुआ और ब्रिटेन को फिलिस्तीन एवं मेसोपोटामिया दे दिए गए।
- इटली को भी रोड्स और डोडेकनीज टापू पर अधिकार मिला।
- आर्मीनिया और हज्जाज को स्वतंत्र घोषित किया गया।
- मिस्र को ब्रिटेन के संरक्षण में दे दिया गया। कुर्दिस्तान को स्वतंत्र राष्ट्र का दर्जा मिला।
- साइप्रस को ब्रिटिश साम्राज्य का एक उपनिवेश बनाया गया।
- डार्डेनल्स के जलडमरूमध्य को अंतरराष्ट्रीय कमीशन के अधीन कर दिया गया, ताकि उस पर किसी का प्रभुत्व न रहे।
- तुर्की की सैन्य-शक्ति 50 हजार सीमित कर दी गई। उसकी नौसेना नष्ट कर दी गई और वायुसेना पर मित्र राष्ट्रों का अधिकार हो गया।
- हेनाज राजा की स्वतंत्र सत्ता मान ली गई।
- कुस्तुनतुनिया, अलेक्जेंड्रिया तथा समर्ना बंदरगाहों तथा मरित्सा नदी पर अंतरराष्ट्रीय नियंत्रण की स्थापना हो गई।
- तुर्की पर संप्रभुता संबंधी कुछ अन्य प्रतिबंध भी लगाए गए तथा उसके वित्तीय मामलों पर मित्र राष्ट्रों ने अपना नियंत्रण स्थापित कर लिया।

इस संधि से तुर्की साम्राज्य का 4,40,000 वर्गमील क्षेत्र बाहर निकल गया। अब उसकी शेष आबादी सिर्फ 80 लाख थी और 1 करोड़ 20 लाख लोग उसकी अधीनता से मुक्त हो गए। सेवर्स की संधि पर तुर्की की ओर से वहाँ के सुलतान मोहम्मद चतुर्थ के प्रतिनिधि ने हस्ताक्षर किए थे। इस समय तुर्की में लोकतंत्र की बयार बह रही थी। मुस्तफा कमाल पाशा के नेतृत्व में तुर्कियन लोकतंत्र की स्थापना के प्रयत्न हो रहे थे। तुर्की मुसलिम राष्ट्र था और यूरोपीय ईसाइयों को यह बात खलती थी। इस प्रकार सेवर्स की संधि द्वारा यूरोप में तुर्की के प्रदेशों को समाप्त ही कर दिया गया। हालाँकि तुर्की की आर्थिक स्थिति को देखते हुए उससे क्षतिपूर्ति के रूप में हरजाने की रकम नहीं वसूल की गई। इस संधि से तुर्की के विशाल साम्राज्य में केवल अनातोलिया का पहाड़ी भाग तथा कुस्तुनतुनिया के आसपास का कुछ ही क्षेत्र शेष बचा था, परंतु मुस्तफा कमाल पाशा के नेतृत्व में क्रांतिकारियों ने तुर्की के सौभाग्य से इसे मानने से इनकार कर दिया और तुर्की में इसका कड़ा विरोध हुआ। फलत: 20 नवंबर, 1922 को लुसाने में राष्ट्रवादी तुर्की और मित्र राष्ट्रों के बीच वार्त्ता प्रारंभ हुई।

तुर्की गणराज्य के संस्थापक और प्रथम राष्ट्रपति मुस्तफा कमाल पाशा।

तुर्की के साथ लुसाने की संधि

मुस्तफा कमाल पाशा के नेतृत्व में तुर्की में राष्ट्रवादियों ने सेवर्स संधि को मानने से इनकार कर दिया था। इसी संधि-वार्त्ता की 20 नवंबर, 1922 को लुसाने में फिर समीक्षा की गई। मित्र राष्ट्रों और तुर्की के क्रांतिकारियों के बीच लुसाने में यह वार्त्ता 23 जुलाई, 1923 तक चली। इस संधि सम्मेलन में निम्नलिखित समझौते हुए–

- अनातोलिया पर तुर्की का आधिपत्य कायम रहे।

- कुस्तुनतुनिया, पूर्वी थ्रेस, गैलीपोली, साइलेशिया, अदालिया और स्मर्ना तुर्की को वापस मिले।
- डार्डेनल्स और बासफोरस जलडमरूमध्य को पूर्ण अंतरराष्ट्रीय एवं निःशस्त्र रहने दिया जाय।
- तुर्की का अपनी सीमा से बाहर पुराने प्रदेशों पर अधिकार ना रहा। ये प्रदेश थे–मेसोपोटामिया, अरब, सीरिया, मिस्र, फिलिस्तीन, सूडान और साइप्रस।
- भाषा के आधार पर यूनान और तुर्की में लोगों की स्वेच्छा से अदला–बदली हुई। उन्हें अपने लिए यूनान और तुर्की में से किसी को भी चुनने की स्वतंत्रता दी गई।
- तुर्की के मुसलमानों एवं अन्य धर्मों के माननेवालों को समान राजनीतिक एवं सामाजिक अधिकार दिए गए।
- तुर्की की नौसेना एवं थलसेना पर किसी प्रकार की पाबंदी नहीं लगाई गई।
- तुर्की से किसी प्रकार के हरजाने की रकम नहीं माँगी गई।

अल्पसंख्यक हितार्थ संधियाँ

प्रथम विश्व युद्ध के दौरान न सिर्फ यूरोप में बल्कि संपूर्ण विश्व में राष्ट्रवाद की भावना पनप रही थी। उपर्युक्त जितनी संधियाँ हुईं, उनसे यूरोप के मानचित्र में बड़ा परिवर्तन हुआ। इन संधियों द्वारा राष्ट्रीयता के सिद्धांतों का पालन करने की भरपूर कोशिश की गई; परंतु इतने बड़े मानचित्र पर सबके साथ न्याय करना मुश्किल था। राज्यों के बँटवारे में सभी राष्ट्रों में विभिन्न जातियाँ मिल–जुल गई थीं, इसलिए मित्र राष्ट्रों द्वारा राष्ट्रीयता के सिद्धांत के अनुसार यूरोप के विभिन्न राज्यों का पुनर्निर्माण करने की कोशिश की गई। स्थिति यह थी कि यूरोप के नवीन राष्ट्रों की सीमाओं में 1 करोड़ 70 लाख अल्पसंख्यक रह रहे थे। चेकोस्लोवाकिया, पोलैंड तथा इटली में जर्मन अल्पसंख्यक थे। हंगरी के 30 लाख मग्यार और ऑस्ट्रिया के 40 लाख जर्मन दूसरे राज्यों में विदेशी शासन के अधीन थे। अंतरराष्ट्रीय स्तर पर यह आशंका जताई जा रही थी कि विभिन्न राष्ट्र अल्पसंख्यकों के साथ दुर्व्यवहार न करें।

अमेरिकी राष्ट्रपति विल्सन के अनुसार, "बहुसंख्यकों द्वारा अल्पसंख्यकों के साथ दुर्व्यवहार विश्व–शांति के लिए घातक होगा।"

ऐसी स्थिति में यह महत्त्वपूर्ण था कि शांति परिषद् द्वारा अल्पसंख्यकों के

हितों के लिए कुछ संधियाँ की जाएँ; परंतु इसके कार्यान्वयन में कुछ बाधाएँ थीं–

- यूरोप के पूर्वी क्षेत्र एवं बालकन क्षेत्र में अनेक प्रदेश ऐसे थे, जिनमें एक से अधिक राष्ट्रीयता के लोग रहते थे। चेक, स्लोवाक, पोल आदि जातियाँ सदियों तक ऑस्ट्रिया-हंगरी साम्राज्य की अधीनता में रही थीं। इस साम्राज्य में अच्छी संख्या में जर्मन भी रहते थे। अनेक जातियों से मिश्रित इन प्रदेशों में राष्ट्रीयता के आधार पर सीमा-निर्धारण करना आसान नहीं था।
- युद्ध के दौरान जर्मनी, ऑस्ट्रिया-हंगरी, बुल्गारिया और तुर्की में रहनेवाले उनके अधीनस्थ विभिन्न जातियों के लोगों (अल्पसंख्यक) ने मित्र राष्ट्रों का साथ दिया था। जब जर्मनी की पराजय हो गई तो उन जातियों के लोगों ने अपने लिए अलग स्वतंत्र राज्य स्थापित करना चाहा, जिसे मित्र राष्ट्रों की मदद से संभव भी किया गया। उन राज्यों की यह इच्छा स्वाभाविक थी कि वे अपने क्षेत्रों का अधिक-से-अधिक विस्तार करें।

इन्हीं कारणों से यूरोप में विश्व युद्ध के बाद अल्पसंख्यकों के लिए कई समस्याएँ उत्पन्न हुईं। उनके समाधान के लिए राष्ट्र संघ की शांति परिषद् द्वारा पहल की गई। यह समस्या सिर्फ छोटे राज्यों तक ही सीमित नहीं थी, बल्कि ऑस्ट्रिया-हंगरी, बुल्गारिया और तुर्की में बहुत से ऐसे लोग रहते थे, जो दूसरी जाति के थे और वहाँ स्थायी रूप से निवास कर रहे थे। इसके लिए शांति परिषद् ने नए राज्यों की एक समिति बनाई और उसे अल्पसंख्यकों के अधिकारों पर विचार करने का कार्य सौंपा गया। इस समिति की सिफारिशों के आधार पर अल्पसंख्यकों के अधिकारों की सुरक्षा की व्यवस्था ऑस्ट्रिया, हंगरी, बुल्गारिया और तुर्की के साथ की गई संधियों में की गई। इसके सापेक्ष चेकोस्लोवाकिया से 10 सितंबर, 1919 को; रूमानिया से 9 दिसंबर, 1919 को; यूनान से 10 अगस्त, 1920 को संधियाँ की गईं। इसके अतिरिक्त लेटविया, लिथुआनिया, एस्टोनिया, फिनलैंड और अलबानिया से भी संधियाँ हुईं।

इन संधियों में राष्ट्र संघ ने देशों को इस बात के लिए विवश किया कि प्रत्येक देश अपनी अल्पसंख्यक जातियों की भाषा, धर्म, संस्कृति की रक्षा की गारंटी दे। परंतु कुछ देश ऐसे भी थे जो इस प्रकार की गारंटी नहीं देना चाहते थे। पोलैंड, चेकोस्लोवाकिया, रूमानिया, ग्रीस, यूगोस्लाविया और तुर्की इस तरह की सुरक्षा देने के पक्षधर नहीं थे। उनका मानना था कि जब तक भाषा,

धर्म, संस्कृति आदि के आधार पर ये जातियाँ अलग रहेंगी, देश में राष्ट्रीय एकता की भावना नहीं बन सकती। अल्पसंख्यकों के हितों की रक्षा के लिए सबसे अधिक अमेरिका और ब्रिटेन प्रयासरत रहे। परंतु इस प्रयास में बहुत अधिक सफलता नहीं मिल पाई। धीरे-धीरे अल्पसंख्यकों में अलगाव की भावना पनपने लगी।

यही कारण था कि जब हिटलर के नेतृत्व में जर्मन राष्ट्रीयता के आंदोलन ने जोर पकड़ा तो पोलैंड और चेकोस्लोवाकिया में रहनेवाले अल्पसंख्यक जर्मनों ने नाजी दल का साथ दिया। यूरोप का राजनीतिक वातावरण लगातार क्षुब्ध होता रहा और राष्ट्रीय विद्वेष की भावना बढ़ने लगी। नतीजतन सन् 1939 में दूसरा विश्व युद्ध छिड़ गया।

संधियों की आलोचना

मित्र राष्ट्रों द्वारा की गई इन संधियों की पूरे विश्व में आलोचना हुई। उनका मूल उद्देश्य धुरी राष्ट्रों के प्रति शांति समझौते की बजाय एक ऐसे समझौते को अंजाम देना था, जिसमें बदले की भावना निहित थी। इनकी आलोचना के मुख्य घटक निम्नलिखित थे–

- युद्ध की क्षतिपूर्ति की शर्तें देशों की आर्थिक स्थितियों के प्रतिकूल थीं।
- बड़े देशों का विघटन कर उन्हें कमजोर कर दिया गया था।
- समुद्र पर अपना प्रभुत्व स्थापित करने के लिए अमेरिका तथा ब्रिटेन ने जर्मनी और ऑस्ट्रिया की सामुद्रिक शक्तियों को लीलने का भरपूर प्रयास किया।
- निरस्त्रीकरण की योजना का किसी भी राष्ट्र ने अनुसरण नहीं किया।
- पराजित देशों को इतना अधिक शक्तिहीन बनाने का प्रयास किया गया कि भविष्य में वे कभी पनप न सकें तथा अपनी रक्षा करने में असमर्थ हो जाएँ।
- पेरिस का शांति-सम्मेलन बदले की भावना से ओत-प्रोत था।
- अनेक नए राज्यों के जन्म से यूरोप में अशांति के बीज बो दिए गए। पेरिस शांति-सम्मेलन ने अनेक अल्पसंख्यक वर्गों को जन्म दिया। उनकी सुरक्षा के वचन को संबंधित देश कभी नहीं निभा पाए।

❑

आर्थिक संकट के बादल

"अन्यायपूर्ण शांति न्यायपूर्ण युद्ध से बेहतर है।"

—सिसरो

यूरोप के प्राय: सभी देशों की आर्थिक स्थिति युद्ध के दौरान हुए व्यय से अस्त-व्यस्त हो गई थी। मित्र राष्ट्रों को जो धन-हानि हुई, वे हरजाने के तौर पर धुरी राष्ट्रों खासकर जर्मनी से वसूलना चाहते थे। मित्र राष्ट्र युद्ध का उत्तरदायित्व जर्मनी पर थोपना चाहते थे। युद्ध में जीत मित्र राष्ट्रों की हुई थी और जर्मनी को आत्मसमर्पण करना पड़ा था। इसका भरपूर लाभ मित्र राष्ट्र उठाना चाहते थे। अमेरिका युद्ध में बाद में शामिल हुआ था। शामिल होने से पूर्व उसने मित्र राष्ट्रों को बड़ी रकम कर्ज के रूप में दी थी। इससे पहले ब्रिटेन भी अन्य राज्यों को कर्ज देता था, परंतु युद्ध की विकरालता बढ़ जाने पर वह उस स्थिति में नहीं रह गया था कि दूसरे देशों की सहायता कर सके, बल्कि उसे स्वयं ही अमेरिका से कर्ज लेना पड़ रहा था। कर्जदार देशों का कहना था कि वे कर्ज की अदायगी तभी करेंगे जब जर्मनी एवं उसके सहयोगियों से हरजाने की रकम वसूल की जाएगी। इसी कारण विभिन्न संधियों द्वारा जर्मनी, हंगरी, ऑस्ट्रिया और बुल्गारिया पर हरजाने की भारी रकम लादी गई थी। सिर्फ तुर्की पर हरजाने की रकम नहीं लादी गई थी। परंतु जिन देशों पर हरजाने की रकम लादी गई, उनसे उसकी वसूली इतनी आसान नहीं थी। देशों की आर्थिक दशा युद्ध में हुए अपव्ययों से दयनीय हो चुकी थी। संधि के दौरान उनके प्रमुख

व्यावसायिक केंद्र एवं उपयोगी संसाधन दूसरे देशों के अधीन हो गए थे या नए स्वतंत्र राष्ट्र की स्थापना से उनके हाथ से निकल चुके थे। हरजाने की वसूली की स्थिति में एक और यक्ष प्रश्न था कि इसका बँटवारा मित्र राष्ट्रों में किस अनुपात में किया जाए? मित्र राष्ट्रों के आपसी समझौते में यह तय हुआ कि जर्मनी से प्राप्त हरजाने की रकम का 52 प्रतिशत फ्रांस, 22 प्रतिशत ब्रिटेन, 8 प्रतिशत बेल्जियम, 10 प्रतिशत इटली और शेष 8 प्रतिशत अन्य मित्र राष्ट्रों को बाँट दिया जाए।

जर्मनी से रकम वसूलने के लिए एक कमीशन बनाया गया, जिसमें संयुक्त राज्य अमेरिका, इटली, ब्रिटेन और फ्रांस के प्रतिनिधि शामिल हुए। पर प्रश्न यह था कि जर्मनी से हरजाना कैसे वसूल किया जाए? जर्मनी की जर्जर हालत हरजाने में नकदी देने की स्थिति में नहीं थी, अतः वह कल-कारखाने, कोयला, लोहा आदि जैसी सामग्री देकर हरजाने की रकम चुका रहा था। जर्मनी से हरजाने स्वरूप जो माल मित्र राष्ट्रों में आ रहा था वह सस्ते दामों में बाजार में उपलब्ध था। इसका नतीजा यह निकला कि इन देशों के अपने माल की माँग घट गई। इससे देश के पूँजीपतियों को परेशानी होने लगी। अब वे सरकार के माध्यम से जर्मनी पर दबाव बनाने लगे कि हरजाने की वसूली नकदी में हो। जर्मनी नकद हरजाना तभी दे सकता था, जब उसके कच्चे माल की बिक्री के लिए बाजार उपलब्ध होता। युद्ध के बाद की संधियों में जर्मनी के सारे उपनिवेश उससे छिन चुके थे। उसका बना-बनाया बाजार उसके हाथ से निकल चुका था। इससे निबटने के लिए जर्मनी ने सरकारी खर्चे में कमी और टैक्स में बढ़ोतरी शुरू की। जर्मनी ने अपनी मुद्रा का प्रसार भी शुरू किया। इससे विदेशी विनिमय में जर्मन मुद्रा का अवमूल्यन होने लगा, जिससे दूसरे देशों में जर्मनी का माल सस्ता हो गया। सस्ते दामों पर माल बिकने से स्थानीय व्यापारियों ने सरकार पर दबाव बनाना शुरू किया। नतीजतन जर्मन माल विदेशों में बिकना बंद हो गया।

सिक्के की कीमत गिरने से जर्मनी की आर्थिक दशा पर प्रतिकूल असर पड़ रहा था। अब उसके पास एकमात्र उपाय यह बचा था कि वह कर्ज ले और मुद्रा का अधिक प्रसार करे।

डॉव्स योजना

जर्मनी की अर्थव्यवस्था पर पड़ रहे प्रतिकूल असर और मित्र राष्ट्रों द्वारा

हरजाने की रकम भरने के दबाव के निदान के लिए सन् 1923 के अंत में विशेषज्ञों की एक कमेटी गठित की गई। उस कमेटी के अध्यक्ष डॉव्स थे। उन्हीं के नाम पर योजना का नाम 'डॉव्स योजना' पड़ा। डॉव्स योजना के अंतर्गत जर्मनी को हरजाना-अदायगी में सहूलियतें दी गईं। उसकी वार्षिक किस्त में कमी की गई। आर्थिक स्थिति सुधारने के लिए अन्य देशों से कर्ज लेने की व्यवस्था की गई एवं मार्क की कीमत पुनः सँभालने के लिए नई मुद्रा पद्धति को बढ़ावा दिया गया।

अन्य समस्याएँ

विश्व युद्ध के उपरांत यूरोप में कई अन्य आर्थिक समस्याएँ उत्पन्न हो गई थीं। युद्ध के समय धुरी राष्ट्रों एवं मित्र राष्ट्रों की सेना में भारी संख्या में नई भरती की गई थी। वे सैनिक करोड़ों में थे। युद्ध के बाद वे बेरोजगार हो गए। युद्ध-सामग्री तैयार करने में जो ठेकेदार, मजदूर, कलाकार काम कर रहे थे, उन सबकी जरूरत समाप्त हो गई थी। जो सेना युद्धक्षेत्र से वापस आ गई थी उसे भी लंबी छुट्टी दी जा रही थी। सब ओर बेकारी, हानि और असंतोष के भाव दिख रहे थे।

संपूर्ण विश्व में आर्थिक संकट आ खड़ा हुआ था। कंपनियाँ फेल हो गईं, लाखों मजदूर बेकार हो गए, बैंक दिवालिए हो गए, कारखाने बंद होने लगे। लोगों के पास जरूरत का सामान खरीदने के लिए पैसे नहीं थे। बाजार स्थिर हो गया था। व्यावसायिक क्रांति के कारण बड़े कारखानों का विकास हो गया था। इससे छोटे कल-कारखाने चलानेवाले व्यापारियों का टिकना मुश्किल हो गया था।

विश्व युद्ध के बाद संसार का अधिकतर सोना दो देशों मे एकत्र होने लगा। ये दो देश अमेरिका और फ्रांस थे। अमेरिका को युद्ध के दौरान व्यावसायिक उन्नति का सुनहरा अवसर हाथ लगा था। जब तक वह युद्ध में शामिल नहीं हुआ था तब तक मित्र राष्ट्रों को अस्त्र-शस्त्र एवं अन्य युद्ध-सामग्री देता रहा था। जब युद्ध में शामिल हुआ तब भी युद्धक्षेत्र से दूर रहा। इसलिए उस पर युद्ध का कोई विध्वंसकारी प्रभाव नहीं पड़ा। अमेरिका के व्यवसाय और कल-कारखानों पर आर्थिक प्रभाव नहीं पड़ा। इस तरह वह अन्य देशों को बड़ी मात्रा में माल देता रहा। मित्र राष्ट्रों को दिया गया उसका ऋण 5 हजार करोड़ डॉलर से भी अधिक का था। अमेरिकी व्यावसायिक स्थिति इतनी सुदृढ़

थी कि अन्य देशों द्वारा उसकी ऋण-अदायगी माल देकर संभव नहीं थी। ऐसी स्थिति में उन्हें मूल्य-स्वरूप सोना ही देना पड़ रहा था। हालाँकि इतना बड़ा ऋण अदा करने में मित्र राष्ट्र असमर्थ थे। सन् 1931 तक ऋण-अदायगी की जाती रही। जर्मनी और जापान के सस्ते माल से अपने देश के व्यवसायों की रक्षा के लिए अमेरिका ने आयात करों का आश्रय ले लिया था। यह रकम उसे सोने के रूप में प्राप्त हो रही थी। युद्धोपरांत जर्मनी से सबसे अधिक हरजाना फ्रांस ने वसूल किया। इस तरह संसार के कई देशों से अमेरिका और फ्रांस को सोना मिल रहा था। अनुमानतः वर्ष 1930 के अंत में रूस के अतिरिक्त संसार के अन्य सभी देशों के पास कुल जितना सोना था, उसका 60 प्रतिशत सिर्फ अमेरिका और फ्रांस के पास था। सोना देश की अर्थव्यवस्था का आधार होता है। दोनों देशों के अतिरिक्त अन्य युद्ध-प्रभावित देशों में सोना कम हो गया था। सन् 1929 में जिस आर्थिक संकट का सामना दुनिया कर रही थी, उसका एक बड़ा कारण सोने और सिक्कों की कमी था।

'डॉव्स योजना' में जर्मनी के लिए अन्य देशों से कर्ज लेने की व्यवस्था की गई थी। इसमें आगामी 5 वर्षों में जर्मनी ने अनुमानतः 1,350 करोड़ डॉलर विदेशों से कर्ज लिया था, जिसका बड़ा हिस्सा उसे अमेरिका से प्राप्त हुआ था। कर्ज मिलने से जर्मनी में पूँजी आ गई, जिससे उसके व्यवसाय में समृद्धि आई, लेकिन सन् 1929 में अमेरिका ने जर्मनी को कर्ज नहीं देने का फैसला कर लिया। इसका कारण यह था कि अमेरिका को पिछली कर्ज-वसूली में खासी दिक्कत आ रही थी। अमेरिका स्वयं अपने व्यवसाय की रक्षा के लिए संरक्षण नीति का अनुपालन कर रहा था। ऐसी स्थिति में वह दूसरे देशों को कर्ज देने की पहल नहीं कर सकता था। अमेरिका से कर्ज न मिलने के कारण वापस पटरी पर आ रही जर्मन अर्थव्यवस्था फिर से चरमरा गई। उसे 150 करोड़ डॉलर प्रतिवर्ष हरजाने की रकम चुकानी थी। विदेशी कर्ज पर 100 करोड़ का ब्याज भी देना था एवं अपने देश का बजट भी चलाना था। समस्याएँ ऐसी थीं, जिनसे बिना पैसे के उबरना संभव नहीं था। वह इतनी भारी रकम जुटाने में असमर्थ था। इससे वहाँ घोर आर्थिक संकट उत्पन्न हो गया। प्रायः सभी देश अर्थव्यवस्था को पटरी पर लाने में लगे हुए थे। ऐसे में उसे अंतरराष्ट्रीय सहयोग भी नहीं मिल पा रहा था। जब यूरोप में लाखों लोग बेकार थे, अमेरिका ने अपने देश में आकर बसने वालों के मार्ग में बाधा उत्पन्न कर दी। उसने कानून पास कर बाहर से आकर बसनेवालों की संख्या प्रति वर्ष 1.5 लाख नियत कर

दी। परिणामतः जर्मनी और इटली से लोग अमेरिका जाकर नहीं बस पा रहे थे।

अमेरिका को सिक्कों एवं सोने की कोई कमी नहीं थी। उसके सरकारी खजाने समृद्ध थे। वहाँ सिक्कों की कीमत बढ़ाने का कोई प्रश्न ही नहीं था। विश्व युद्ध के दौरान अमेरिका की उत्पादन क्षमता में बहुत वृद्धि हुई थी। युद्ध के बाद तैयार माल को खपाना मुश्किल हो रहा था। सभी देशों में राष्ट्रीयता की भावना जाग्रत् हो गई थी। वे स्वयं ही व्यापार का विकास करने में जुटे हुए थे। ऐसी स्थिति में अमेरिका में भी आर्थिक संकट उत्पन्न हो गया। यह संकट सिक्कों की कमी के चलते नहीं, बल्कि माल की अधिकता के कारण था। इस तरह अमेरिकी बाजार में कीमतें गिरने लगीं। कारखानों में घाटा होना शुरू हो गया। बहुत सी कंपनियाँ बंद हो गईं। पूँजीपतियों का दिवाला निकल गया।

आर्थिक संकट दूर करने के प्रयास

यूरोप में आर्थिक संकट से उबरने के लिए सभी प्रयासरत थे। कई देशों के राजनीतिज्ञ इस समस्या के निदान के लिए तत्पर थे। सन् 1929 में फ्रांस के ब्रियाँ ने ऐलान किया कि अब समय आ गया है, जब यूरोप के सभी राज्य मिलकर एक संघ का निर्माण करें, जो न केवल राजनीतिक साथी हों बल्कि आर्थिक रूप से सहयोग भी स्थापित करें। परंतु यूरोप के सभी राष्ट्रों का एक संघ बनाना संभव नहीं हुआ और इस ऐलान का कोई परिणाम नहीं निकला।

इसी तर्ज पर जर्मनी ने ऑस्ट्रिया से राजनीतिक दृष्टि से अलग सत्ता बनाए रखते हुए आर्थिक स्तर पर समान विचारधारा एवं सहयोग के कार्यान्वयन के लिए पहल की। यह कि दोनों राज्य पारस्परिक व्यापार में रियायती आयात कर नीति अपनाएँ एवं पड़ोसी देशों को भी आर्थिक संघ में सम्मिलित करें। चेकोस्लोवाकिया संघ में शामिल होने को तैयार था। डेन्यूब के निकटवर्ती कुछ और राज्य भी इस संघ में शामिल होने को तैयार थे; परंतु फ्रांस ने इसका कड़ा विरोध किया। उसे आशंका थी कि जर्मनी आर्थिक संघ का सहारा लेकर फिर से अपनी शक्ति-सामर्थ्य बढ़ाने का प्रयत्न कर रहा है। फ्रांस के विरोध से यह संघ नहीं बन पाया।

अमेरिका ने भी आर्थिक संकट से उबरने के लिए प्रस्ताव पारित किया कि 1 जुलाई, 1931 से 30 जून, 1932 तक अंतरराष्ट्रीय देनदारी की सारी किस्तों को स्थगित किया जाए। इस समय-अंतराल में जर्मनी से कोई हरजाना न वसूला जाए। अमेरिकी राष्ट्रपति के इस विचार से अर्थ-संकट से उबरने में

थोड़ी मदद जरूर मिली; परंतु यह स्थायी समाधान नहीं था। इससे निपटने को राष्ट्रसंघ द्वारा लंदन में विश्व सम्मेलन बुलाने की पेशकश की गई।

लंदन सम्मेलन : पिकनिक स्थल

सन् 1933 में राष्ट्र संघ द्वारा संसार के सभी देशों के आर्थिक संकट के हल हेतु लंदन में सम्मेलन आहूत किया गया। इसमें 68 देशों के प्रतिनिधियों ने भाग लिया। सम्मेलन में राष्ट्र संघ ने विश्व में बढ़ते आर्थिक संकट की रूपरेखा पेश की। इस रिपोर्ट के अनुसार–

- संसार में उस वक्त बेरोजगारों की कुल संख्या लगभग 3 करोड़ थी।
- विश्व बाजार में कच्चे माल की कीमतों में 60 प्रतिशत तक गिरावट आ गई थी।
- प्राय: सभी देश संरक्षण की नीति अपना रहे थे, जिससे विदेशी व्यापार में भारी कमी आ गई थी।
- भारी नुकसान से संसार के प्राय: सभी देशों के व्यावसायिक वर्ग निराश थे।

इस सम्मेलन में यह विचार किया गया कि सभी देश विदेशी व्यापार को बढ़ावा दें। इसके लिए संरक्षण नीति का अंत कर परस्पर सहयोग की नीति अपनाएँ। सिक्कों की कमी से निबटने के लिए सभी देश मुद्रा-प्रसार करें, जिससे माल की कीमत बढ़ सकें, परंतु विचारों को व्यवहार में नहीं बदला जा सका। निष्कर्षत: लंदन सम्मेलन सभी देशों के प्रतिनिधियों के लिए पिकनिक स्थल बनकर रह गया।

वर्सेल्स की संधि संधि नहीं, बल्कि 20 वर्षों तक की युद्ध-विराम संधि है : फ्रांसीसी मार्शल फर्डिनेंड फॉच।

उधर जर्मनी में अब तक नाजी पार्टी की सरकार बन गई थी। हिटलर के नेतृत्व में जर्मनी ने घोषणा कर दी थी कि अब वह कोई हरजाना

लंदन में आयोजित विश्व आर्थिक सम्मेलन।

नहीं भरेगा। अनेक देशों ने मुद्रा–प्रसार कर सिक्कों की कीमत गिरा दी थी। कागज की मुद्रा का प्रचलन शुरू हो गया था।

कागज की मुद्रा का सोने के साथ कोई संबंध न रखकर उन्होंने अपने यहाँ सिक्कों की कीमत गिरा दी थी। इतने दिनों तक लगातार कल–कारखानों के बंद रहने से बाजार में उपलब्ध सामान कम होने लगा। हिटलर की नाजी सेना और फासीवादी दलों के विकास से यूरोप में युद्ध के आसार नजर आने लगे। अब फिर से विविध देशों ने अस्त्र–शस्त्रों में वृद्धि के प्रयास शुरू कर दिए थे। इससे बंद कारखाने खुलने लगे। बेरोजगारों व मजदूरों की माँग पुनः बढ़ गई। इस तरह काम के अवसर बढ़े, बेरोजगारी कम हुई, कल–कारखानों के खुल जाने से कच्चे माल की खपत बढ़ गई और धीरे–धीरे अर्थव्यवस्था पटरी पर आने लगी।

❑

अंतरराष्ट्रीय संबंध, गठबंधन और राजनीतिक संघर्ष

"या तो युद्ध पूर्ण है या मनुष्य।"

—आर. निस्टर फुलर

प्रथम विश्व युद्ध का प्रादुर्भाव केवल वर्तमान एवं समसामयिक घटनाओं पर आधारित नहीं था। इसका बीजारोपण दशकों पहले हो चुका था। यूरोपीय देशों के आपसी वर्चस्व के दिखावे एवं उनकी राजनीतिक प्रतिक्रियाओं ने विश्व युद्ध से पूर्व कई अन्य विनाशकारी युद्ध थोपे, जिसने न केवल यूरोप के राजनीतिक, बल्कि औपनिवेशिक क्षेत्र में भी अंदरूनी विद्वेष की भावना को जन्म दिया, जो समय-समय पर युद्धों एवं राजनीतिक कलह के रूप में समूचे यूरोप के ऊपर मँडराती रही।

इन घटनाओं को देखते हुए यूरोप के कुछ बड़े एवं शक्तिशाली देशों ने एक मित्र-मंडली की स्थापना की या यूँ कहें कि मित्र राष्ट्र के रूप में शक्ति-केंद्र की स्थापना की, जिसका मुख्य उद्देश्य यूरोपीय देशों में घटनेवाली छोटी-मोटी घटनाओं एवं उनके बीच होनेवाले युद्धों का निपटारा करना था। साथ ही मित्र राष्ट्रों पर किसी अन्य देश द्वारा संकट उत्पन्न करने की स्थिति में उसका साथ देकर मित्रता की कसौटी पर खरा उतरना था।

विएना कांग्रेस ने अपने कार्यकाल की समाप्ति की घोषणा सन् 1815 में

की, उसी समय विएना में एकत्रित राजनेताओं ने फ्रांस की राज्यक्रांति से पैदा राष्ट्रीयता और लोकतंत्रवाद जैसी नई प्रवृत्तियों का दमन करना तय किया इसको ध्यान में रख मैटरनिख के नेतृत्व में मित्र राष्ट्र के राजाओं की पवित्र 'मित्र-मंडली' बनाने का विचार किया। इस मंडली में ऑस्ट्रिया, प्रशिया, इंग्लैंड और रूस सम्मिलित थे। इस मंडली में सन् 1818 में फ्रांस भी शामिल हो गया। इस प्रकार यूरोप के पाँच प्रमुख देश एकजुट होकर क्रांति की नई प्रवृत्तियों का दमन को संकल्पबद्ध थे। इस मित्र-मंडली का वर्चस्व यूरोप की राजनीति पर लगभग तीन दशकों (सन् 1815 से 1848) से अधिक रहा। यदि कहीं भी, किसी भी देश में इस प्रकार की क्रांति के उभार की आशंका होती तो मित्रमंडली उसे नेस्तनाबूद करने में पूरी सामर्थ्य लगा देती थी।

इस मित्र-मंडली में इंग्लैंड और फ्रांस अधिक दिनों तक शामिल नहीं रह सके। उनका मानना था कि किसी अन्य संप्रभु राष्ट्र के अंदरूनी मामलों में हस्तक्षेप करना उचित नहीं है। इंग्लैंड और फ्रांस दोनों ही देशों के लिए इस नीति का समर्थन करना कठिन हो रहा था, अंततः उन्होंने इस मंडली से स्वयं को अलग कर लिया। परंतु इसके बाद भी इस मंडली का यूरोपीय राज्यों पर वर्चस्व सन् 1848 तक कायम रहा। ये मित्र देश अपने इस कार्यकाल में यूरोप की नवीन क्रांतिकारी प्रवृत्तियों को दबाने में पूरी तरह सक्षम रहे; परंतु उनका यह कार्यकाल इसी सीमित अवधि तक सिमटकर रह गया। सन् 1848 के बाद इनकी स्थिति में अत्यधिक परिवर्तन के संकेत मिलने लगे। इस मित्र-मंडली के कार्यकाल के दौरान कहीं-न-कहीं राष्ट्रीयता की भावना निरंतर अपनी जड़ें मजबूत करती जा रही थी। हालाँकि रूस, फ्रांस और इंग्लैंड पूर्व से ही मजबूत राष्ट्र के रूप में सुसंगठित थे। इनकी आपसी मित्र-मंडली का निर्माण होते देख जर्मनी और इटली भी अपने लिए राष्ट्रीय संगठन का प्रयास करने लगे। मित्र राज्यों को ऐसा प्रतीत होने लगा था कि उनके राष्ट्रीय हित एक-दूसरे के विरुद्ध जा रहे हैं। इस समय व्यावसायिक क्रांति की लहर सभी देशों की अंदरूनी व्यवस्था को पूर्णतः प्रभावित कर रही थी। इसी कारण सभी राज्यों के राजनीतिक और आर्थिक हितों की आपस में भिड़ंत होने लगी थी। इसका परिणाम यह हुआ कि मित्र-मंडली की विचारधारा समय के साथ कमजोर होती चली गई और उसकी जगह सभी देश एक-दूसरे के विरोधी गुटों के निर्माण में लग गए।

इंग्लैंड ने रूस के खिलाफ फ्रांस और पीडमौंट के साथ मिलकर एक अलग गुट का निर्माण किया, जिसका मुख्य कारण बालकन प्रायद्वीप, काला सागर और

तुर्की साम्राज्य के लिए रूस व इंग्लैंड के स्वार्थों का एक-दूसरे के विरुद्ध होना था। इस गुटबंदी का परिणाम क्रीमियाई युद्ध (1854-56) के रूप में यूरोप के सामने आया। इस युद्ध में इंग्लैंड के गुट ने रूस को हराकर अपने स्वार्थ को मूर्त रूप देने में कामयाबी हासिल की।

दूसरी तरफ इटली में बढ़ती राष्ट्रीय प्रवृत्तियों के कारण यह आवश्यक हो चुका था कि वह उत्तरी इटली के प्रदेशों को ऑस्ट्रियाई शासन से मुक्त कराए। इसके लिए 1859 में पीडमौंट ने फ्रांस के साथ ऑस्ट्रिया के विरुद्ध गुट का निर्माण किया। इसी दौरान कई अन्य गुटों का निर्माण हुआ। जैसे 1859 में ही प्रशिया और ऑस्ट्रिया का डेनमार्क के विरुद्ध और 1866 में ऑस्ट्रिया के विरुद्ध प्रशिया और इटली का गुट। इससे यह बात तो स्पष्ट हो जाती है कि 1848 के उपरांत यूरोप की अंतरराष्ट्रीय राजनीति से मित्रमंडल के वर्चस्व का सफाया हो गया था और विभिन्न देश अपने राष्ट्रीय हितों के उत्थान के लिए दूसरे देशों के विरुद्ध गुट निर्माण में संलिप्त हो गए।

बिस्मार्क की राजनीति

सन् 1870 तक मित्र-मंडली की सोच और उसके द्वारा निर्धारित नियम यूरोप से पूरी तरह लुप्त हो चुके थे। विएना कांग्रेस ने जिन सिद्धांतों को लागू किया था, वे भी पूरी तरह समाप्त हो गए थे। उन सिद्धांतों की जगह यूरोपीय राज्यों की आपसी गुटबंदी ने ले ली थी। इस प्रकार की गुटबंदियों का प्रमुख उद्देश्य यह था कि कोई राज्य या राज्यों का गुट इतना शक्तिशाली न होने पाए कि वह अन्य राज्यों को दुर्बल समझे तथा कमजोर राज्य स्वयं को उसके समक्ष असहाय महसूस करे। सभी देशों की शक्तियाँ संतुलित हों, क्योंकि उनका मानना था कि शक्ति-संतुलन से ही शांति कायम रखी जा सकती है। यूरोप की अंतरराष्ट्रीय राजनीतिक गतिविधियों में सन् 1870 के बाद जर्मनी के प्रधानमंत्री प्रिंस बिस्मार्क की अहम भूमिका रही, उसी प्रकार जैसे सन् 1814 से 1848 तक की यूरोपीय राजनीति में मैटरनिख की भूमिका अहम रही थी।

सन् 1870 में जर्मन साम्राज्य के चांसलर बनने के समय से लेकर 1890 में त्यागपत्र देने तक बिस्मार्क यूरोपीय राजनीति पर पूरी तरह हावी रहा। सन् 1870-71 के युद्ध में जर्मनी ने फ्रांस पर जीत दर्ज की। 3 सितंबर, 1870 को सूडान के युद्ध में फ्रांस की करारी हार हुई। सूडान में हार के उपरांत सदियों से चली आ रही फ्रांस की प्रभुसत्ता का अंत हो गया तथा जर्मनी को अपने लिए

स्वयं निर्णय लेने की स्वतंत्रता मिली; परंतु जर्मनी की एल्सास व लॉरेन की माँगों को लेकर युद्ध चलता रहा। फ्रांस के नेता थिये ने जर्मनी की इन माँगों को सिरे से नकारते हुए सहायता प्राप्ति के लिए अन्य देशों का सद्‌भावपूर्ण दौरा किया, परंतु इसमें उन्हें सफलता हाथ नहीं लगी; जिसका प्रमुख कारण था कि जर्मनी की जीत से ऑस्ट्रिया-हंगरी या रूस को किसी तरह की हानि नहीं हो सकती थी। ब्रिटेन के प्रधानमंत्री ने फ्रांस की सहायता के लिए मंत्रिमंडल की बैठक बुलाई, परंतु उन्हें मंत्रिमंडल का पूर्ण सहयोग न मिलने की वजह से इनकार करना पड़ा। जर्मनी और फ्रांस के इस युद्ध के उपरांत यूरोप में पूर्ण शक्ति-संतुलन स्थापित हो चुका था, जिसमें यूरोप की छह शक्तियाँ अपनी स्वतंत्रता को बनाए रख सकती थीं। उस समय कोई भी देश इतना शक्तिशाली नहीं था कि किसी अन्य बड़े देश पर आक्रमण कर अपना आधिपत्य स्थापित करने में कामयाब हो सके।

इस समय जर्मनी के प्रति फ्रांस के लोगों में अपने राष्ट्र के अपमान को लेकर प्रतिशोध की भावना कुछ अधिक ही उग्र रूप ले रही थी। इस बात से बिस्मार्क भी अनभिज्ञ नहीं था। अत: उनकी इच्छा थी कि यूरोप की अंतरराष्ट्रीय राजनीति में जर्मनी का वर्चस्व बना रहे और फ्रांस को किसी अन्य देश की सहायता न मिल सके। इन्हीं बातों को ध्यान में रखते हुए उसने अन्य देशों के साथ संधि-प्रस्ताव पर बातचीत आरंभ की। इस दौरान जर्मनी में अभूतपूर्व गति से चहुँमुखी आर्थिक उन्नति हुई थी। उसकी एक के बाद एक विजय और इस आर्थिक उन्नति के उपरांत हुई संसाधनों में वृद्धि के कारण जर्मनवासियों में आत्मविश्वास की भावना का बढ़ना लाजिमी था। सन् 1870 से 1890 के दौरान बिस्मार्क ने यूरोपीय राज्यों के कूटनीतिक संबंधों का निर्धारण करने में महत्त्वपूर्ण भूमिका अदा की। सन् 1870 से पूर्व लड़े गए युद्धों के उपरांत वह यूरोप में शांति स्थापित करना चाहता था, ताकि नवनिर्मित जर्मन साम्राज्य को संगठित होने का पूरा अवसर मिल सके। बिस्मार्क के अनुसार, यूरोप की शांति को दो तरफ से खतरा होने की आशंका थी। एक तो यदि फ्रांस अपनी प्रतिशोध की भावना से उस पर आक्रमण करने की सोचे और दूसरा, रूस व ऑस्ट्रिया के हितों में निकटतापूर्ण टकराव के फलस्वरूप युद्ध होने की स्थिति आ पड़े। परंतु यदि फ्रांस को मित्रहीन रखा जाए तथा रूस व ऑस्ट्रिया दोनों के साथ दोस्ताना संबंध बनाकर रखे जाएँ तो शांति की स्थिति कायम रखी जा सकती थी। इन दोनों ही स्थितियों को बनाए रखने के लिए बिस्मार्क ने अपनी शक्तियों

का पूरा प्रयोग किया। परंतु सन् 1890 में बिस्मार्क के पद-त्याग के उपरांत फ्रांस को मित्रहीन बनाए रख पाना संभव नहीं हो सका। इस प्रकार बिस्मार्क ने 1870 से अपने कार्यकाल में यूरोप की अंतरराष्ट्रीय राजनीति में एक नए सिद्धांत का निर्माण किया, जिसका उद्‌देश्य ऐसे मित्र राष्ट्रों के बीच संधि करना था, जो किसी एक देश या विभिन्न देशों के समूहों को अधिक ताकतवर न बनने दें। जब दो या दो से अधिक देश मिलकर गुट निर्माण करते थे तो अन्य देश उससे आशंकित होते थे और प्रत्युत्तर में एक नए गुट का निर्माण कर लेते थे। गुटों के इस निर्माण में उनकी आपसी स्पर्द्धा का परिणाम यह होता था कि वे हथियारों की वृद्धि पर विशेष जोर दें और अंतत: अपने झगड़ों का समाधान युद्ध के मैदान में जाकर ही करने को बाध्य हों। प्रथम विश्व युद्ध (1914-1918) इन्हीं गुटों के निर्माण का परिणाम था।

तीन सम्राटों का संघ

बिस्मार्क की नीति की प्रथम सफलता जर्मनी, ऑस्ट्रिया-हंगरी तथा रूस के सम्राटों के मध्य समझौता थी। जर्मन चांसलर बिस्मार्क ने सन् 1872-73 में ऑस्ट्रिया और रूस के साथ मिलकर एक गुट का निर्माण किया, जो 'तीन सम्राटों का संघ' के नाम से प्रसिद्ध हुआ। इस संधि के लिए बिस्मार्क सन् 1871 से ही प्रयत्न कर रहा था। फिर एक समय आया, जब 1872 के सितंबर माह में तीनों सम्राट् एक सप्ताह तक बर्लिन में एक साथ रहे। इस दौरान बिस्मार्क ने फ्रांस के विरोध में अपनी सहायता के लिए कोई प्रस्ताव पेश नहीं

जर्मन चांसलर बिस्मार्क, रूसी जार एलेक्जेंडर द्वितीय और ऑस्ट्रिया के सम्राट् फ्रेंज जोसफ प्रथम।

किया। ऑस्ट्रिया ने भी जर्मनी से संधि प्रस्ताव के लिए नहीं कहा। इस बैठक में रूस के सम्राट् को यह चिंता सता रही थी कि जर्मनी तथा ऑस्ट्रिया आपस में किसी प्रकार का संधि समझौता न कर लें। अतः रूस ने ऑस्ट्रिया से इस समस्या पर बातचीत की पहल की। परंतु इस बातचीत से किसी प्रकार के मजबूत नतीजे पर नहीं पहुँचा जा सका। सच्चाई तो यह थी कि इस समय सभी राजनेता अनिश्चितताओं के भँवर में फँसे पड़े थे। वे आपस में ही एक-दूसरे को शक की दृष्टि से देख रहे थे। अंततः इस बैठक में किसी प्रकार की संधि नहीं हुई। रूस के विदेश मंत्री ने बर्लिन में फ्रांस के राजदूत को यह आश्वासन दिया कि उन्होंने जर्मनी व ऑस्ट्रिया के साथ किसी प्रकार का संधि समझौता नहीं किया है। बिस्मार्क ने भी ब्रिटेन को विश्वास में लेते हुए इस बात का पूरा ध्यान रखा कि उनके संबंधों पर कोई बुरा असर न पड़े।

इस बैठक के कुछ ही महीनों के उपरांत जून 1873 में तीनों सम्राट् पुनः मिले। जब रूसी जार एलक्जेंडर विएना गए, उसी समय रूस तथा ऑस्ट्रिया ने एक साधारण समझौते पर अपनी सहमति व्यक्त करते हुए हस्ताक्षर किए, जिसे 'सोनब्रन समझौता' कहा गया। इस समझौते के तहत दोनों सम्राटों ने आपस में विद्रोह की स्थिति में यूरोप में शांति स्थापित करने में सहयोग देने का वचन दिया। ऑस्ट्रियाई सम्राट् फ्रेंज जोसफ प्रथम ने भी इस समझौते का समर्थन करते हुए अक्तूबर 1873 में इसे स्वीकार कर लिया। तीन सम्राटों के इस संघ का उद्देश्य था कि फ्रांस में तीव्र गति से हो रही क्रांतिकारी प्रवृत्तियों का साथ मिलकर मुकाबला करें, परंतु इन तीनों देशों की अंतरराष्ट्रीय राजनीतिक सोच एक समान नहीं थी। इसका मुख्य कारण था; रूस व ऑस्ट्रिया का बालकन प्रायद्वीप और तुर्की को लेकर भारी मतभेद होना। ऑस्ट्रिया चाहता था कि बालकन प्रायद्वीप में सर्बिया एवं सेलोनिका में अपना आधिपत्य स्थापित करे। इसके ठीक विपरीत बुल्गारिया को रूस अपने अधीन करना चाहता था और तुर्की का नाश ही वह अपने राज्य के लिए हितकारी समझता था। रूस व ऑस्ट्रिया के बीच बालकन प्रायद्वीप और तुर्की के संबंध में समझौता हो पाना असंभव था। बिस्मार्क को आशंका थी कि वह संघ फ्रांस से मुकाबला करने में सक्षम नहीं हो सकता। उनके लिए यह चिंता का विषय था, कि वे कैसे यूरोप के किसी शक्तिशाली देश के साथ मिलकर एक सबल गुट का निर्माण करें, जो फ्रांस के साथ युद्ध की स्थिति में उनका पूरा-पूरा साथ देने में तत्पर रहे। जर्मनी ब्रिटेन और इटली के विषय में नहीं सोच सकता था, क्योंकि बिस्मार्क को संसदीय शासन-व्यवस्था पर भरोसा

नहीं था और इन दोनों देशों में अब तक लोकतंत्र की स्थापना हो चुकी थी। स्वाभाविक रूप से उसका ध्यान ऑस्ट्रिया-हंगरी की ओर जाता, जिसके साथ उसकी राजनीतिक निकटता कायम थी।

द्विगुट का निर्माण

बिस्मार्क ने 7 अक्तूबर, 1879 को ऑस्ट्रिया के साथ संधि की। इसमें तय हुआ कि यदि रूस किसी एक देश पर हमला करे तो दूसरा मदद के लिए आगे आएगा; लेकिन फ्रांस द्वारा इन दोनों देशों में से किसी एक पर आक्रमण करने पर दूसरा देश उसके प्रति उदासीन रहेगा। परंतु यहाँ परिस्थितियाँ भिन्न थीं कि यदि फ्रांस के आक्रमण में उसका सहयोगी रूस होगा, तब ये मित्र देश एक-दूसरे की सहायता करेंगे। इन दोनों राष्ट्रों के बीच यह संधि अगले पाँच वर्षों के लिए की गई थी। परंतु अगले पाँच वर्ष पूरे होने से पूर्व ही सन् 1883 में इस संधि को अगले तीन साल के लिए पुनः लागू कर दिया गया। सन् 1914 तक इस संधि को हर तीसरे साल अगले तीन वर्षों के लिए बढ़ाया गया। संधि का सीधा लाभ दोनों ही देशों को परस्पर मिल रहा था। संधि के कारण जर्मनी स्वयं को सुरक्षित महसूस कर रहा था। वह आश्वस्त था कि यदि फ्रांस अपनी पराजय का बदला चुकाने के लिए उसके साथ युद्ध की चेष्टा करेगा और साथ ही रूस भी उसकी मदद के लिए आगे आएगा तो ऑस्ट्रिया-हंगरी की सहायता उसे मिलेगी। इसी प्रकार ऑस्ट्रिया भी बालकन प्रायद्वीप के विवाद पर रूस के आक्रमण से स्वयं को पूरी तरह सुरक्षित मानता था।

जर्मनी और ऑस्ट्रिया-हंगरी के साथ हुई इस संधि के समय तक पूर्व में बना 'तीन सम्राटों का संघ' भी कायम रहा। बर्लिन में हुए समझौते में यह तय किया गया था कि बालकन प्रायद्वीप से संबंधित जो भी फैसले हुए थे, उनका उल्लंघन रूस नहीं करेगा और तुर्की के संबंध में किसी भी समस्या का समाधान तीनों राष्ट्र मिलकर करेंगे। परंतु बालकन प्रायद्वीप के विषय में रूस और ऑस्ट्रिया के बीच एकदम विपरीत परिस्थितियाँ थीं। दोनों ही राज्य शक्ति-संपन्न थे, जिनका आपस में तालमेल बनाए रखना जर्मनी के लिए संभव नहीं था। इन सब परिस्थितियों की वजह से ही तीन सम्राटों के बीच हुई संधि सन् 1888 में समाप्त हो गई।

इटली की संधि

जर्मनी की फ्रांस के खिलाफ शक्तिशाली राज्यों से संधि की खोज

ऑस्ट्रिया से हुई संधि के उपरांत भी समाप्त नहीं हुई थी। दूसरी ओर इटली और फ्रांस के बीच उत्तरी अफ्रीका में अपने-अपने साम्राज्य का विस्तार करने की होड़ लगी हुई थी। ट्यूनिस पर दोनों ही देशों की नजर थी। फ्रांस ने सन् 1881 में ट्यूनिस को अपने अधीन कर लिया, जिससे इटली में बहुत रोष पैदा हो गया। फ्रांस और इटली के बीच असंतोष बढ़ रहा था। जर्मनी को ऐसे ही किसी अवसर की प्रतीक्षा थी। बिस्मार्क ने इसका लाभ उठाते हुए इटली से संधि कर ली। यह संधि मुख्यत: फ्रांस के विरुद्ध थी। जर्मनी को इस संधि के उपरांत फ्रांस के खिलाफ एक शक्तिशाली देश की मदद हासिल हो गई।

तीन सम्राटों के संघ की पुनः स्थापना

ऑस्ट्रिया-जर्मनी संधि से रूस एवं जर्मनी की स्थिति कुछ भिन्न अवश्य हुई, परंतु स्थिति ऐसी भी नहीं हुई थी कि दोनों देशों के बीच के संबंधों में दरार आ सके। बिस्मार्क को 1879 की संधि से पूरी संतुष्टी नहीं मिली थी, क्योंकि ऑस्ट्रिया के कारण पूर्वी यूरोप में युद्ध में भाग लेने की उनकी कोई इच्छा नहीं थी। 1879 के अंत मे जर्मनी के साथ संधि के संबंध में उन्होंने ब्रिटिश सरकार का मन टटोलने की कोशिश की। इसका उद्देश्य यही था कि यदि रूस के साथ संबंध न सुधर पाएँ तो क्या ब्रिटेन के साथ संबंध सुधारना संभव था? परंतु ब्रिटेन के साथ बातचीत आगे नहीं बढ़ पाई। ऑस्ट्रो-हंगरी के साथ दोस्ताना संबंध से जर्मनी स्वयं को सुरक्षित और सबल मान रहा था। इस बात से आश्वस्त होकर ही बिस्मार्क ने रूस से दोबारा बातचीत के प्रयास किए। रूस में भी जर्मनी के साथ सकारात्मक संबंध बनाने के हिमायती कुछ पदाधिकारी मौजूद थे। जर्मनी को इस बात का पूरा भरोसा था कि रूस की नाराजगी अधिक दिनों तक नहीं रह पाएगी और वह पुनः उससे व ऑस्ट्रिया से दोस्ती का हाथ मिलाएगा। अंततः 18 जून, 1881 को बिस्मार्क की कोशिशों के बाद 'तीन सम्राटों का संघ' पुनः स्थापित हुआ। जर्मनी, ऑस्ट्रिया और रूस के बीच बर्लिन में गुप्त संधि हुई, जिसके अनुसार तीन सम्राटों के संघ के मुख्य पहलुओं को पुनः निर्धारित किया गया। वे पहलू निम्नलिखित थे-

- जर्मनी, ऑस्ट्रिया और रूस में से किसी एक के चौथी शक्ति के साथ युद्ध की स्थिति में शेष दोनों राज्य तटस्थ रहेंगे और युद्ध को सीमित रखने का पूरा प्रयत्न करेंगे।
- तुर्की से युद्ध की स्थिति में यह शर्त तभी मान्य होगी जब युद्ध के

परिणामों के बारे में तीनों देशों में पूर्व में किसी प्रकार का समझौता हो चुका हो।

- बर्लिन सम्मेलन द्वारा बालकन प्रायद्वीप के संबंध में जो फैसले हुए थे, रूस उनका उल्लंघन नहीं करेगा। रूस जर्मनी की सहमति से बर्लिन-संधि द्वारा स्थापित ऑस्ट्रिया की नवीन स्थिति और उसके हितों का सम्मान करेगा।
- तुर्की पर दबाव डालकर उसे कुस्तुनतुनिया के जलडमरूमध्यों में युद्ध की कार्रवाई को बंद करने के सिद्धांत को स्थिर रखने को बाध्य किया जाएगा।

बर्लिन-संधि बिस्मार्क की कूटनीति की महान् सफलता थी, जिसने तीन सम्राटों के संघ को पुनर्गठित किया। 13 मार्च, 1881 को जार एलेक्जेंडर की हत्या हो गई। बर्लिन-संधि तीन वर्षों के लिए की गई थी और इसे पूरी तरह गुप्त रखने का निर्णय लिया गया। इस संधि में निम्नलिखित विषयों पर निर्णय लिये गए–

- ऑस्ट्रिया को यह अधिकार दिया गया कि वह उपयुक्त समय देखकर बोस्निया तथा हर्जेगोविना को अपने साम्राज्य के अधीन कर सकता है।
- तुर्की के संदर्भ में यह निश्चय किया गया कि तुर्की के सुलतान पर दबाव डाला जाए, जिससे वह पूर्वी रूमेलिया और बालकन क्षेत्र पर अपना आधिपत्य स्थापित न करे। इसके साथ ही इस बात का ध्यान रखा गया कि पूर्वी रूमेलिया तथा बुल्गारिया-तुर्की के प्रांतों पर किसी भी प्रकार के आक्रामक तेवर न अपनाएँ, जिससे तुर्की उत्तेजित हो।
- इन सब बातों के साथ-साथ तीनों राज्यों ने यह भी निर्धारित किया कि यदि परिस्थितिवश भविष्य में पूर्वी रूमेलिया और बुल्गारिया आपस में मिलना चाहें तो इसका विरोध न हो।

संधि के उपरांत सन् 1881 तक यूरोप में बिस्मार्क की स्थिति बहुत मजबूत हो गई। उस समय संधि के तीन तात्कालिक परिणाम स्पष्ट दृष्टिगत रहे–

1. यूरोप में क्रांतिकारी आंदोलनों के विरोध में तीन राजतंत्रों का एकीकरण हुआ।
2. ऑस्ट्रिया एवं रूस के बीच बढ़ रही असंतोष की भावना के विपरीत शांति-व्यवस्था बन गई और जर्मनी अपने दो बड़े पड़ोसी राज्यों में से

किसी एक के साथ मैत्री स्थापित रखने की स्थिति से बच सका।

3. जर्मनी के लिए यह संतोषप्रद बात थी कि इस संधि के उपरांत रूस तथा फ्रांस के बीच मित्रता की रही-सही संभावना भी समाप्त हो गई।

त्रिगुट की स्थापना

बिस्मार्क की अंतरराष्ट्रीय नीतियों के अंतर्गत जर्मनी को अधिक सुरक्षित बनाए रखने के लिए इटली के साथ मैत्रीपूर्ण संबंध स्थापित करने की ओर ध्यान दिया गया। बिस्मार्क यह भली-भाँति जानता था कि सन् 1881 में फ्रांस द्वारा ट्यूनीशिया पर अधिकार के उपरांत इटली उससे अत्यधिक नाराज था। उसने इसका लाभ उठाते हुए इटली के पास संधि-प्रस्ताव भेजा, जिसे उसने स्वीकार कर लिया। 20 मई, 1882 को जर्मनी, ऑस्ट्रिया और इटली के बीच एक संधि हुई। इस संधि को 'त्रिगुट संधि' के नाम से जाना जाता है। इस संधि द्वारा जर्मनी ने इटली व ऑस्ट्रिया जैसे विरोधी देशों को आपस में मिलाए रखा और अपने सबसे बड़े विरोधी फ्रांस को किसी अन्य देश के करीब आने का अवसर नहीं दिया।

त्रिगुट समझौते के अनुसार तीनों राज्य ऐसी कोई संधि नहीं करेंगे, जो इनके विरोध में हो और वे परस्पर मित्रतापूर्ण संबंध बनाए रखेंगे। साथ ही राजनीतिक एवं आर्थिक समस्याओं के विषय में भी आपसी विचार-विमर्श से समाधान खोजेंगे। फ्रांस के इटली पर आक्रमण की स्थिति में ऑस्ट्रिया और जर्मनी इटली की मदद करेंगे। फ्रांस के जर्मनी पर आक्रमण की स्थिति मे इटली जर्मनी की सहायता करेगा। इसी प्रकार त्रिगुट देशों में से किसी एक पर या दो पर अन्य दो देशों द्वारा आक्रमण की स्थिति में तीनों मित्र राष्ट्र परस्पर मिलकर विरोधी राज्यों का मुकाबला करेंगे। इनमें से किसी एक राज्य के साथ अन्य किसी बड़ी शक्ति से युद्ध की स्थिति में शेष दो मित्र राष्ट्र तटस्थ रहेंगे।

त्रिगुट संधि को गुप्त और रक्षात्मक रखा गया तथा इसे सन् 1887 में दोहराया गया, जिसमें यह निश्चित किया गया कि पुनर्निश्चय किए बिना इटली और ऑस्ट्रिया बालकन प्रायद्वीप के किसी भी भाग पर अधिकार नहीं करेंगे। सन् 1914 तक इस संधि की समय-समय पर पुनरावृत्ति होती रही। त्रिगुट संधि के फलस्वरूप मध्य यूरोप में ऑस्ट्रिया, जर्मनी और इटली का एक शक्तिशाली गुट स्थापित हो गया; परंतु यह अंदर से उतना शक्तिशाली नहीं था; जितना दिखता था। इसका प्रमुख कारण था कि इटली के हित ऑस्ट्रिया और जर्मनी के हितों से मेल नहीं खाते थे। उत्तरी अफ्रीका में इटली और फ्रांस के साम्राज्य

संबंधी हित एक–दूसरे के विरुद्ध थे। इटली साम्राज्यवाद की दौड़ में बहुत पीछे छूट गया था। उसकी इच्छा थी कि वह अपने पुराने गौरव को पुनर्स्थापित करे इसलिए वह जर्मनी और ऑस्ट्रिया के साथ त्रिगुट संधि में सम्मिलित हुआ था, परंतु एड्रियाटिक सागर के तट पर इटली और ऑस्ट्रिया के निजी स्वार्थ आपस में टकराते थे। इस कारण इटली इस त्रिगुट में अधिक टिक नहीं पाया। त्रिगुट से बाहर हो वह उनके विरोधियों से जा मिला।

बिस्मार्क की नीति रही कि जर्मनी के संबंध ब्रिटेन से सामान्य रहें, क्योंकि वह ब्रिटेन की शक्ति–संप्रभुता से भली–भाँति परिचित था। जर्मनी और ब्रिटेन में सन् 1880 के बाद उपनिवेशों को लेकर सामंजस्य में थोड़ी कमी आई। बिस्मार्क ने यदि ब्रिटेन की उस औपनिवेशिक महत्त्वाकांक्षा को स्वीकारा होता तो इन दोनों बड़े देशों का यूरोप में कोई तोड़ नहीं था। ब्रिटेन ने यूरोप में चल रही आपसी कलहों से स्वयं को अलग कर रखा था। समुद्र पर उसका शासन था। बिस्मार्क ने ब्रिटेन के साथ संबंधों की मधुरता को बरकरार रखने की दृष्टि से यहाँ तक कहा कि, "जलीय चूहा और स्थलीय चूहों के मध्य कभी लड़ाई नहीं हो सकती।"

बिस्मार्क ने ब्रिटेन के साथ अपने संबंधों को मधुर बनाए रखने के लिए कुछ अन्य महत्त्वपूर्ण नीतियाँ भी अपनाईं, जो निम्नलिखित थीं–

- जर्मनी को पूर्व की समस्याओं से कोई लेना–देना नहीं था। वहीं ब्रिटेन वहाँ की समस्याओं को लेकर सतर्क रहता था।
- बिस्मार्क ने ब्रिटेन के साथ संबंधों को देखते हुए यह घोषणा की कि जर्मनी विस्तारवादी देश नहीं है।
- ब्रिटेन के बेल्जियम के प्रति लगाव को देखते हुए जर्मनी ने उसके मामले में कोई दखल नहीं दिया।
- जर्मनी ब्रिटेन के उपनिवेशों में दखल से बचता था।
- बिस्मार्क के अनुसार, जब तक ब्रिटेन में जर्मनी की कट्टर विरोधी किसी मंत्रिपरिषद् का गठन नहीं हो जाता, तब तक ब्रिटेन और उसके मध्य वैर की स्थिति उत्पन्न नहीं हो पाएगी।
- यूरोपीय गुटबंदी से अलग रहने की नीति के कारण बिस्मार्क के संधि प्रस्तावों को ब्रिटेन ने दो बार अस्वीकार किया था, फिर भी उनके संबंध अच्छे बने रहे।

ब्रिटेन से अच्छे संबंध बनाए रखने की खातिर जर्मनी के सम्राट् कैसर

विलहेम द्वितीय ने अगस्त 1889 में पहली बार ब्रिटेन की यात्रा की, जहाँ उनका भरपूर स्वागत किया गया। इन्हीं कारणों से जर्मनी और ब्रिटेन के मध्य आपसी संबंध बेहतर बने रहे। परंतु बिस्मार्क का कार्यकाल समाप्त होने के उपरांत ये मधुर संबंध अधिक दिनों तक नहीं बने रह सके। बिस्मार्क के बाद जर्मनी की बागडोर सम्राट् कैसर विलहेम द्वितीय के हाथों में थी। उनके शासनकाल में जर्मनी की अंतरराष्ट्रीय राजनीति में काफी फेर-बदल हुए। कैसर विलहेम की इच्छा थी कि विश्व में जर्मनी एक सर्वश्रेष्ठ देश बने और उसकी अगुवाई करे। बिस्मार्क की नीतियों के ठीक विपरीत, कैसर विलहेम ने जर्मनी की जलीय ताकत और उपनिवेशवाद को बढ़ावा देने जैसी नीतियों को अपनाया। इन स्थितियों में उसके ब्रिटेन के साथ संबंधों का बिगड़ना लाजिमी था। ब्रिटेन और जर्मनी उन्नीसवीं सदी में एक-दूसरे के परम मित्र थे। इन दोनों राज्यों ने एकजुट होकर ही नेपोलियन का मुकाबला किया था। कैसर विलहेम की इन नई प्रवृत्तियों की वजह से ब्रिटेन के साथ उसके आपसी संबंधों में काफी परिवर्तन आया। इंग्लैंड के लिए यह असहनीय था कि कोई उसके जलीय एकाधिकार को नष्ट करने की कोशिश करे। इधर कैसर विलहेम की छत्रछाया में जर्मनी की जलीय शक्ति तीव्र गति से तरक्की कर रही थी। ब्रिटेन का खयाल रखते हुए वह घोषणाएँ करता रहता था कि जलीय शक्ति को बढ़ाने के पीछे उसका मकसद राज्य की सुरक्षा मात्र है। परंतु ब्रिटेन को इन बातों के पीछे की असलियत का ज्ञान था। वह इस बात से अनभिज्ञ नहीं था कि जर्मनी के रूप में उसका एक प्रतिद्वंद्वी उसके एकच्छत्र सामुद्रिक साम्राज्य को मिटाने के लिए कमर कस रहा है। ब्रिटेन भली-भाँति जानता था कि यदि जर्मनी को जल्द-से-जल्द नहीं रोका गया तो उसका सामुद्रिक एकाधिकार समाप्त हो जाएगा।

❑

विश्व युद्ध रोकने के प्रयास

"अच्छे युद्ध या बुरी शांति के लिए दुनिया में कोई जगह नहीं होनी चाहिए।"

—बेंजामिन फ्रेंकलिन

विश्व युद्ध के भयंकर परिणामों से जर्मनी परिचित था। तत्कालीन जर्मन सम्राट् विलहेम द्वितीय ने रूस के जार निकोलस द्वितीय को पत्र लिखकर उसे युद्ध की भयंकरता से अवगत करा दिया था। युद्ध की संभावना को लेकर इसे रोकने के प्रयास में जर्मन सम्राट् विलहेम कैसर ने रूस के जार निकोलस द्वितीय को 28 जुलाई, 1914 को पहला पत्र लिखा।

पत्र में लिखा था—"मुझे यह पता चला है कि ऑस्ट्रिया सर्बिया के खिलाफ युद्ध की तैयारी कर रहा है। आर्क ड्यूक फर्डिनेंड की हत्या सर्बिया में ऑस्ट्रिया-हंगरी के विरुद्ध द्वेष का परिणाम थी। इस हत्या के बाद भी सर्बिया के तेवर नरम नहीं पड़े हैं। आप मेरी इस बात से जरूर सहमत होंगे कि आर्क ड्यूक फर्डिनेंड और उनकी पत्नी की हत्या जैसा कुकृत्य निश्चित रूप से क्षमा के लायक नहीं है। यह एक घोर एवं जघन्य अपराध है, जिसकी सजा सर्बिया को मिलनी ही चाहिए। लेकिन सर्बिया को सिर्फ दंड देने के उद्‌देश्य के अलावा वहाँ राजनीति शुरू हो गई है। दुनिया के अन्य देशों को सर्बिया पर दबाव बनाना चाहिए कि वह हत्या के आरोपियों एवं षड्‌यंत्र में शामिल व्यक्तियों को कठोर सजा दे। ऐसी स्थिति में आपकी चुप्पी दोनों देशों

रूस के जार निकोलस द्वितीय (दाएँ) एवं जर्मन सम्राट् कैसर विलहेम।

को तबाह कर देगी। मुझे ज्ञात है कि आप सर्बिया को अधिक दोष नहीं देंगे, फिर भी ऑस्ट्रिया-हंगरी के शासक से बातचीत के जरिए समाधान ढूँढ़ने का प्रयास आप कर सकते हैं। मानवता के नाते हमारा दायित्व बनता है कि युद्ध टालने की हरसंभव कोशिश की जाए। दोषियों को सजा दिलवाएँ और भविष्य में ऐसी गलती नहीं दोहराने का आश्वासन लें। मुझे विश्वास है कि आप मेरी प्रार्थना स्वीकार करते हुए भावी युद्ध को टालने का सकारात्मक प्रयास करेंगे।

आपका मित्र
विलहेम कैसर,

जार का पत्र विलहेम कैसर के नाम

29 जुलाई, 1914

"ऐसे नाजुक समय में आपका पत्र मुझे बहुत अच्छा लगा। ऐसे मौके पर आपका सहयोग अपेक्षित है। आपको ज्ञात है कि मित्र राष्ट्रों की शह पर एक कमजोर देश के विरुद्ध युद्ध की तैयारी चल रही है। मेरी स्थिति यह है कि मेरे देश की जनता मुझ पर दबाव डालेगी और मुझे युद्ध में उतरने के लिए विवश होना पड़ेगा। मेरी यह इच्छा बिलकुल नहीं है कि यूरोप में महाविनाशक

एवं विध्वंसकारी युद्ध हो। मैं स्वयं भी इससे बचना चाहता हूँ और आप भी अपने सहयोगी देशों को इससे रोकें।''

विलहेम कैसर का पत्र जार के नाम

29 जुलाई, 1914

''आपका पत्र मिला और आपके विचारों से अवगत हुआ। आप भी युद्ध नहीं चाहते हैं, यह जानकर बड़ी प्रसन्नता हुई। मैं पुनः कहना चाहूँगा कि आपको ऑस्ट्रिया-हंगरी पर दबाव बनाकर युद्ध को टालने का प्रयास करना चाहिए। इसके लिए आपकी सरकार विएना से सीधे संपर्क कर सकती है। मैंने तार से आपको पहले ही अवगत कराया था कि मेरी सरकार युद्ध टालने के लिए प्रयासरत है। ऑस्ट्रिया अपनी तैयारियाँ आपकी सेना को ध्यान में रखकर कर रहा है। हम अपनी पुरानी मित्रता और पुराने संबंधों को ध्यान में रखते हुए किसी भी तरह युद्ध टालने की कोशिश करेंगे और अगर फिर भी युद्ध हुआ तो उसमें अधिक विनाश न हो, इसका ध्यान रखेंगे।''

जार का पत्र विलहेम कैसर के नाम

29 जुलाई, 1914; संध्या 8 बजकर 30 मिनट

''आपके लगातार जवाब और सकारात्मक सोच के लिए आपको धन्यवाद। आपके मित्रतापूर्ण व्यवहार के लिए भी आपको धन्यवाद। परंतु आज आपके राजदूत द्वारा जो सरकारी संवाद मेरे मंत्री को भेजा गया है, उसकी भाषा कटु है। इसे विस्तार से समझाने का प्रयास करें । बेहतर होगा कि ऑस्ट्रो-हंगेरियन समस्या को अंतरराष्ट्रीय न्यायालय में उठाया जाए। मुझे आपकी दोस्ती एवं विवेक पर पूरा भरोसा है।''

विलहेम कैसर का पत्र जार के नाम

30 जुलाई, 1914; दोपहर 1 बजकर 20 मिनट

''तार के लिए सहृदय धन्यवाद। मेरे राजदूत द्वारा लिखे गए शब्द हमारी आपसी बातचीत से मेल नहीं खाते होंगे। वस्तुतः काउंट पोटेल्स को निर्देश दिया गया था कि वह आपकी सेना की तैयारियों पर ध्यान रखे। आपकी तैयारियों से उसे ऐसा प्रतीत हुआ कि आप युद्ध के लिए तैयार हैं। मैंने आपको पहले भी कहा था कि ऑस्ट्रिया-हंगरी अगर युद्ध ही चाहता है तो सर्बिया और उसके

बीच युद्ध हो और हम सब बीच-बचाव कर युद्ध से होनेवाली क्षति को कम करने का प्रयास करें। ऐसी स्थिति में हमें तटस्थ रहकर महाविनाश रोकने का प्रयास करना चाहिए। आपकी सरकार और आपकी सेना पर ये जिम्मेदारी है कि शांति बहाल करने में आपका क्या योगदान हो!''

जार का पत्र विलहेम कैसर के नाम

30 जुलाई, 1914; दोपहर 2.30 बजे

''अविलंब प्रत्युत्तर के लिए धन्यवाद। मैं आज शाम ही टेटिस्चैव को विशेष सुझाव देकर भेज रहा हूँ। साथ ही एक बात और स्पष्ट कर दूँ कि मेरे सैनिकों की तैयारी युद्ध के लिए नहीं है, बल्कि ऑस्ट्रिया ने युद्ध की तैयारी शुरू कर दी है। अतः अपनी सुरक्षा को ध्यान में रखते हुए हमने पाँच दिन पहले ही सेना को सतर्क रहने के आदेश दे दिए थे। मैं हृदय से युद्ध टालने के पक्ष में हूँ। मुझे अभी भी विश्वास है कि आपके हस्तक्षेप से युद्ध टालने में मदद मिल सकती है। आपके द्वारा ऑस्ट्रिया पर बनाया गया दबाव कारगर सिद्ध होगा। आप मुझ पर विश्वास रखते हुए ऑस्ट्रिया को समझा-बुझाकर युद्ध टालने का प्रयास करें।

विलहेम कैसर का पत्र जार के नाम

1 अगस्त, 1914

''धन्यवाद! मैं आपकी मजबूरी समझ सकता हूँ; परंतु मेरे राजदूत को आपकी सरकार की तरफ से अभी तक कोई संतोषप्रद जवाब नहीं मिला है। आपका त्वरित, स्पष्ट, सकारात्मक और सूझ-बूझ भरा जवाब ही स्थिति स्पष्ट करेगा। साथ ही आपसे निवेदन भी है कि आप अपनी सेना को हमारी सीमा के अतिक्रमण से रोकें।''

इस प्रकार पत्रों का यह क्रम चलता रहा। इतिहास के पन्नों में प्रमाण दर्ज हुए और बिखरे भी। एक-दूसरे पर दोषारोपण का क्रम चलता रहा। परंतु पूरी स्थिति यह स्पष्ट करती है कि वर्चस्व की लड़ाई उन्हें एक-दूसरे का परस्पर विरोधी बना रही थी। जर्मनी का रूस पर दोष मढ़ना और रूस का अपने बचाव के नाम पर सैन्य तैयारियाँ करना, ब्रिटेन की वस्तुस्थिति स्पष्ट नहीं होना आदि अनेक कारण सामने आए। इतिहास साक्षी है महाविनाशकारी युद्ध का! भीषण रक्तपात का! और सबसे बड़े नर-संहार का!

❑

विश्व युद्ध में सेनाएँ एवं उनकी परिस्थितियाँ

''युद्ध से कोई समाधान नहीं निकलता। जो युद्ध जीतता है, वह भी विनाश का भागी बनता है और जो हारता है, वह भी।''

—अगाथा क्रिस्टी

जर्मन सेना

सन् 1914 में जर्मन साम्राज्य में 26 राज्य सम्मिलित थे। उसके पास एक अत्युत्तम नौसेना थी, परंतु वहीं वह थलसेना की शक्ति में थोड़ा कमजोर था। इसका प्रमुख कारण यह था कि 1918 की संधि होने तक जर्मन सेना के लिए ऐसी कोई संस्था नहीं बनी थी, जो उसे एकत्रित, प्रशिक्षित व युद्ध के लिए पूरी तरह से तैयार कर पाती। तात्कालिक तौर पर जर्मनी के पास चार सैन्य दल थे जो प्रशिया, बावरिया, सक्सोन और रूटेमबर्ग की राजशाही के पास थे। विश्व युद्ध से पूर्व जर्मन सेना को 217 पैदल सैनिक पलटनों में संगठित किया गया, जिनमें से 166 प्रशियाई, 24 बावेरियन, 17 सक्सोन और 10 रूटेमबर्गी थे। इनमें प्रशियाई सेना जो वहाँ के राजा की ऐतिहासिक संरक्षक थी, उसे पुनः 11 पलटनों में विभाजित किया गया। उनकी गतिविधियाँ जर्मनी के वरिष्ठ सैनिकों द्वारा संगठित की गई थीं।

जर्मन सेनाओं को खूब सम्मान दिया गया, जिसका श्रेय सम्राट् कैसर

जर्मन सेना मोरचे पर।

विलहेम को जाता है। उसने अपनी सेना की हरेक बात पर व्यक्तिगत रूप से ध्यान दिया। इससे सेना बहुत उत्साहित थी। जर्मनी के सामान्य कर्मचारियों का दायित्व था कि वे सेना की सभी जरूरतों की विशेष देखरेख करें, उनकी युद्ध–योजनाओं को तैयार करें, साथ ही उनकी गतिविधियों पर भी नजर रखें। जर्मनी के पास पर्याप्त संसाधन थे। इसी दौरान पूरी जर्मनी में छह प्रमुख रेल लाइनों का निर्माण किया गया, जो उसकी पूर्वी व पश्चिमी सीमाओं के बीच तीव्र गति से यात्रा–संचालन कर सकने में सक्षम थीं। सन् 1909 से 1914 के बीच जर्मनी ने बेल्जियम और लक्जमबर्ग के साथ मिलकर महत्त्वपूर्ण रेल योजनाओं का कार्यान्वयन किया। परिणामत: जर्मनी में 1914 में 1870 की अपेक्षा सैन्य आवागमन की तीव्रता में चार गुना बढ़ोतरी हुई। इस दौरान 11,530 व्यक्ति एक लाइन पर प्रतिदिन आवाजाही कर सकते थे, जबकि फ्रेंको–प्रुशियन युद्ध के समय यह संख्या सिर्फ 2,580 थी।

जर्मनी के लिए सन् 1912 की समयावधि शांति स्थापित करने के प्रयासों का समय रहा, जब उसके पास कुल 6 लाख 46 हजार सैनिकों की ताकत थी।

सन् 1913 में जर्मनी में एक कानून बनाया गया, जिसके तहत सेना की ताकत को अत्यधिक विस्तृत कर सेना में 669 पैदल सैन्य दल, 550 घुड़सवार सैन्य दल और 633 तोपची दल के साथ 8 लाख 70 हजार सैनिक व अफसरों को शामिल करना था। इस योजना को पिछले तीन साल से लगातार बढ़ाया जाता रहा था। इस योजना के कारण ही जर्मनी की प्रथम सैन्य वाहिनी की क्षमता अगस्त 1914 तक तकरीबन 17 लाख 50 हजार हो गई थी। इसके अतिरिक्त अन्य सैन्य वाहिनियों की कुल क्षमता तकरीबन 18 लाख सैनिकों व अफसरों की एवं अप्रशिक्षित सैन्य दलों की कुल क्षमता लगभग 42 लाख 50 हजार थी।

फ्रांसीसी सेना

फ्रांस की सेना के लिए सन् 1914 का समय शांति स्थापना का रहा, जब उसके पास लगभग 7 लाख सैनिक व अफसरों का सैन्य बल मौजूद था। फ्रांस के पास जुलाई 1914 में 67 पैदल सैन्य दल, 3 औपनिवेशिक सैन्य दल और 10 घुड़सवार सैन्य दलों की क्षमता मौजूद थी। इसके सैन्य दलों में सैनिकों व अफसरों की मान्य संख्या कुल इस प्रकार थी–400 अफसर और 15,470 जवान, 2 छोटी पैदल सैन्य टुकड़ियाँ। जिनमें से प्रत्येक के साथ जवानों की तीन पलटनें, एक घुड़सवार पलटन और एक तोपची पलटन के साथ-साथ तकनीकी

फ्रांसीसी सेना मार्ने (फ्रांस) के मोरचे पर।

सहायक दल व एक सहायक टुकड़ी भी होती थी। युद्ध के शुरू होने तक फ्रांस के पास 11 लाख सैन्य-क्षमता थी और युद्ध के दौरान यह संख्या करीब 35 से 40 लाख हो गई।

एक कम जनसंख्या तथा निम्न जन्म-दरवाला राज्य होने के बावजूद फ्रांस के पास इतनी बड़ी सैन्य-क्षमता होने का प्रमुख कारण यह था कि उसने अपने मानव संसाधन की 84 प्रतिशत जनसंख्या को युद्ध में झोंक दिया था। कुछ समस्याएँ भी थीं। सेना को सैन्य अधिकारियों के ही नहीं, अन्य उच्चाधिकारियों के अनावश्यक आदेशों का भी पालन करना पड़ता था। इसके अलावा सन् 1875 में उसके पास बेहतरीन बंदूकें काफी कम थीं। सन् 1907 की मशीनगनें भी तकनीकी रूप से अविश्वसनीय थीं, जबकि 1893 की लेबल राइफलें भी उपयुक्त नहीं थीं। सेना के अपनी सरकार के साथ अच्छे संबंध नहीं थे। यह भी देखा गया कि 10 सैनिकों में से एक को फ्रांसीसी भाषा का ज्ञान नहीं था, जबकि वे स्थानीय व क्षेत्रीय भाषा में निपुण थे।

ब्रिटिश सेना

सन् 1914 में ब्रिटिश सेना नई सैन्य भरती पर निर्भर नहीं थी। इसके पास 2,50,000 की क्षमतावाली एक बहुत ही छोटी पेशेवर सेना की टुकड़ी मौजूद

मोरचे की ओर बढ़ती ब्रिटिश महिला सैन्य टुकड़ी।

थी। ब्रिटेन अपनी ऐतिहासिक व शक्तिशाली नौसेना पर अपनी सुरक्षा को लेकर पूरी तरह भरोसा कर सकता था। इस निर्भरता के कारण उसे जर्मनी, फ्रांस और रूस जैसी विशाल सेना के निर्माण की कभी जरूरत महसूस नहीं हुई। ब्रिटेन ने सन् 1914 में फ्रांस की सहायता के लिए अपनी 6 पैदल सैन्य टुकड़ियाँ तथा एक घुड़सवार टुकड़ी भेजी, जिनमें कुल 1,50,000 सैनिक थे। अगस्त 1914 में चार टुकड़ियों को फ्रांस की तरफ से जर्मनी की सेना से लड़ने के लिए आगे भेजा गया। अक्तूबर में जब ब्रिटेन साइप्रस की लड़ाई में व्यस्त था, वे भारतीय सेनाओं सहित कुछ राष्ट्रीय इकाइयों से जुड़ गईं। साल के अंत तक ब्रिटिश सेना की वास्तविक क्षमता सैनिकों की कुल संख्या की आधी रह गई, क्योंकि युद्ध में 30,000 से अधिक सैनिक मारे गए थे और करीब 50,000 से अधिक घायल हुए थे। अब ब्रिटेन को एक नए सैन्य दल की आवश्यकता थी। वर्ष 1914 में युद्ध मंत्री लॉर्ड किचनर ने अपने नागरिकों से युद्ध में स्वेच्छापूर्वक शामिल होने की अपील की और इस तरह से सैनिकों की संख्या पुनः बढ़ने लगी।

ऑस्ट्रिया-हंगरी की सेना

सैन्य बल की दृष्टि से ऑस्ट्रिया-हंगरी महान् शक्तियों की अपेक्षा एक कमजोर राज्य था। परंतु इसकी सेना को इंपीरियल और रॉयल सेना की एक

ऑस्ट्रिया-हंगरी की सेना।

बड़ी टुकड़ी दी गई थी। उसका प्रमुख कारण यह था कि ऑस्ट्रिया का बादशाह ही स्वायत्त हंगरी का भी शासक था। उन दोनों की सेनाएँ परस्पर जुड़ी हुई थीं। ऑस्ट्रिया-हंगरी के पास 32 सैन्य बटालियनों और 9 घुड़सवार बटालियनों के साथ जमीनी स्तर पर कुल 13 लाख अफसर और जवान थे। इसके अलावा ऑस्ट्रिया और हंगरी की अलग-अलग राष्ट्रीय सेना की ताकत भी थी, जिन्हें क्रमशः लैंडवेयर और होनवेड कहा जाता था। लैंडवेयर में करीब 10 लाख सैनिक थे। ऑस्ट्रिया-हंगरी में कुल सैनिकों के सिर्फ 29 प्रतिशत ही सैन्य कार्य के योग्य थे। बाकी सैनिक वृद्ध और अनुभवी सैनिकों के अंतर्गत कार्य कर रहे थे। सैनिकों का अनुबंध समय 20 सप्ताह था, जिसे बाद में बढ़ाकर दो साल तक कर दिया गया।

रूस की तरह ऑस्ट्रिया-हंगरी के पास भी कारखानों से संबंधित सामग्री की कमी थी और वे रेलवे व मोरचों के बीच भी सामग्री का परिवहन कर पाने में काफी कठिनाइयों का सामना कर रहे थे। कुल सैनिकों में से करीब एक-चौथाई अशिक्षित थे। बहुतों को तो जर्मन और हंगेरियन भाषा का ज्ञान तक नहीं था।

रूसी सेना

सन् 1914 में रूसी सेना में कुल 13 लाख सैनिक थे, जिनमें से 4 लाख को सुरक्षित रखा गया था। इनके अतिरिक्त 22 लाख सैनिक अलग-अलग

प्रथम विश्व युद्ध के दौरान सैन्य प्रशिक्षण लेती रूसी महिला सैन्य टुकड़ी।

आयु के थे। लेकिन युद्ध के समय तक उनमें से आधों को अलग कर दिया गया था; यूरोप में रूसी सेना को अत्यधिक प्रभावशाली माना जाता था, लेकिन युद्ध के समय ये सैनिक अपेक्षानुसार प्रदर्शन नहीं कर सके। केवल 1914 में ही रूसी सैनिकों की लगभग आधी ताकत नष्ट हो गई। यह सिलसिला लगातार जारी रहा और 1915 में पोलैंड के साथ हुई लड़ाई में करीब तीन लाख सैनिक मारे गए। सन् 1914-15 में प्रशिक्षित अफसरों की संख्या में कमी होने लगी। वर्ष 1916 में 3,000 पैदल सैन्य टुकड़ी के पास सिर्फ 12 अफसर थे।

रूसी सैनिक युद्ध के लिए पहले से तैयार नहीं थे, इसलिए वर्ष 1915 में उनके पास लगातार खाद्य और युद्ध-सामग्री की कमी होती जा रही थी। युद्ध के दौरान 2 लाख राइफलों की प्रति महीने आवश्यकता थी, परंतु उत्पादन सिर्फ 70 हजार का ही हो पा रहा था। इसलिए कहीं-कहीं तो निहत्थे सैनिक युद्धरत थे। 23 लाख राइफलों के आयात की आवश्यकता थी, लेकिन उनके संग्रहण और वितरण को लेकर फिर से समस्याएँ शुरू हो गईं, क्योंकि इस दौरान युद्ध में 10 अलग-अलग तरीकों की राइफलों का प्रयोग किया जा रहा था।

सन् 1916 के ग्रीष्मकाल तक सैनिकों की स्थिति पहले से अच्छी हो चुकी थी। वे पहले से अधिक सुसज्जित और सुसंगठित हो चुके थे। लेकिन शीतकाल के समय तक सेना को बहुत सी आर्थिक समस्याएँ होने लगीं। उन्हें

अमेरिकी 31वीं इन्फैंट्री रेजीमेंट।

लगातार खराब खाद्य पदार्थ और फटे वस्त्र प्रदान किए जाने लगे। इस प्रकार, स्वाभाविक था कि उसके पास सैनिकों की कमी होने लगी। हालात इतने बिगड़े कि सन् 1917 के मार्च माह के उपरांत उपलब्ध संसाधन सैनिकों की साधारण आवश्यकता की पूर्ति करने में भी सक्षम नहीं थे।

अमेरिकी सेना

6 अप्रैल, 1917 को संयुक्त राज्य अमेरिका के युद्ध में शामिल होने के बाद ब्रिटिश और फ्रांसीसी सेना को अमेरिकी सेना का बड़ी बेसब्री से इंतजार था, लेकिन अमेरिकी सेना करीब एक साल बाद इतने बड़े युद्ध में शामिल हो रही थी। सन् 1917 के आरंभ में उसके पास सिर्फ 1 लाख 45 हजार सैनिकों की सामान्य सेना थी। नई भरती के कारण उसकी सेना में मई महीने से लगातार बढ़ोतरी होने लगी। लेकिन अमेरिकी सेना के इस विशाल दल को यूरोप आने एवं उसकी आवश्यक सामग्री के साथ अटलांटिक महासागर को पार करने में लगभग एक महीने का समय लगा, जो उनके लिए काफी जोखिम भरा रहा। सन् 1918 के मई महीने तक फ्रांस में 5 लाख अमेरिकी सैनिक मौजूद थे। जुलाई के मध्य तक यह संख्या दुगुनी हो गई और युद्ध के अंत तक यह लगभग 20 लाख से भी अधिक हो गई। उस समय अमेरिकी सैन्य संगठन पर अधिक ध्यान दे रहे थे और मिलकर काम करने के लिए तत्पर थे। इसके पूर्व महीनों तक वे अलग–अलग इकाई के रूप में संगठित थे। अगस्त 1918 तक अमेरिकी सेना को अलग से प्रतिष्ठा प्राप्त नहीं थी; लेकिन यह संभव हुआ जब प्रथम यू.एस. सेना का गठन किया गया। अमेरिकी सेना के आगमन से संगठित सेना का शारीरिक और मानसिक रूप से विकास हुआ। अमेरिकी सेना अभी भी बंदूकों, टैंकों और हवाई जहाजों के लिए मित्र राष्ट्रों पर निर्भर थी। अधिकारियों की प्रशासनिक अनुभवों की कमी के कारण सन् 1918 की गरमियों में हजारों अमेरिकी सैनिकों के उनके सहयोगी दलों से अच्छे संबंध स्थापित नहीं हो पाए, फलत: उन्हें युद्ध में अपनी स्थिति बदलनी पड़ी। इसके बावजूद अमेरिका की उन्नति में किसी प्रकार की बाधा नहीं आई। अमेरिकी सैन्य संगठन एक नई शक्ति के रूप में उभरकर दुनिया के सामने आया।

इतालवी सेना

सन् 1915 में रणक्षेत्र में इटली 9 लाख अफसरों और सैनिकों की पूर्ति

जॉर्जिया के मोरचे पर इतालवी सैनिक।

करने की क्षमता रखता था, जिसमें 35 पैदल सैन्य दल, 4 घुड़सवार दल, 12 रक्षक दल और 52 पर्वतारोही दल थे। सेना की प्रत्यक्ष कमजोरी यह थी कि उनके सैन्य दलों के पास तोप चालक दलों की कमी थी, साथ ही उनके पैदल सैन्य दलों के बीच शिक्षा की भी कमी थी। सन् 1915-17 में आइसोजोंजो के विरोध के दौरान सेना ने साहसिक प्रदर्शन किया। कुछ बहुत खराब जगहों पर लड़ने के दौरान उन्हें हार का सामना भी करना पड़ा। सेना प्रमुख तानाशाह लुइंगी दी कैडोरना ने अपनी सेना से असंभव प्रदर्शन की माँग की थी, फलत: युद्ध में शामिल 22 लाख सैनिकों में से 6 लाख 50 हजार की मौत हो गई। सन् 1917 के नवंबर माह में कैपोरेटो के भारी नुकसान के कारण काफी चीजों में परिवर्तन हुआ। सैन्य पुनर्गठन के नए प्रयास हुए। इन प्रयासों में वेतन-सुधार, राशन में सुधार और छुट्टियों के विषय भी शामिल थे। इस दौरान सामान्य सैनिकों का भी मुफ्त में जीवन बीमा किया गया। सेना ने फरवरी 1918 तक 25 नए विभागों का गठन किया और इटली के कारखानों में 1918 के मध्य तक 3,500 बंदूकों को बदला गया, जो कैपोरेटो युद्ध के दौरान क्षतिग्रस्त हुई थीं। नए उच्चाधिकार मंडल ने युद्ध में हर संभव सही निर्णय लेने का प्रयास किया और युद्ध के अंतिम सप्ताह तक यह कार्यरत रहा। नई नीति को युद्ध में शामिल किया गया, मनुष्य-शक्ति को अग्नि-शक्ति से बदला गया और विपक्षी हमलों पर अधिक ध्यान दिया गया। इस दौरान अर्दिती (इतालवी सेना) की सैन्य टुकड़ियों ने युद्ध में महत्त्वपूर्ण भूमिका निभाई।

❑

मोरचे पर रोग एवं इलाज

"अहिंसा तो मानव जाति को उपलब्ध सबसे बड़ी शक्ति है। मनुष्य ने अपनी बुद्धि के सहारे संसार के जिन प्रचंड-से-प्रचंड शस्त्रास्त्रों का निर्माण किया है, उन सबसे यह कहीं अधिक शक्तिशाली है। संहार मानव-धर्म नहीं है। मनुष्य मौत के लिए सदा तैयार रहे, तभी वह मुक्त रूप में जी सकता है। अत: किसी को मारने के बजाय उसके हाथों मारे जाने के लिए ही उसे तैयार रहना चाहिए। भले यह मौत उसे अगर जरूरत पड़े तो उसके भाई के हाथों से ही क्यों न आए!"

—महात्मा गांधी

स्पेनिश फ्लू

प्रथम विश्व युद्ध चार वर्षों तक चला, जिसमें विभिन्न देशों के लाखों लोगों की मृत्यु हुई। पूरा विश्व एक महामारी इनफ्लुएंजा की ओर बढ़ने लगा, जिसे एक नाम दिया गया—स्पेनिश फ्लू। लड़ाई में शामिल नहीं होने के कारण स्पेन की सरकार इस बात से इनकार नहीं कर सकती थी कि पूरा स्पेन एक विशेष फ्लू की चपेट में आ गया है। यह बीमारी दोनों पक्षों के देशों को प्रभावित कर रही थी। जो देश लड़ाई में शामिल थे, उन्हें भी और जो लड़ाई में शामिल नहीं थे, उन्हें भी। स्पेनिश फ्लू तीन तरीके से सामने आया। प्रथम, यह 1918 के वसंत में फ्रांस की अमेरिकी सैन्य छावनी में फैला। प्रथम दौर पर अधिक ध्यान नहीं दिया गया, क्योंकि इस दौरान सैनिकों को हलकी बीमारी और कमजोरी होती

थी। फिर दूसरा दौर अगस्त के महीने में आरंभ हुआ, जो पहले से अधिक उग्र था। इस दौरान कई जगहों पर एक साथ बीमारी के लक्षण दिखे, जिनमें शिरा की राजधानी फ्रीटाउन दीस्ट और फ्रांस का कुछ प्रदेश शामिल था। इस दौर में बोस्टन भी शामिल था, जो संयुक्त राज्य अमेरिका में है। यह रोग तेजी से फैलते हुए निमोनिया का रूप धारण कर चुका था, जिसका चिकित्सा जगत् में कोई इलाज नहीं था। यह अमेरिकी सैनिकों, घरों और विदेशों में जंगल की आग की तरह फैल रहा था। कुल मिलाकर 62 हजार अमेरिकी इस बीमारी से मरे। यह संख्या युद्ध में मरनेवाले सैनिकों की संख्या से अधिक थी।

तीसरा दौर सन् 1919 के वसंत में चला। इस दौरान काफी प्रयासों, नियंत्रण और उपचार के बावजूद करीब 21 से 25 लाख लोगों की मृत्यु हुई। उसके बाद जिस रहस्यमय तरीके से यह फ्लू आया था, उसी रहस्यमय तरीके से गायब भी हो गया।

मरुस्थल में सैन्य स्थिति

मध्य-पूर्वी क्षेत्र में ऑटोमन साम्राज्य के सैनिकों के सामने प्राकृतिक वातावरण के रूप में एक खतरनाक शत्रु खड़ा था। चिलचिलाती धूप का सामना करने के लिए सैनिकों को सिर को ढँकने के लिए मजबूत टोपियाँ और अतिरिक्त सामग्री दी गई, जिससे कि वे अपनी पीठ को अच्छी तरह से ढक सकें। लेकिन साफ पानी हमेशा कम मात्रा में उपलब्ध था। मरुस्थल में सैनिकों की सफलता के

लिए पानी बहुत महत्त्वपूर्ण था। लगातार आगे बढ़ने के लिए सीरिया की सेना को एक दिन में लगभग 18 लाख लीटर (4 लाख गैलन) पानी की आवश्यकता थी। रेगिस्तान में दूर तक कोई सड़क नहीं थी। अत्यधिक धूप और साफ-सफाई की कुव्यवस्था के कारण सैनिकों के बीच छूत के रोग बढ़ने लगे। क्षय रोग सैनिकों की मृत्यु का सबसे बड़ा कारण था। पूरा सैन्य दल क्षय के अलावा मलेरिया, पीत ज्वर और टायफाइड जैसी बीमारियों से ग्रस्त होने लगा था। जब तक उनके राशन में विटामिन 'सी' की मात्रा को बढ़ाया जाता, तब तक बहुत सारे सैनिक स्कर्बी रोग से ग्रस्त हो चुके थे। उनमें बहुत से भारतीय भी थे। सन् 1916 के अंतिम छह महीनों में 11 हजार से अधिक भारतीय सैनिक इस बीमारी से मारे गए।

रेगिस्तान में नए भरती हुए तुर्क सैनिक भी इन बीमारियों से कई गुना अधिक प्रभावित हुए। तकनीकी रूप से ऑटोमन साम्राज्य में खाद्य-पदार्थों की कमी नहीं थी, लेकिन मरुस्थल में सेना तक पहुँचाना बड़ी चुनौती थी, जो आसानी से संभव नहीं था। ब्रिटिश रुकावटों के कारण समुद्री मार्ग से परिवहन असंभव था। सीमित और जरूरत से अधिक भीड़ भरा रेल-तंत्र भी इस समस्या को दूर कर पाने में अक्षम था। एक समय तो फिलिस्तीन में तुर्क सेना को जिंदा रहने के लिए राशन

मोरचे पर मोटरसाइकिल एंबुलेंस।

के रूप में प्रतिदिन सिर्फ 350 ग्राम खाद्य पदार्थ दिया जाता था। उनकी स्थिति काफी खराब थी। बिना जूतों के ही वे आगे बढ़ रहे थे।

मोरचे पर इलाज

प्रथम विश्व युद्ध चिकित्सा प्रशिक्षकों के लिए काफी अनुभवी साबित हुआ। हजारों चिकित्सा सहायकों को सैनिकों की देखरेख के लिए युद्धक्षेत्र में भेज दिया गया। प्रथम विश्व युद्ध में सैनिकों की मृत्यु-दर तीन घायलों में से एक थी, जो द्वितीय विश्व युद्ध में 7 में से 1 रह गई। संक्रमण और छूत की बीमारियों से जूझते-जूझते ब्रिटिश सैन्य चिकित्सक काफी अनुभव प्राप्त कर चुके थे। पॉव की बीमारी को दूर करने के लिए पानी को शुद्ध कर उसमें क्लोरीन मिलाकर रोगी को दिया जाता था। कीटाणु-रहित कपड़े पहनने और प्रतिदिन नहाने की भी सलाह दी जाती थी। टेटनस और गैंगरीन को दूर करने के लिए 'डकिंस' की व्यवस्था अपनाई जाती थी। यह फ्रांस का एक रोग-प्रतिरोधक द्रव्य था, जो ब्रिटेन के रसायन-शास्त्री और फ्रांस एवं अमेरिका के शल्य-चिकित्सकों द्वारा मिलकर बनाया गया था। घावों को ठीक करने के लिए अकसर कवक का प्रयोग किया जाता था; लेकिन यह तभी फायदेमंद था, जब घाव होने के तुरंत बाद इसका प्रयोग किया जाए। देर होने पर यह काफी घातक हो जाता था। लेकिन उत्तरी मोरचों के सैनिकों के लिए यह तरीका अच्छा था, क्योंकि वहाँ से चिकित्सालय काफी दूर था। इसलिए वे इस तरीके का प्रयोग कर अपनी जान बचा सकते थे। घायलों को तुरंत छावनी में ले जाया जाता था, जहाँ उन्हें प्राथमिक चिकित्सा दी जाती थी। वहाँ से सड़क और फिर रेल से होकर अस्पताल पहुँचाया जाता था। गंभीर रूप से घायल ब्रिटिश सैनिकों को इंग्लैंड भेज दिया जाता था। यद्यपि 1916 के बाद काफी कम सैनिकों को वहाँ भेजा जा सका। सन् 1917 तक अस्पतालों में साफ-सफाई की अलग व्यवस्था की गई, जिसमें अमेरिकी चिकित्सकों की अहम भूमिका थी।

घायलों की बढ़ती संख्या और चिकित्सा-व्यवस्था में हो रही देरी सरकार और उपचार संस्थानों को एक साथ मिलकर कार्य करने को मजबूर किया। इस दौरान पर्याप्त चिकित्सा सामग्री की व्यवस्था कराई गई और हजारों नए भवनों का निर्माण किया गया। युद्ध के दौरान सैन्य चिकित्सक, प्रबंधक, शल्य-चिकित्सक और नर्सों की अहम भूमिका रही।

❑

विश्व युद्ध का वैश्विक प्रभाव

"बहुत सारे अद्‍भुत लोग अपने देश से प्रेम करते हैं और मिलिट्री से घृणा।"

—बिल क्लिंटन

युद्ध के आरंभ में ऐसा लग रहा था कि बातें सप्ताह या महीनों दूर हैं। युद्ध में शामिल कोई भी देश यह नहीं सोच रहा था कि वह युद्ध वर्षों तक चलेगा और अत्यधिक मान-हानि का कारण बनेगा। इस युद्ध में सिर्फ मानव जाति, हथियारों और युद्ध-सामग्री की ही क्षति नहीं हुई थी, बल्कि बड़े पैमाने पर खाद्य सामग्री, कोयला, कपड़े, जूते, दवाइयाँ, साबुन, तारें, परिवहन और अश्व संपदा की अपूर्णीय क्षति हुई। युद्ध से हुई क्षति की भरपाई के लिए सरकार ने कुछ चुनिंदा कारखानों पर सीधे नियंत्रण का प्रयास किया। इस दौरान यह भी ध्यान में रखा गया कि कारखानों में कर्मियों की अपेक्षित संख्या बरकरार रहे।

फ्रांस में हस्तक्षेप

युद्ध के शुरुआती दौर में फ्रांस में सभी जाति के लोग देशभक्ति कार्यक्रम में शामिल हुए। सेक्रेड यूनियन के अध्यक्ष पांकेयर ने सभी पार्टियों को 26 अगस्त, 1914 को एक साथ मिलने को आमंत्रित किया। इस दौरान वहाँ अद्वितीय राजनीतिक और अनपेक्षित शक्तियों का जन्म हुआ, जिनका व्यापारिक संबंधों और राष्ट्रीय सुरक्षा पर महती नियंत्रण था। इस दौरान लोगों को शक के

आधार पर ही बिना पूछताछ के कैद किया जाने लगा। इसी वर्ष दिसंबर माह में वहाँ की अर्थव्यवस्था पर जर्मनी के अधिग्रहण के कारण असर पड़ने लगा और फ्रांस का दो-तिहाई लोहा, स्टील और 40 प्रतिशत कोयले की खानें जर्मनी के अधिकार-क्षेत्र में चली गईं। सरकार ने कारखानों को लेकर हो रहे विवाद के दौरान हजारों नई भरतियाँ कीं। सन् 1914 में जो संख्या 50 हजार थी, 1918 में बढ़कर 1 लाख 40 हजार हो गई। इनमें एक-तिहाई संख्या महिलाओं की थी, जो लगातार और सही तरीके से पुरुषों के कार्य अपना रही थीं। वे भारी तथा हलके कारखानों में कार्य करती थीं। वे परिवहन का कार्य करती थीं और साथ-ही-साथ क्लर्क का काम भी करती थीं।

फ्रांस की युद्धकालीन अर्थव्यवस्था

युद्ध के प्रथम माह में फ्रांस की अर्थव्यवस्था बुरी तरह चरमरा गई, इसका परिणाम यह हुआ कि देश में बेरोजगारी अप्रत्याशित रूप से बढ़ गई। 1915 तक कारखानों का अभाव बढ़ गया। पूरा देश कर्ज में डूबा जा रहा था। सन् 1916 में कार्यकारी वर्ग को आगे बढ़ानेवाले आंदोलन के कारण और अधिक हानि हुई तथा 1917 के मई-जून तक स्थिति और खराब हो गई। करीब 70 कारखाने पेरिस और अन्य जगहों पर हड़ताल के कारण प्रभावित हुए।

अधिकतर मजदूर देशभक्ति के खयालात से ओतप्रोत थे। वे क्लिमेंसुई का अनुसरण करते थे, जो नवंबर 1917 में 76 साल के हो चुके थे। वे प्रधानमंत्री के साथ-साथ युद्धमंत्री भी थे। युद्ध मंत्रालय में सिर्फ 5 ही सदस्य थे, जिनमें सभी उनका अनुसरण करते थे, क्योंकि उनकी छवि जनता के बीच एक आदर्श नेता की थी।

अर्थव्यवस्था को लेकर मध्यम वर्गीय लोग सबसे अधिक प्रभावित हुए थे। उनका वेतन-भत्ता करीब-करीब बंद हो चुका था, जबकि जीवनयापन की वस्तुएँ दुगुने से भी अधिक महँगी हो चुकी थीं। सैनिकों के परिवारों को प्रतिदिन 1. 25 फ्रेंक प्रति व्यक्ति और 50 सॉस प्रति बालक मिलता था। भोजन सामग्री के दाम बढ़ने के कारण भी स्थिति और गंभीर हो गई थी तथा शहरी क्षेत्र के मजदूरों को अधिक समस्याओं का सामना करना पड़ रहा था।

ब्रिटेन में सरकार का नियंत्रण

युद्ध के शुरुआती दिनों में ब्रिटिश सरकार पर सेना का आधिपत्य होने के

कारण आम लोगों के जीवन एवं अर्थव्यवस्था पर इसका सीधा असर पड़ा। उसने रेल नियंत्रण, कच्ची चीनी के क्रय, मूल्य-निर्धारण, मुद्रा छपवाने, आयकर दुगुना करने तथा आयात शुल्क बढ़ाने में तनिक भी देर नहीं की।

'डोरा' (DORA डिफेंस ऑफ द रेल्म एक्ट–राज्य की रक्षा का अधिनियम) के कारण युद्ध के शुरुआती महीनों में ही ब्रिटेन में 1 लाख 65 हजार घोड़ों को युद्ध में शामिल किया गया। सन् 1915 में ब्रिटेन में बम घोटाला हुआ। समाचार पत्रों ने लिखा कि ब्रिटेन ने अत्यधिक मात्रा एवं अधिक दाम पर बम-गोले खरीदे थे। इससे सरकार सकते में आ गई। उसने तत्काल लॉर्ड जॉर्ज के अधीन एक नए मंत्रालय का गठन किया, जिसका काम देश के हथियार कारखानों के बीच सामंजस्य और नियंत्रण स्थापित करना तथा हथियारों के उत्पादन को बढ़ाना था। उस मंत्रालय के अंतर्गत एक नए राष्ट्रीय कारखाने का निर्माण किया गया, जिसका काम बड़े पैमाने पर राइफल, बम-गोले, छोटे हथियार और विस्फोटक सामग्री का उत्पादन करना था, यह एक खतरनाक कार्य था जिसे प्राय: महिलाएँ करती थीं।

नौसेना के मामले में यूरोपीय प्रदेशों में ब्रिटेन निर्विरोध एक सबसे बड़ी ताकत के रूप में स्थापित था। ब्रिटिश सैनिकों और नागरिकों में राष्ट्रीयता की भावना कूट-कूटकर भरी हुई थी। बहुत से नागरिक स्वेच्छा से सेना में भरती होने लगे। यही कारण था कि मई 1916 तक बहुत सी विपरीत परिस्थितियों के

बावजूद सैनिकों की कमी नहीं हुई।

युद्ध के प्रारंभिक वर्ष में ऐसा माना गया कि स्वयंसेवकों पर निर्भर रहने से युद्ध-सामग्री के उत्पादन पर विपरीत असर पड़ सकता है। अत: राष्ट्रीय पंजीयन कानून बनाया गया, जिसका काम युद्ध में शामिल होनेवाले व्यक्तियों का निरीक्षण करना था। इस दौरान उनकी आयु, कार्य करने के तरीकों और युद्ध-शैली पर ध्यान दिया गया। इस दौरान जो लोग रेलवे, खदानों और कृषि के साथ-साथ हथियार उत्पादक कारखानों में काम करते थे, उन्हें सेना में भरती नहीं किया गया।

मजदूरों की कार्य-क्षमता में वृद्धि के लिए एक समिति का गठन किया गया। शराब और बीयर के उपयोग पर रोक लगाई गई। इसके साथ-साथ मदिरालयों के खुलने के समय को कम कर दिया गया। ग्रीष्मकाल में दफ्तरों के समय को एक घंटे आगे बढ़ा दिया गया। इस दौरान ब्रिटेन में सभी घड़ियों को एक घंटे आगे कर दिया गया। ये सभी घटनाएँ मई 1916 की हैं। युद्ध-काल में युद्ध से संबंधित जितने भी नए संस्थानों का निर्माण हुआ, उन्हें स्थायी कर दिया गया। इसका एक उदाहरण था ब्रिटेन की चिकित्सा अनुसंधान समिति, जिसका कार्य युद्ध के दौरान ब्रिटेन तथा फ्रांस दोनों देशों के नागरिकों को सही समय पर सही चिकित्सा प्रदान करना था। इस दौरान यह समिति सरकार से मिलकर लोगों के विकास पर भी ध्यान देने लगी।

बढ़ते खर्च

युद्ध के समय जनता का व्यय हर मामले में अप्रत्याशित रूप से बढ़ा। प्रथम विश्व युद्ध का बजट किसी भी अन्य शांतिपूर्ण बजट से काफी अधिक था और युद्ध के समय यह लगातार बढ़ता जा रहा था। ब्रिटेन में सन् 1914-17 के बीच व्यय 500 प्रतिशत तक बढ़ गया था। इन बढ़ते खर्चों में 1918 में गिरावट आई। जर्मनी में यह व्यय 1917 तक 500 प्रतिशत से ऊपर बढ़ गया। फ्रांस में 1918 तक 560 प्रतिशत और रूस में यह व्यय 1916 तक 315 प्रतिशत को पार कर गया। पूर्ण रूप से यह पता लगाना मुश्किल था कि कितना व्यय सैन्य-संचालन में हुआ और कितना अन्य कार्यों में, जो युद्ध से सीधा संबंध रखते थे। बढ़ते व्यय का सबसे बड़ा कारण था मुद्रा स्फीति में हुई तेजी से बढ़ोतरी और साथ ही राष्ट्रों पर बढ़ते कर्ज। कोई भी देश कर से प्राप्त पैसों से युद्ध में शामिल होने योग्य नहीं था। सभी देश पैसों के लिए दूसरे देशों पर निर्भर थे। साथ ही वे अपने देश के लोगों से भी युद्ध के लिए पैसे माँग रहे थे।

कमी और आपूर्ति

नेपोलियन की कहावत के अनुसार, 'भोजन और सैनिकों की सफलता के बीच वर्षों पुराना संबंध है।' सही कहा गया है कि, 'सैनिक अपने पेट के बल आगे बढ़ते हैं।' प्रथम विश्व युद्ध में नई स्थितियाँ देखने को मिलीं, जिनमें नागरिक जनसंख्या को लड़ाई के मैदान से दूर रखा गया। रूस के उत्तरी शहरों में युद्ध-काल में भोजन जीवन और मृत्यु का कारण बना। पेट्रोग्रेड (रूस) में रोटी के लिए लंबी लाइन लगती थी, जहाँ लोग प्रतिदिन घंटों लाइन में खड़े होकर अपनी बारी का इंतजार करते थे। कभी-कभी तो रात हो जाती थी। युद्ध के समय फ्रांस में भी लाइन में खड़े होना और खाद्य सामग्री लेना जीवन का हिस्सा बन चुका था। वहाँ की सरकारें इस तरह सन् 1918 तक कोयला, तेल तथा खाद्य पदार्थ का वितरण करती रहीं।

सन् 1916 के अंत तक सरकार ने आदेश दिया कि दुकानदार अपनी जमा सामग्री का सिर्फ आधा भाग ही बाँटेंगे। इस प्रकार, धीरे-धीरे खाद्य वितरण पर राज्य का नियंत्रण कसता गया। वर्ष 1918 के शुरुआती दौर तक युद्ध के कारण भोजन, आयात और नागरिकों के बीच उसका वितरण बुरी तरह से प्रभावित हुआ। इस दौरान चीनी, चाय, घी, मक्खन इत्यादि को मुख्य रूप से वितरित किया गया और अप्रैल 1918 से मांस का भी वितरण किया जाने लगा।

युद्ध के शुरुआती दौर में जर्मन नागरिक सरकार के कथनानुसार ऐसा मान रहे थे कि युद्ध बहुत कम समय तक चलेगा। वे लोग गंभीर रुकावटों के प्रभाव से परिचित नहीं थे, जो कि शुरुआती महीनों में ही हमबर्ग और बर्लिन में शुरू हो चुकी थीं। सन् 1915 में बर्लिन के लोग पहले जर्मन थे, जिन्हें रोटी के लिए राशन कार्ड प्रदान किया गया । इससे पहले राशन कार्ड द्वारा मांस, दुग्ध सामग्री, आलू, चीनी, अनाज और साबुन का वितरण किया जाता था। जैसे-जैसे मांस की कमी हुई, लोग दूसरे स्रोतों की ओर मुड़ने लगे और कौओं तक को खाने लगे। काला बाजारी बढ़ने लगी और हर जगह सामग्री के लिए लंबी कतारें लगनी शुरू हो गईं। सन् 1916-17 के जाड़े को 'शलजम जाड़ा' के नाम से भी जाना गया, क्योंकि इस दौरान आलू की खेती में हुई कमी के कारण सिर्फ शलजम और चुकंदर ही वितरित किए गए।

इसी तरह की कमी का नजारा ऑस्ट्रिया-हंगरी के शहरों में भी देखा गया। खाद्य पदार्थों की कमी के कारण वहाँ दंगे-फसाद शुरू हो गए। मजदूर और मालिकों के बीच तनाव बढ़ता गया। इसी दौरान ऑस्ट्रिया और हंगरी के बीच राजनीतिक

अलगाव भी बढ़ा। जहाँ एक तरफ हंगरी के पास पर्याप्त मात्रा में अनाज था, वहीं दूसरी तरफ आधे ऑस्ट्रिया में नागरिक भूख से मर रहे थे।

रूस में कमी का असर

युद्ध के दौरान सभी देश छोटी-छोटी समस्याओं को लेकर सभाएँ आयोजित कर रहे थे, जिससे कि घरेलू स्तर पर होनेवाले विद्रोह से बचा जा सके। लेकिन इन सभाओं का उतना प्रभाव पड़ता नहीं दिख रहा था। इन आंतरिक समस्याओं से निबटने के लिए रूस के युद्ध मंत्रालय ने भी किसी प्रकार की योजना नहीं बनाई थी। रूस में युद्ध के दौरान कारखानों के महत्त्व को नहीं समझा गया, फलतः युद्ध में उपयोगी गोला-बारूद और हथियारों का निर्माण उच्च स्तर पर नहीं हो सका। उपलब्ध हथियार और गोला-बारूद सिर्फ शुरू के कुछ हफ्तों के लिए ही थे। बाद की जरूरतों को पूरा करने में रूसी सरकार पूर्ण विफल रही। सन् 1915 की वसंत ऋतु तक युद्ध-सामग्री की मात्रा खतरनाक हद तक घट गई और स्थिति इतनी गंभीर हो गई कि सैनिकों को बिना राइफल के ही प्रशिक्षण दिया जाने लगा और सैनिक मृत व घायल सैनिकों के हथियारों से ही काम चलाने को मजबूर हो गए।

हथियारों की यह तंगी वर्ष 1915 के ग्रीष्मकाल के बाद समाप्त हुई, जब नई 'युद्ध कारखाना समिति' का गठन किया गया, जिसका उद्देश्य कारखानों एवं उत्पादन के बीच सामंजस्य स्थापित करना था। 1915 की जनवरी से अप्रैल के बीच जवानों को सिर्फ 20 लाख हथगोले उपलब्ध हुए, जबकि जरूरत बढ़कर 35 लाख हथगोले प्रति महीने हो गई। राइफल के उत्पादन में भी बढ़ोतरी हुई और यह 1915 के 70 हजार प्रति महीने से बढ़कर 1,11,000 प्रति महीने हो गई, परंतु वास्तविक जरूरत लगभग 2 लाख प्रति महीने थी। गोला-बारूद की आपूर्ति में भी बढ़ोतरी हुई। सैनिक मूल जरूरतों की पूर्ति की माँग अधिक करने लगे। सरकारी गतिविधियों के अभाव में बहुत सारे स्वयंसेवक रूसी युद्ध में हिस्सा लेने लगे। नगरों और शहरों में देशभक्ति समितियों का गठन किया गया, जिनका कार्य था खाद्य सामग्री का संग्रहण और वितरण तथा दवाएँ जुटाना और नर्सिंग। जून 1915 में प्रिंस लोम के नेतृत्व में एक नए संस्थान का गठन किया गया, जिसका काम जवानों को जरूरत की सामग्री प्रदान करना और उनकी सहायता करना था। स्वयंसेवकों की मदद से बहुत से रसद गृहों और अस्पतालों का निर्माण किया गया। इनका कार्य जवानों के परिजनों को सही समय पर, सही मात्रा में

सामग्री उपलब्ध कराना था, जबकि देश के बाकी नागरिक भूख से मर रहे थे और इसका कारण था सन् 1915 में पोलैंड में मिली हार के बाद पैदावार में आई गंभीर समस्या।

जर्मनी में कमी का असर

युद्ध के दौरान जर्मनी की स्थिति काफी खराब हो चुकी थी, इसलिए वह इसे अधिक समय तक जारी रखने के पक्ष में नहीं जा सकता था। बहुत सारी छोटी-छोटी रुकावटों के कारण जर्मनी का संबंध दूसरे देशों से टूट गया था। अतः इसे समुद्र-पार से खाद्य पदार्थ तथा जरूरी कच्चे माल का आयात करने में समस्या हो रही थी। कुछ ही दिनों में युद्ध मंत्रालय का गठन किया गया, जिसका उद्देश्य युद्ध में प्रयुक्त होने वाली सामग्री को सही समय पर उपलब्ध कराना था। युद्ध मंत्रालय सन् 1916 तक अधिक प्रभावशाली रहा, लेकिन उसके बाद बर्दुन और सोमे में हो रहे युद्ध के दौरान अत्यधिक युद्ध-सामग्री की आवश्यकता पड़ी, जिससे ज्ञात हुआ कि उत्पादन को बढ़ाने की जरूरत है। सरकार, कारखानों और सैनिकों के बीच मैत्रीपूर्ण संबंध स्थापित किए गए, जिसका नाम 'हिंडनबर्ग कार्यक्रम' था। इसका प्रमुख उद्देश्य बिगड़ती अर्थव्यवस्था को सुधारना था। एक युद्ध-कार्यालय का भी गठन किया गया, जिसका काम मजदूरों की देख-रेख करना था। हथियार, गोला-बारूद, कच्चे माल और खाद्य सामग्री की भी कमी थी। खाद्य सामग्री के वितरण में हुई अनियमितताओं के कारण जर्मनी के नागरिकों को भी काफी समस्याएँ हुईं। इस दौरान शहरी क्षेत्र के गरीब नागरिक सबसे अधिक प्रभावित हुए। महिलाएँ मध्य रात्रि में ही उठकर स्वेटर बुनते हुए लाइनों में खड़ी हो जाती थीं, ताकि सुबह सबसे पहले उन्हें सामान मिले। परंतु वितरण के दौरान सामग्री समाप्त होने पर उस कतार के लोगों के दूसरी कतारों में घुसने पर भगदड़ मच जाती थी, जिस कारण सामग्री का सही वितरण नहीं हो पाता था। जर्मनी में रोटी की बहुत कमी हो चुकी थी। एक बार भागते हुए एक युद्ध कैदी को पकड़ा गया और उसके घर से एक पार्सल जब्त किया गया, जिसमें सफेद रंग के सैंडविच और रोटियाँ थीं। बर्लिन यद्यपि युद्ध से होनेवाली क्षति से कम प्रभावित था; परंतु फिर भी वहाँ सिनेमाघर, संग्रहालय और गली की दुकानें बंद हो चुकी थीं। साथ ही नागरिक-परिवहन, बिजली और गली के प्रकाश में भी कमी की गई थी। सन् 1915 तक बर्लिन में लोहे और ताँबे की कमी हो चुकी थी। कोयले से

चलनेवाली गाड़ियाँ अब बूढ़े घोड़े, खच्चर और यहाँ तक कि सर्कस के हाथी खींच रहे थे।

ऑस्ट्रिया-हंगरी पर कमी का असर

करीब 5 करोड़ 13 लाख लोग फ्रेंज जोसफ प्रथम के अधीन थे, जो ऑस्ट्रिया का सम्राट् और हंगरी का राजा था। ऑस्ट्रिया का करीब आधा साम्राज्य औद्योगिक था, जहाँ युद्ध में प्रयोग होनेवाले हथियार, बम और भारी मशीनें बनती थीं। हंगरी की अर्थव्यवस्था अच्छी थी। उन्होंने मिलकर सिक्के ढाले और संघ बनाया। लेकिन दोनों का आधा-आधा भाग अपने-अपने देश के सैनिकों और संसाधनों द्वारा नियंत्रित था।

सन् 1914 में युद्ध के दौरान वहाँ नए सैन्यवाद का जन्म हुआ, जिसके अंतर्गत यह कहा गया कि देश की सभी चीजें पहले सैनिकों के लिए हैं, बाद में आम नागरिकों के लिए। रेलवे सख्त रूप से सैनिकों और सैन्य-सामग्री के परिवहन के लिए था। 50 वर्ष से अधिक आयु के लोग, जो कार्य के अयोग्य थे, उन्हें भी युद्ध-सामग्री के उत्पादन-कार्य में भाग लेने को विवश होना पड़ा। युद्ध से पूर्व के नियमों के अनुसार, महिलाओं के रात्रि में काम करने की मनाही थी, लेकिन इस नियम को भी हटा दिया गया। पारंपरिक रूप से यह भी तय था कि रविवार का अवकाश रहता था, परंतु इसे भी समाप्त कर दिया गया। मजदूरों की मजदूरी में कटौती कर दी गई।

सन् 1914 में गलत तरीके से हुई फसल कटाई के कारण पूर्वी क्षेत्र में इसका काफी विपरीत प्रभाव पड़ा और बहुत सी छोटी-छोटी रुकावटों के कारण ऑस्ट्रिया में जल्दी ही खाद्य सामग्री की कमी होने लगी। मजदूरों और सैनिकों के बीच ऑस्ट्रिया और हंगरी में भी विवाद शुरू हो गया। युद्ध के कारण ऑस्ट्रियाई कारखानों और हंगरी के खेतों के बीच स्थापित सहकारी संबंध टूटने लगे। इन समस्याओं को दूर करने के लिए साझा सरकार एक नया नियम लेकर आई। यह था केंद्रीय खाद्य नियम, जिसके कारण शहरी ऑस्ट्रियाई धीरे-धीरे भूखों मरने लगे और हंगरी के देहातियों के पास खाद्य सामग्री का पर्याप्त भंडार एकत्र हो गया।

शहरों में भुखमरी की स्थित मुनाफाखोरों एवं अनैतिक व्यापारियों के कारण और विकराल हो गई थी, जो राष्ट्र के बुरे समय में भी अपना लाभ देख रहे थे। ❑

महिलाओं का योगदान

"युद्ध शांति की समस्याओं से बचने की कायरता है।"

—थॉमस मान

युद्ध में महिलाएँ हमेशा देखरेख का कार्य करती हैं, लेकिन प्रथम 'पूर्ण' युद्ध में महिलाओं का योगदान इससे पहले हुए किसी भी युद्ध से काफी अधिक था। ब्रिटेन में एक आंदोलन पहले ही चलाया गया, जिसमें कहा गया कि महिलाओं को नौकरी करने का हक है और वे सैन्य नर्सिंग से अधिक काम कर सकती हैं। अतः युद्धकाल में युद्ध-कारखानों में बड़े पैमाने पर महिलाओं की भरती हुई। उनमें से बहुत सी औरतें काफी पढ़ी-लिखी थीं। बहुत सी महिलाएँ गुप्त सैनिकों की बहनें थीं जो साधारण और अप्रशिक्षित थीं। कारखानों में बंदूकें एवं गोला-बारूद बनाने से पूर्व उनमें से बहुत सी महिलाएँ घरेलू नौकरानियाँ थीं।

फ्रांस में युद्ध के दौरान बहुत सी नई भरतियाँ हुईं। महिलाओं को पहले कारखानों, सरकारी कामकाज और फिर राज्यों के अंतर्गत काम करने को कहा गया। सन् 1918 तक 10 लाख से अधिक फ्रेंच महिलाएँ राष्ट्रीय सुरक्षा, गोला-बारूद कारखानों और हवाई उड़ानों में काम कर रही थीं। ऑस्ट्रिया-हंगरी में भी 1916 तक भारी कारखानों में जितने मजदूर काम कर रहे थे, उनमें 42. 5 प्रतिशत महिलाएँ थीं। जबकि वर्ष 1913 में यह संख्या सिर्फ 17.5 प्रतिशत थी। युद्ध के प्रभाव के कारण महिलाएँ अपने पारंपरिक कार्यों को छोड़कर प्रशिक्षित पुरुषों के कार्य करने लगी थीं।

सन् 1915 तक जर्मनी में महिलाएँ रसायन, विद्युत् सामग्री, धातु-कार्य, औद्योगिक कार्य इत्यादि करने लगी थीं। 1918 तक औद्योगिक कार्य का 55 प्रतिशत उनके जिम्मे था। यद्यपि उन पर ब्रिटेन और फ्रांस के मुकाबले स्वेच्छा से काम करने का अधिक दबाव था, इससे उनकी शारीरिक व मानसिक स्थिति बहुत खराब रहने लगी थी। उदाहरणस्वरूप फ्रांस में युवा माताओं को गोला-बारूद बनाने की इजाजत नहीं दी जाती थी। परंतु जर्मनी में ऐसा नहीं था। वहाँ एक हफ्ते में 60 घंटे काम करना सभी के लिए अनिवार्य था।

युद्ध के कारण लाखों पुरुष कृषि-कार्य से दूर हो गए थे। इसका जिम्मा भी औरतों, बुजुर्गों और बच्चों पर आ गया था। संकट के समय हर बार ऐसा किया जाता था। फ्रांस में जर्मनी के मुकाबले फसल पैदावार में काफी कमी हुई तो 1917 में सरकार ने 3 लाख सैनिकों को कृषि-कार्य में लौटने को कहा। कृषि अनियमितता को दूर करने के लिए जर्मन सरकार ने सैनिकों को कृषि-कार्यों में लगाया और 1918 तक 1 लाख बेल्जियमी और 6 लाख पोल सैनिक जर्मन कृषि एवं कारखानों में काम कर रहे थे।

ब्रिटेन में कृषि-कार्य कर रहीं महिलाओं को पुरुषों की जगह पर काम करने को कहा गया। वर्ष 1915 में सरकार ने प्रथम महिला खानाबदोश सेना का गठन किया। बाद में महिला वायुसेना और महिला थलसेना का गठन किया गया।

महिलाओं पर युद्ध का असर

प्रथम विश्व युद्ध के दौरान वैश्विक कार्यों में महिलाओं की भागीदारी काफी बढ़ गई थी। पारंपरिक रूप से महिलाएँ सिर्फ तीन चीजों पर ध्यान देती

थीं, बच्चे पालना, चर्च की देखरेख करना और खाना बनाना। परंतु युद्ध के दौरान महिलाएँ पूरे समय व्यस्त रहती थीं। उनका ज्यादातर समय दवा-दारू और सैनिकों की देखरेख में ही गुजरता था। प्रथम विश्व युद्ध के दौरान मैरी क्रिसोम और एलसी नॉकर ने साथ मिलकर एक संस्था आरंभ की, जिसके अंतर्गत सैनिकों की देखरेख और उनके घावों की मरहम-पट्टी की जाती थी। एलसी इंग्लिश स्कॉर्ट महिलाओं का अस्पताल खोला। उसकी मृत्यु रूस में 1917 में हुई, जब वह युद्धक्षेत्र में सैनिकों की सेवा कर रही थी।

स्कॉर्ट के महिला अस्पतालों में 14 अस्पतालों का समूह शामिल था और सभी अस्पताल ब्रिटिश सेना द्वारा नियंत्रित थे। फ्लोरासेंडिस नामक एक ब्रिटिश महिला भी अस्पताल के साथ जुड़ गई और मरणासन्न व गंभीर रूप से घायल सैनिकों की मदद करने लगी। मैरिया वॉच कारेवा ने रूसी सेना की महिला टुकड़ियों को मिलाकर एक समूह संगठित किया। वह युद्ध में जाने से पहले महिलाओं को जरूरी जानकारी देती थी। जार से हुई सीधी वार्त्ता के बाद उसे दो साल तक सैनिक के रूप में कार्य करने की इजाजत मिल गई। वर्ष 1917 में उसने महिलाओं की एक टुकड़ी बनाई, जो सैनिकों के मृत्यु के डर को समाप्त करने का काम करती थी और उन्हें युद्ध में पूरे जोश के साथ लड़ने के तरीके बताती थी।

वॉच कारेवा के संगठन की औरतें अपने सिर मुँड़वाकर सैनिकों के वस्त्र पहनती थीं। युद्ध में जाने से पूर्व वे मॉस्को में एक जगह जमा होती थीं और चर्च में जाकर आशीर्वाद लेती थीं।

एडिथ कावेल।

फ्रांस में सिर्फ चार वर्षों में ही सेना में महिलाओं की संख्या 25 प्रतिशत तक बढ़ गई। महिला सैन्यकर्मी पत्र-लेखन करती थीं और दूरभाष द्वारा सरकारी संस्थानों एवं कार्यालयों को युद्ध के बारे में जानकारी देती थीं। सन् 1918 के बाद ब्रिटिश घरों में नौकरों का अभाव हो चुका था और सिर्फ कुछ ही युवा महिलाएँ नौकरानी का कार्य करने के लिए तैयार होती थीं।

जर्मनी महिला स्वयंसेवी को फाँसी

जर्मन महिला स्वयंसेवी एडिथ कावेल (1865-1915) नार फॉलक क्लीगमेन की पुत्री थी और वह ब्रुसेल्स में नर्सिंग स्कूल चलाती थी, जो बाद में काफी विवादित हुआ। वह सभी सैनिकों की, चाहे वे ब्रिटिश हों, फ्रेंच हों, या बेल्जियम के नागरिक हों, मदद करती थी। इस दौरान उसने करीब 200 से अधिक दुश्मन सैनिकों की सहायता की। बेल्जियम प्रतिरोधी विभाग और वॉग के कहने पर उस महिला को स्थानीय जर्मन सेना द्वारा गिरफ्तार कर लिया गया और बाद में 12 अक्तूबर, 1915 को फाँसी दे दी गई। उसके अंतिम शब्द थे, "मुझे लगता है कि यहाँ राष्ट्रवाद की कमी है। मुझे ऐसा कार्य करना चाहिए, जिससे किसी को कोई समस्या न हो।"

❑

प्रथम विश्व युद्ध के चर्चित चेहरे

"जब-जब युद्ध को दुष्ट के रूप में देखा जाएगा, वह हमें आकर्षित करेगा। जैसे ही उसे अश्लील के रूप में देखा जाएगा, वह अपनी लोकप्रियता खो देगा।"

—ऑस्कर वाइल्ड

ऑस्ट्रेलिया

एंड्रयू फिशर (1862-1928)

29 अगस्त, 1862 को एयरशिर, स्कॉटलैंड में जनमे ऑस्ट्रेलियाई प्रधानमंत्री ने अपना कैरियर 9 साल की उम्र में एक सोने की खदान से शुरू किया। प्रथम विश्व युद्ध में 1914 के दौरान उन्होंने अपने देश का नेतृत्व किया। 27 अक्तूबर, 1915 को उन्होंने पद से त्यागपत्र दे दिया। इसके बाद उन्हें लंदन में ऑस्ट्रेलिया का उच्चायुक्त (हाई कमिश्नर) बनाया गया। 22 अक्तूबर, 1928 को 66 वर्ष की आयु में लंदन में उनकी मृत्यु हुई।

बिली हग्स (1862-1952)

25 सितंबर, 1862 को लंदन में जनमे विलियम मोरिस (बिली) हग्स प्रथम विश्व युद्ध के दौरान सन् 1915 से 1923 तक ऑस्ट्रेलिया के प्रधानमंत्री रहे। बिली मित्र राष्ट्रों की ओर से

युद्ध में बढ़त के लिए आक्रामक ढंग से योजनाएँ बनाते रहे। प्रथम विश्व युद्ध में उनके योगदान के लिए ब्रिटिश साम्राज्य ने उन्हें सम्मानित भी किया। 28 अक्तूबर, 1952 को 90 वर्ष की आयु में सिडनी में उनका निधन हो गया।

ऑस्ट्रिया

हेनरिच वॉन क्लेम मार्टिनिक (1863-1932)

1 जनवरी, 1863 को जनमे हेनरिच दिसंबर 1916 से जून 1917 तक ऑस्ट्रिया के प्रधानमंत्री रहे। वे ऑस्ट्रिया के आर्क ड्यूक फ्रेंज फर्डिनेंड के भी खासमखास थे। प्रधानमंत्री पद से इस्तीफे के बाद प्रथम विश्व युद्ध के दौरान कुछ समय के लिए वे मिलिट्री गवर्नर भी रहे। 7 मार्च, 1932 को 69 वर्ष की आयु में उनका निधन हो गया।

आर्क ड्यूक फ्रेंज फर्डिनेंड (1863-1914)

फ्रेंज फर्डिनेंड का जन्म ग्रेज, ऑस्ट्रिया में हुआ था। ऑस्ट्रो-हंगेरियन साम्राज्य के उत्तराधिकारी के रूप में सर्बिया में 28 जून, 1914 को हुई उनकी हत्या ने विश्व युद्ध को भड़का दिया।

फ्रेंज का स्वभाव लोगों की समझ से परे था। लोग उन्हें घमंडी, फूहड़, गुस्सैल और अविश्वासी कहते थे। उनका व्यक्तित्व भी इतना करिश्माई नहीं था, जो उनकी लोकप्रियता को बढ़ा पाता।

सन् 1900 में सोफिया चोटेक से विवाह के बाद वे और भी एकांतवासी हो गए। सम्राट् फ्रेंज जोसफ भी इस विवाह के खिलाफ थे। यह विवाह तभी हो सका जब फ्रेंज फर्डिनेंड ने अपनी भावी संतान को उत्तराधिकार के अधिकार से अलग कर दिया। सम्राट् इस विवाह में शामिल भी नहीं हुए।

28 जून, 1914 को फ्रेंज फर्डिनेंड सरायेवो के दौरे पर पत्नी सोफिया के साथ गए। वहीं 'ब्लैक हैंड' नामक एक राष्ट्रवादी आतंकी संगठन के एक सदस्य गेवरिलो प्रिंसिप ने दोनों की हत्या कर दी। विएना के एक चर्च में उन्हें दफनाया गया। इस अंतिम संस्कार में न तो फ्रेंज जोसफ शामिल हुए, न जर्मन सम्राट् कैसर।

हंगरी

सम्राट् फ्रेंज जोसफ प्रथम (1830–1916)

ऑस्ट्रिया के सम्राट् और हंगरी के राजा फ्रेंज जोसफ प्रथम का जन्म 18 अगस्त, 1830 को हुआ था। वे आर्क ड्यूक फ्रेंज कार्ल के सबसे बड़े पुत्र और अपने उत्तराधिकारी फर्डिनेंड प्रथम के भाई थे।

जोसफ सन् 1848 में 18 वर्ष की आयु में ऑस्ट्रिया के सम्राट् बने। अपने जीवन के अंतिम दिनों तक वे हाब्सबुर्ग राजवंश के लोकप्रिय शासक रहे। 21 नवंबर, 1916 को 66 वर्ष की आयु में उनका निधन हो गया। उनके बाद उनका भानजा कार्ल प्रथम सन् 1918 तक हाब्सबुर्ग राजवंश का अंतिम शासक रहा। इसके बाद इस साम्राज्य का पतन हो गया।

काउंट इस्तवान टिजा बोरोस जेनो (1861–1918)

प्रथम विश्व युद्ध के दौरान काउंट इस्तवान हंगरी के प्रधानमंत्री रहे। उनके पिता भी प्रधानमंत्री थे। काउंट इस्तवान लिबरल पार्टी के सर्वेसर्वा थे और दो बार हंगरी के प्रधानमंत्री रहे। वे राजवंशों के खिलाफ थे और हंगरी के स्वतंत्र अधिकारों के पक्षधर थे। विश्व युद्ध के अंतिम दिनों में 31 अक्तूबर, 1918 को बुडापेस्ट में 'मग्यार कम्युनिस्टों' ने उनकी हत्या कर दी।

एलेक्जेंडर वेकरले (1848–1921)

एलेक्जेंडर वेकरले अगस्त 1917 से अक्तूबर 1918 तक वहाँ के प्रधानमंत्री रहे। हंगरी की आजादी उनकी बरखास्तगी लेकर आई। इसके पहले भी दो बार वे हंगरी के प्रधानमंत्री रहे। 11 नवंबर, 1918 को हंगरी गणतंत्र बन गया। 69 वर्ष की आयु तक वे सक्रिय राजनीति में रहे। 73 साल की उम्र में उनका निधन हो गया।

बेल्जियम

किंग अल्बर्ट प्रथम (1875–1934)

अल्बर्ट सन् 1909 में बेल्जियम के राजा बने। द्वितीय विश्व युद्ध के दौरान उन्होंने तटस्थ रहने का फैसला किया। लेकिन चूँकि बेल्जियम फ्रांस और जर्मनी के बीच स्थित है, जर्मनी ने 2 अगस्त, 1914 को उसके सामने माँग रखी कि वह उसकी सेना को उसके राज्य से गुजरने का रास्ता दे, जिससे कि वह फ्रांस की सीमा तक आसानी से पहुँच सके। अल्बर्ट ने इस माँग का विरोध किया और अपनी सेना की कमान स्वयं सँभाल ली।

क्रुद्ध होकर 4 अगस्त, 1914 को जर्मन सेना ने उस पर हमला कर दिया और उसे रौंदती हुई आगे मार्ग बनाती चली गई। हिटलर ने अल्बर्ट पर दबाव डाला कि बेल्जियम सरकार को ली हार्वे ले जाएँ और वहीं से देश चलाएँ, लेकिन वे देश में ही रहे। युद्ध-समाप्ति पर उन्होंने बेल्जियम को पुनः बसाया। सन् 1934 में एक दुर्घटना में उनकी मृत्यु हो गई। उनके बाद उनका पुत्र लियोपोल्ड तृतीय गद्‌दी पर बैठा।

बारोन चार्ल्स द ब्रोक्युविले (1860–1940)

बारोन चार्ल्स सन् 1911 से 1918 और पुनः 1932–34 में बेल्जियम के प्रधानमंत्री रहे। बेल्जियम की कैथोलिक पार्टी के नेता बारोन का जन्म 4

दिसंबर, 1860 को पोस्टल, बेल्जियम में हुआ था। जब बारोन को लगा कि जर्मनी उनकी तटस्थता को कायम नहीं रहने देगा, तो उन्होंने अपनी सेना को युद्ध के लिए तैयार कर लिया। उन्होंने हिम्मत के साथ शत्रुओं का मुकाबला भी किया लेकिन 43,000 की मामूली फौज लाखों जर्मन टिड्डीदल का मुकाबला कैसे कर पाती? सन् 1934 तक वे सक्रिय राजनीति में रहे। 79 वर्ष की आयु में 5 सितंबर, 1940 को बुसेल्स में उनका निधन हो गया।

बुल्गारिया

जार फर्डिनेंड प्रथम (1861–1948)

जार फर्डिनेंड प्रथम विश्व युद्ध की समाप्ति तक बुल्गारिया के राजा रहे और नागरिक विद्रोह, क्रांति और सैन्य पराजय तक किसी तरह अपनी राजशाही बचाए रहे। 26 फरवरी, 1861 को विएना में जनमे फर्डिनेंड प्रिंस आगस्टस प्रथम के सबसे छोटे पुत्र थे। उन्हें 7 जुलाई, 1887 को बुल्गारिया का युवराज बनाया गया; यद्यपि बहुत से देशों ने उन्हें मान्यता प्रदान नहीं की थी, जिससे फर्डिनेंड क्षुब्ध रहते थे। प्रथम विश्व युद्ध में उन्होंने धुरी राष्ट्रों का साथ दिया और इन शक्तियों के पतन के साथ ही सितंबर 1918 में उन्हें आत्मसमर्पण करना पड़ा। इसके बाद वे कुबर्ग, जर्मनी जाकर रहने लगे। वहीं 87 साल की आयु में 10 सितंबर, 1948 को उनका देहावसान हो गया।

कनाडा

सर रॉबर्ट बॉर्डेन (1854–1937)

सर रॉबर्ट बॉर्डेन सन् 1911 से 1920 तक प्रथम विश्व युद्ध के दौरान कनाडा के प्रधानमंत्री रहे। 26 जून, 1854 को ग्रांड प्री, नोवा स्कोटिया में जनमे

बॉर्डेन ने 14 साल की उम्र में ही पढ़ाई छोड़ दी थी। प्रथम विश्व युद्ध के दौरान उन्होंने मित्र राष्ट्रों का समर्थन किया और उन्हें सहयोग दिया, लेकिन साथ ही वे शांति सम्मेलन बुलाने का भी आग्रह करते रहे, ताकि युद्ध की विभीषिका थम सके। फलतः पेरिस शांति सम्मेलन में उन्होंने कनाडियन प्रतिनिधिमंडल का नेतृत्व किया। 82 वर्ष की आयु में 10 जून, 1937 को ओटावा में उनका निधन हो गया।

चेकोस्लोवाकिया

टॉमस मसार्यक (1850–1937)

प्रथम विश्व युद्ध से पूर्व तक चेकोस्लोवाकिया ऑस्ट्रिया-हंगरी साम्राज्य का एक हिस्सा था। इस दौरान टॉमस मसार्यक चेक को आजादी दिलाने के

लिए जी-जान से जुटे हुए थे। विश्व युद्ध की समाप्ति के बाद उनकी मेहनत रंग लाई और वे आजाद चेकोस्लोवाकिया के प्रथम राष्ट्रपति बने।

अगस्त 1914 में युद्ध छिड़ने पर सौभाग्य से आंदोलनकर्ता के रूप में उन्हें गिरफ्तार नहीं किया गया और उसी वर्ष दिसंबर में वे जिनेवा और मार्च 1915 में लंदन चले गए। युद्ध के दौरान टॉमस मसार्यक अनवरत चेक गणराज्य के गठन के लिए प्रयासरत रहे और मित्र राष्ट्रों की मदद करते रहे। लंदन में रहकर ही उन्होंने चेकोस्लोवाकिया नेशनल काउंसिल गठित की जिसका आधार पेरिस में था। ऑस्ट्रो-हंगेरियन साम्राज्य के पतन के बाद मध्य नवंबर में नए राज्य चेकोस्लोवाकिया का गठन किया गया। टॉमस मसार्यक को देश का प्रथम राष्ट्रपति चुना गया। सन् 1937 में मृत्यु-पर्यंत वे देश के राष्ट्रपति रहे।

फ्रांस

एरिस्टिड ब्रेएंड (1862-1932)

एरिस्टिड ब्रेएंड छह बार फ्रांस के राष्ट्रपति निर्वाचित हुए। सन् 1909 से 1929 तक एक-एक, दो-दो साल के लिए वे छह बार राष्ट्रपति बने। ब्रेएंड का जन्म 28 मार्च, 1862 को नेंटेज में हुआ। शुरू से ही उनका रुझान समाजवादी विचारधारा में रहा। फ्रांस की तरक्की में उनके योगदान को भुलाया नहीं जा सकता। प्रथम विश्व युद्ध के दौरान उन्होंने पेरिस में शांति सम्मेलन आहूत किया। युद्ध के बाद उन्होंने 'लीग ऑफ नेशंस' की स्थापना का समर्थन किया और अंतरराष्ट्रीय 'युद्ध विरोधी' के रूप में प्रसिद्धि प्राप्त की। उनके शांति-प्रयासों के फलस्वरूप वर्ष 1926 में गुस्ताव स्ट्रेसमैन के साथ उन्हें 'नोबेल शांति पुरस्कार' से सम्मानित किया गया।

7 मार्च, 1932 को 69 वर्ष की आयु में शांति की प्रतिमूर्ति एरिस्टिड ब्रेएंड का पेरिस में निधन हो गया।

जॉर्ज क्लिमेनस्यु (1841–1929)

क्लिमेनस्यु सन् 1906 से 1909 और नवंबर, 1917 से 1920 तक दो बार फ्रांस के राष्ट्रपति रहे। 'द टाइगर' उपनाम से प्रसिद्ध क्लिमेनस्यु पक्के गणतांत्रिक विचारधारा के पोषक थे, अत: नेपोलियन तृतीय की सरकार से उनकी ठन गई। उन्होंने डॉक्टरी की थी, अत: संयुक्त राज्य अमेरिका चले गए। वहाँ वे शिक्षण और पत्रकारिता करते रहे।

सन् 1869 में वे वापस फ्रांस लौटे। 24 नवंबर, 1929 को पेरिस में उनका निधन हो गया।

चार्ल्स द गॉल (1890–1970)

चार्ल्स द गॉल का जन्म लिलि, फ्रांस में 22 नवंबर, 1890 को हुआ। गॉल एक कुशल सैन्य कमांडर, लेखक और राजनेता थे। द्वितीय विश्व युद्ध के दौरान वे आजाद फ्रांस के नेता रहे। 1958 से 1969 तक वे फ्रांस के राष्ट्रपति रहे। 9 नवंबर, 1970 को उनका निधन हो गया।

जर्मनी

प्रिंस मैक्स वॉन बाडेन (1867–1929)

प्रिंस मैक्स वॉन बाडेन नवंबर 1918 में जर्मनी के गणराज्य बनने तक वहाँ के अंतिम शाही चांसलर रहे। 10 जुलाई, 1867 को बाडेन स्थान पर जनमे मैक्स वॉन ग्रांड ड्यूक फ्रेडरिक प्रथम के भाई प्रिंस विलहेम के पुत्र थे। सन् 1907 में वे उत्तराधिकारी नियुक्त हुए। प्रथम विश्व युद्ध के दौरान उन्होंने सभी देशों के युद्धबंदियों के कल्याणार्थ जारी कार्यों को लगभग बंद करवा दिया। उन्होंने पनडुब्बी युद्ध को खूब बढ़ावा दिया। उन्होंने जो भी नीति लागू की, वह आपदा लेकर आई। अंततोगत्वा तटस्थ संयुक्त राज्य अमेरिका को उसने धुरी राष्ट्रों के विरुद्ध प्रेरित किया, जिसका परिणाम जर्मनी को घुटने टेककर भुगतना पड़ा। उनकी मृत्यु बाडेन में 62 वर्ष की आयु में 6 नवंबर, 1929 को हो गई।

विलहेम कैसर द्वितीय (1859-1941)

जर्मन सम्राट् कैसर विलहेम द्वितीय जर्मनी के अंतिम कैसर (सम्राट्), फ्रेडरिक तृतीय और क्वीन विक्टोरिया की पुत्री विक्टोरिया के पुत्र थे। उनका जन्म सन् 1859 में पोट्सडैम में हुआ था। विलहेम सन् 1888 में जर्मनी के सम्राट् बने। उनके राज्यारोहण के समय ऑटो वॉन बिस्मार्क जर्मनी के चांसलर थे। 2 साल बाद उन्होंने जबरन बिस्मार्क को पदच्युत कर दिया। विलहेम सैन्यवाद के प्रसार में यकीन रखते थे। वे जर्मन-सेना की शक्ति बढ़ाने के प्रबल पक्षधर थे। विश्व युद्ध को भड़काने में उनके सिद्धांतों ने आग में घी का काम किया। सन् 1941 में कैसर विलहेम द्वितीय का निधन हो गया।

ओटो एडुअर्ड लिओपोल्ड बिस्मार्क (1815-1898)

ओटो एडुअर्ड लिओपोल्ड बिस्मार्क (1815-1898) जर्मन राजनेता था। उसे जर्मनी के एकीकरण के लिए प्रसिद्धि मिली। वह द्वितीय जर्मन साम्राज्य का प्रथम चांसलर बना। वह 'रीअल पालिटिक' की नीति के लिए प्रसिद्ध है, जिसके कारण उसे 'लौह चांसलर' के उपनाम से जाना जाता है।

बिस्मार्क का जन्म शून हौसेन में 1 अप्रैल, 1815 को हुआ। उसने कानून का अध्ययन किया। बाद में कुछ समय के लिए नागरिक तथा सैनिक सेवा की। सन् 1847 में वह प्रशा की विधानसभा का सदस्य बना। 1848-49 की क्रांति के समय उसने राजा के 'दिव्य अधिकार' का समर्थन किया। सन् 1851 में उसे फ्रैंकफर्ट की संघीय सभा में प्रशा का प्रतिनिधि बनाकर भेजा गया। वहाँ उसने जर्मनी में ऑस्ट्रिया के आधिपत्य का कड़ा विरोध किया और प्रशा को समान अधिकार देने पर बल दिया। आठ वर्ष फ्रैंकफर्ट में रहने के बाद सन् 1859 में वह रूस में राजदूत नियुक्त हुआ। वर्ष 1862 में वह पेरिस में राजदूत बनाया गया और उसी वर्ष सेना के विस्तार के प्रश्न पर संसदीय संकट उपस्थित होने पर वह प्रधानमंत्री के पद पर नियुक्त किया गया। सेना के पुनर्गठन की स्वीकृति प्राप्त करने तथा बजट पास कराने में जब उसे सफलता नहीं मिली तो उसने संसद् से बिना पूछे ही कार्य करना प्रारंभ किया और जनता से टैक्स भी वसूल करता रहा। जर्मन राष्ट्रीयता की भावना का लाभ उठाकर बिस्मार्क ने

ऑस्ट्रिया के सहयोग से सन् 1864 में डेनमार्क पर हमला कर दिया और दोनों ने मिलकर उस क्षेत्र को अपने राज्य में मिला लिया।

दो वर्ष बाद बिस्मार्क ने ऑस्ट्रिया से भी संघर्ष छेड़ दिया। युद्ध में ऑस्ट्रिया की पराजय हुई और उसे जर्मनी से हट जाना पड़ा। अब बिस्मार्क के नेतृत्व में जर्मनी के सभी उत्तरस्थ राज्यों को मिलाकर उत्तरी जर्मन संघ राज्य की स्थापना हुई। जर्मनी की इस शक्ति-वृद्धि से फ्रांस आतंकित हो उठा। स्पेन की राजगद्दी के उत्तराधिकार के प्रश्न पर फ्रांस एवं जर्मनी में तनाव की स्थिति उत्पन्न हो गई और अंत में 1870 में दोनों के बीच युद्ध ठन गया। फ्रांस की हार हुई और उसे अलसलॉरेन का प्रांत तथा भारी हर्जाना देकर जर्मनी से संधि करनी पड़ी। सन् 1871 में नए जर्मनी राज्य की घोषणा कर दी गई। इस नवस्थापित राज्य को सुसंगठित और प्रबल बनाना ही अब बिस्मार्क का प्रधान लक्ष्य बन गया। इसी दृष्टि से उसने ऑस्ट्रिया और इटली से मिलकर एक त्रिराष्ट्र संधि की। पोप की 'अमोघ' सत्ता का खतरा कम करने के लिए उसने कैथोलिकों के शक्तिरोध के लिए कई कानून बनाए और समाजवादी आंदोलन के दमन का भी प्रयत्न किया, जिसमें उसे अधिक सफलता नहीं मिली। साम्राज्य में तनाव और असंतोष की स्थिति उत्पन्न हो गई। अंततोगत्वा सन् 1890 में नए जर्मन सम्राट् विलहेम द्वितीय से मतभेद उत्पन्न हो जाने के कारण उसने पद-त्याग कर दिया। 30 जुलाई, 1898 को उसकी मृत्यु हो गई।

ग्रीस

किंग कॉन्सटेंटाइन प्रथम (1868-1923)

किंग जॉर्ज प्रथम की हत्या के बाद उनके सबसे बड़े पुत्र कॉन्सटेंटाइन प्रथम सन् 1913 में ग्रीस के राजा बने। वे सन् 1913 से 1917 तक और पुनः 1920 से 1922 तक ग्रीस के राजा रहे।

प्रथम विश्व युद्ध से पूर्व युवराज के रूप में कॉन्सटेंटाइन ने बालकन युद्ध के दौरान ग्रीक सेना का नेतृत्व किया था। सलोनिका में पिता की मृत्यु के बाद 8 मार्च, 1913 को वे सिंहासनारूढ़ हुए। सन् 1922 में ग्रीक सेना के अनातोलिया में तुर्की से पराजित हो जाने के बाद उन्हें पद छोड़ना पड़ा। उन्हें देश-निकाला दे दिया गया और सिसली भेज दिया गया। वहीं सन् 1923 में उनकी मृत्यु हो गई।

इटली

पाओलो बोसेली (1838-1932)

पाओलो बोसेली 78 साल की दीर्घायु में सन् 1916 में इटली के प्रधानमंत्री और इटली की पहली युद्धकालिक गठबंधन सरकार के सर्वेसर्वा नियुक्त किए गए। 8 जून, 1838 को सवोना, पिडमोंट, बोसेली में जनमे पाओलो रोम यूनिवर्सिटी में विज्ञान के प्रथम प्रोफेसर नियुक्त हुए थे। उन्होंने लंबी राजनीतिक पारी खेली। 10 मार्च, 1932 को 93 साल की आयु में रोम में उनका निधन हुआ।

विटोरियो ऑरलैंडो (1860-1952)

विटोरियो एमानुएल ऑरलैंडो कैपोरेटो में इटली की शर्मनाक पराजय के बाद सन् 1917 में इटली के प्रधानमंत्री मनोनीत हुए। 19 मई, 1860 को जनमे ऑरलैंडो का पालन-पोषण पालेर्यो, सिसली में हुआ।

पेरिस शांति सम्मेलन में इटली के हितों को बचाए रखने में विफल हो जाने के कारण उनकी राजनीतिक स्थिति बहुत कमजोर हो गई। फलत: 19 जून, 1919 को उन्होंने अपने पद से इस्तीफा दे दिया। 1 दिसंबर, 1952 को रोम में उनका निधन हो गया।

किंग विटोरियो एमानुएल तृतीय (1869-1947)

11 नवंबर, 1869 को जनमे विटोरियो एमानुएल अपने पिता उमवेर्टो प्रथम की हत्या के बाद 31 वर्ष की आयु में सन् 1900 में इटली के राजा मनोनीत हुए। उनके शासन के प्रथम वर्ष के दौरान इटली की खूब आर्थिक उन्नति हुई।

प्रथम विश्व युद्ध के दौरान इटली ने तटस्थ रहने का फैसला किया, हालाँकि बाद में साम्राज्यवाद की लालसा में वह भी मित्र राष्ट्रों के पक्ष में युद्ध में कूद गया।

28 दिसंबर, 1947 को 78 साल की आयु में उनका निधन हो गया।

न्यूजीलैंड

विलियम फर्गुसन मैसी (1856–1925)

विलियम मैसी सन् 1912 से 1925 के दौरान न्यूजीलैंड के प्रधानमंत्री रहे। प्रथम विश्व युद्ध के दौरान न्यूजीलैंड मित्र राष्ट्रों के खेमे में शामिल था। 26 मार्च, 1856 को लिमावेडी, आयरलैंड में जनमे मैसी का परिवार सन् 1862 में न्यूजीलैंड में आकर बस गया। मैसी ने आयरलैंड में ही रहकर पढ़ाई पूरी की और दिसंबर 1870 में न्यूजीलैंड गए।

10 मई, 1925 को अपने दफ्तर में ही उनका निधन हो गया।

ऑटोमन साम्राज्य

सुलतान महमूद पंचम (1844–1918)

सुलतान महमूद पंचम सन् 1909 से मृत्यु-पर्यंत 1918 तक ऑटोमन साम्राज्य के सुलतान रहे। 2 नवंबर, 1844 को कॉन्सटेंटिनोपल में जनमे महमूद का मूल नाम महमूद रेशाद था। सुलतान महमूद पारसी साहित्य के शौकीन दयालु और नरम मिजाज सुलतान थे। महमूद एक कठपुतली शासक थे। उनके कार्य-कलाप 'कमेटी ऑफ यूनियन एंड प्रोग्रेस' के नेताओं द्वारा निर्देशित होते थे।

नवंबर 1914 में उनकी इच्छा के विरुद्ध तुर्की धुरी राष्ट्रों के समर्थन में प्रथम विश्व युद्ध में कूद गया। उनसे दुनिया भर के मुसलमानों को मित्र राष्ट्रों के विरुद्ध एकजुट होने की अपील भी कराई, लेकिन उसका कोई असर नहीं हुआ।

3 जुलाई, 1918 को 73 साल की आयु में कॉन्सटेंटिनोपल में महमूद का निधन हो गया। उनके शासनकाल में ऑटोमन साम्राज्य का विघटन हो गया। उनकी मौत के 6 महीने के भीतर ही कॉन्सटेंटिनोपल पर भी मित्र राष्ट्रों का कब्जा हो गया।

रूमानिया

किंग कैरोल प्रथम (1839-1914)

रूमानिया के राजा किंग कैरोल प्रथम जर्मनी के प्रबल पक्षधर थे। अगस्त 1914 में प्रथम विश्व युद्ध छिड़ने के बाद हालाँकि अपने देशवासियों की भावनाओं को देखते हुए वे जर्मनी के पक्ष में युद्ध में शामिल नहीं हुए और स्वयं को तटस्थ देश घोषित कर दिया।

20 अप्रैल, 1839 को सिगमेरिनजेन, प्रशिया में जनमे किंग कैरोल प्रथम का मूल नाम कार्ल आइटेल फ्राइड्रिच था। सन् 1864 में फारस के युद्ध में उन्होंने डेनमार्क के विरुद्ध मोरचा सँभाला था।

प्रथम विश्व युद्ध में तटस्थ रहने के उनके निर्णय पर धुरी राष्ट्रों का उन्हें चौतरफा दबाव झेलना पड़ रहा था। अंततः 10 अक्तूबर, 1914 को उन्होंने गद्दी छोड़ दी। उसी वर्ष 75 साल की उम्र में उनका निधन हो गया।

किंग फर्डिनेंड प्रथम (1865-1927)

फर्डिनेंड का जन्म 24 अगस्त, 1865 को सिगमेरिनजेन, प्रशिया में हुआ। वे किंग कैरोल के भाई होहेनजोलेर्न के प्रिंस लियोपोल्ड के पुत्र थे। किंग कैरोल प्रथम की मृत्यु के बाद वे रूमानिया के राजा बने। विश्व युद्ध में जाने से वे लंबे समय तक स्वयं को नहीं रोक सके और अगस्त, 1916 में मित्र राष्ट्रों के पक्ष में युद्ध में कूद पड़े।

जल्दी ही उन्हें जर्मन हमला झेलना पड़ा और उन्हें देश के सुदूर उत्तर-पूर्व में भेज दिया गया। फर्डिनेंड यद्यपि इस युद्ध की पराजय से कभी नहीं उबर पाए, तथापि सन् 1919 के पेरिस शांति सम्मेलन में उन्हें उल्लेखनीय इलाके हासिल हुए।

यूगोस्लाविया

मार्शल टीटो (1892–1980)

मार्शल टीटो का जन्म कुमरोवेस, क्रोशिया में 25 नवंबर, 1892 को हुआ। टीटो एक कुशल सैन्य कमांडर, लेखक और राजनेता थे। द्वितीय विश्व युद्ध के दौरान वे आजाद फ्रांस के नेता रहे। सन् 1953 में वे यूगोस्लाविया के राष्ट्रपति बने। उन्होंने विश्व युद्ध के दौरान तबाह हुए देश के पुनर्निर्माण और टुकड़ों में बँटे समाज को जोड़ने का महती कार्य किया। 4 मई, 1980 को उनका निधन हो गया।

रूस

लेनिन (1870–1924)

लेनिन का जन्म 22 अप्रैल, 1870 को सिमबिर्स्क, वोल्गा, रूस में हुआ। वे रूसी क्रांतिकारी और बोलशेविक पार्टी के नेता थे। उनके क्रांतिकारी विचारों को लेनिनवाद के नाम से जाना जाता है। बाद में स्तालिन ने उनके विचारों मार्क्सवाद–लेनिनवाद नाम दिया। द्वितीय विश्व युद्ध के दौरान लेनिन ने जर्मनी से संधि की वकालत की। फलत: मार्च 1918 में ब्रेस्ट लिवोटस्क की संधि हुई। वे सोवियत संघ के पहले तानाशाह बने। 21 जनवरी, 1924 को उनका निधन हो गया। मृत्यु के बाद चार दशक तक उनके संरक्षित शरीर को जन–दर्शनार्थ मॉस्को के लाल चौक पर रखा गया।

ग्रांड ड्यूक मिखाइल (1878–1918)

ग्रांड ड्यूक मिखाइल को जार निकोलस द्वितीय ने रूस के जार के उत्तराधिकारी के रूप में मार्च 1917 में मनोनीत किया था। मिखाइल न केवल शाही परिवार के सदस्य थे, उन्होंने रूसी सेना में नौकरी की और 'इंपीरियल गार्ड' के कमांडर रहे। बाद में कतिपय कारणों से उन्हें देश–निकाला दे दिया गया। वे विएना चले गए। प्रथम

विश्व युद्ध भड़कने पर सन् 1914 में उन्हें मातृभूमि वापस लौटने की अनुमति मिल गई।

युद्ध में उन्हें 'वाइल्ड डिवीजन' की कमान सौंपी गई। 'एक दिन के जार' के रूप में एलेक्जेंडर कैरेंस्की को रूस से भागने में मदद करने के जुर्म में उन्हें जेल हो गई और जून, 1918 में उनकी हत्या कर दी गई।

जार निकोलस द्वितीय (1868-1918)

रूस के अंतिम सम्राट् जार निकोलस का जन्म 18 मई, 1868 को जारस्को सिलो में हुआ था। 20 अक्तूबर, 1894 को पिता एलेक्जेंडर तृतीय की मृत्यु के बाद निकोलस को 26 वर्ष की उम्र में राजगद्दी मिली।

उनका कार्यकाल बहुत संघर्षपूर्ण रहा। 1904-05 के जापान के साथ युद्ध में रूस की प्रतिष्ठा को गहरा धक्का लगा। इसी के साथ कामगारों की हड़ताल ने उद्योग-धंधों की कमर तोड़कर रख दी थी। इसी बीच प्रथम विश्व युद्ध छिड़ गया, जिसमें रूस ने मित्र राष्ट्रों का साथ दिया। इससे कामगारों का मामला कुछ समय के लिए शांत हो गया और सभी निकोलस के पीछे खड़े हो गए। सितंबर 1915 में जार निकोलस ने युद्ध की कमान स्वयं सँभाल ली। पूर्वी मोरचे पर हुए युद्ध में निकोलस का नेतृत्व काम नहीं कर सका और भारी दबाव में उन्हें 15 मार्च, 1917 को राजगद्दी छोड़नी पड़ी। उन्हें परिवार सहित सर्बियाई शहर एकाटेरिनबर्ग भेज दिया गया, जहाँ 16-17 जुलाई की रात को उन्हें फाँसी दे दी गई।

किंग एलेक्जेंडर प्रथम (1888-1934)

किंग एलेक्जेंडर प्रथम का जीवन युवराज, रीजेंट, कमांडर-इन-चीफ और बाद में सर्बिया के राजा के रूप में बहुत अशांति भरा रहा। सर्बिया बाद में यूगोस्लाविया कहलाया। 16 अक्तूबर, 1888 को सेटिंजे, मोंटिनिग्रो में जनमे एलेक्जेंडर किंग पीटर प्रथम के दूसरे पुत्र थे। अपने जीवन का कुछ समय उन्होंने अपने पिता के साथ जेनेवा में देश-निकाला के रूप में बिताया। सन् 1904 में वे सेंट पीटर्सबर्ग में रूस

की शाही सेना में भरती हुए। अनेक उतार-चढ़ावों के बाद पिता की मृत्यु के पश्चात् सन् 1921 में उन्हें सर्बिया की राजगद्दी मिली। वे संसदीय सरकार के गठन के पक्षधर थे। इसी सिलसिले में 9 अक्तूबर, 1934 को फ्रांस की राजकीय यात्रा के समय उन पर मकदूनियन कार्यकर्ता द्वारा जानलेवा हमला किया गया। अशांति भरा उनका जीवन इसी के साथ शांत हो गया।

किंग पीटर प्रथम (1844-1921)

बेलग्रेड में जनमे पीटर प्रथम काराडेजोरडेजेविक सर्बिया के प्रथम संवैधानिक राजा बने, जिनका निर्वाचन संसद् ने किया था।

प्रथम विश्व युद्ध की चिनगारी सर्बिया से ही निकली थी, जहाँ ऑस्ट्रो-हंगेरियन साम्राज्य के युवराज फ्रेंज फर्डिनेंड की हत्या कर दी गई थी। जर्मन, ऑस्ट्रो-हंगेरियन और बुल्गारियाई फौज का पहला हमला सर्बिया पर ही हुआ। किंग पीटर को कोर्फू (ग्रीस) भागना पड़ा।

विश्व युद्ध की आग ठंडी पड़ने पर सर्बिया यूगोस्लाविया बनकर उभरा। तब दिसंबर 1918 में किंग पीटर पुनः नए राज्य के राजा बनाए गए। सन् 1921 में उनकी मृत्यु के बाद एलेक्जेंडर राजा बने।

ब्रिटेन

किंग जॉर्ज पंचम (1865-1936)

ब्रिटेन के राजा जॉर्ज पंचम का जन्म 3 जून, 1865 को किंग एडवर्ड सप्तम और एलेक्जेंड्रा के दूसरे पुत्र के रूप में हुआ। जॉर्ज सन् 1910 से 1936 तक ब्रिटेन के राजा रहे।

प्रथम विश्व युद्ध के दौरान किंग जॉर्ज और उनकी पत्नी मेरी कई बार पश्चिमी मोरचे पर लड़ाई का जायज़ा लेने गए। ऐसे ही एक दौरे के दौरान एक बार उनका घोड़ा उन पर लोट-पोट हो गया और उनके कूल्हे की हड्डी टूट गई। उस चोट ने उन्हें जीवन भर परेशान किया।

20 जनवरी, 1936 को उनका देहावसान हो गया। उनके बाद उनके पुत्र एडवर्ड अष्टम राजा बना।

संयुक्त राज्य अमेरिका

वूड्रॉव विल्सन (1856-1924)

28 दिसंबर, 1856 को वर्जीनिया में जनमे विल्सन संयुक्त राज्य अमेरिका के 28वें राष्ट्रपति बने। वे स्वयं को लोगों का व्यक्तिगत प्रतिनिधि कहते थे और अपने देश की भलाई में जी-जान से जुटे हुए थे। उन्होंने सुधारवादी कार्यक्रम चलाकर अपने देश को अंतरराष्ट्रीय स्तर पर प्रतिष्ठापित किया। युद्धों को विध्वंसकारी बताते हुए प्रथम विश्व युद्ध के दौरान उन्होंने तटस्थ रहने का निश्चय किया। लेकिन जब युद्ध का दायरा बढ़ता गया और उसकी आँच अमेरिका को भी झुलसाने लगी तो विश्व को 'लोकतंत्र के लिए सुरक्षित' जगह बनाने के इरादे से 27 जून, 1917 को उन्होंने भी मित्र राष्ट्रों के समर्थन में युद्ध में कूदने की घोषणा कर दी। इसके बाद युद्ध की दिशा, दशा और परिणाम मित्र राष्ट्रों के पक्ष में होते देर नहीं लगी। हृदयाघात से 3 फरवरी, 1924 को उनका प्राणांत हो गया।

भारत

इंद्र लाल रॉय (1898-1918)

कलकत्ता में 2 दिसंबर, 1898 को जनमे रॉय सेंट पॉल स्कूल, किंगसटन, इंगलैंड में अध्ययनरत थे, तभी प्रथम विश्व युद्ध भड़क उठा। उस वक्त वे 15 वर्ष के थे।

अक्तूबर 1917 में प्रशिक्षण के बाद उन्हें ब्रिटिश वायु सेना की 56वीं टुकड़ी में नौकरी मिल गई। इस दौरान विश्व युद्ध चरम पर था। लेकिन दो महीने बाद ही रॉय को एक तगड़ा आघात लगा।

एस.ई. 5ए विमान लैंडिंग के दौरान 6 दिसंबर, 1917 को क्रैश हो गया; पर सौभाग्य से रॉय बच गए। इसके बाद वे वायुयानों के स्केच बनाने लगे। उन्हें चिकित्सा प्रशिक्षण के लिए इंग्लैंड भेजा गया। बाद में उन्हें चिकित्सकीय रूप से अयोग्य करार दे दिया गया। लेकिन उसे धता बताते हुए 19 जून, 1918 को वे फ्रांस पहुँचे। वहाँ जॉर्ज मैकेलरॉय के नेतृत्ववाली 40वीं टुकड़ी में नौकरी कर ली। 6 से 19 जुलाई के छोटे से समय में रॉय ने 10 जीतें (2 किसी अन्य के साथ) दर्ज कीं।

22 जुलाई, 1918 को भारत का यह एकमात्र जांबाज आधिकारिक वायु सैनिक अधिकारी कारविन के आकाश में जर्मन फोकर युद्धक विमान डी-7 से आक्रामक युद्ध के दौरान शहीद हो गया। मरणोपरांत सितंबर 1918 में रॉय को डिसटिंग्विश फ्लाइंग क्रॉस (डी.एफ.सी.) से सम्मानित किया गया।

❑

प्रथम विश्व युद्ध : बोलते चित्र

जर्मन सेना ने वर्दून (फ्रांस) को नेस्तनाबूद करके रख दिया।

कुत्तागाड़ी से मशीनगनें ढोते बेल्जियम के सैनिक।

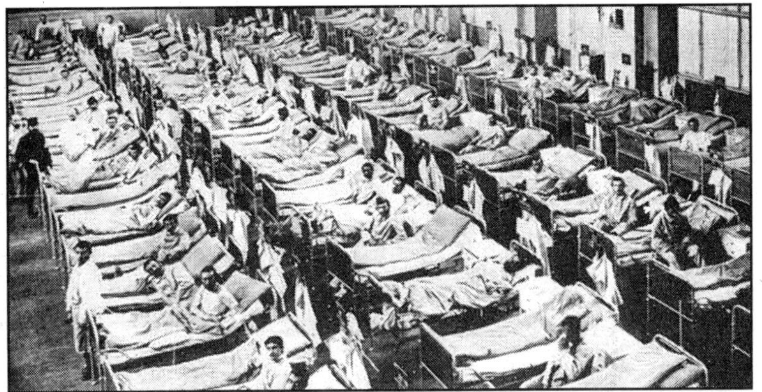

बर्लिन के एक अस्पताल में घायलों का जमावड़ा।

सैनिक एवं उसका घोड़ा दोनों गैस मास्क लगाए।

बम-वर्षक विमान।

माँ-बाप को तलाशता एक अनाथ सर्बियाई बालक।

बारह वर्षीय सर्बियाई फौजी।

गैस हमले में आहत ब्रिटिश फौजी उपचार के इंतजार में।

जर्मन संदेशवाहक कुत्ता सुरंग के ऊपर से छलाँग लगाते हुए।

बर्लिन में प्रथम विश्व युद्ध की घोषणा के समय का दृश्य। हिटलर तब जर्मन सेना में एक साधारण फौजी था।

आकाशीय भिड़ंत।

युद्ध अपराधी।

अलग-अलग मोरचों पर भारतीय सैनिक

युद्ध के दौरान वीरान पेरिस के कुछ दृश्य

विश्व युद्ध के दौरान (सन् 1914-18) में हुआ व्यय

मित्र राष्ट्रों का व्यय (डॉलर में)

संयुक्त राज्य अमेरिका	22,625,253,000
ग्रेट ब्रिटेन	35,334,012,000
फ्रांस	24,265,523,000
रूस	22,293,950,000
इटली	12,413,998,000
रूमानिया	1,600,000,000
बेल्जियम	1,154,468,000
जापान	40,000,000
सर्बिया	399,400,000
ग्रीस	270,000,000
कनाडा	1,665,576,000
ऑस्ट्रेलिया	1,423,208,000
न्यूजीलैंड	378,750,000
भारत	601,279,000
दक्षिण अफ्रीका	300,000,000
ब्रिटिश उपनिवेश	500,000,000
कुल	**125,690,477,000**

विश्व युद्ध के दौरान सन् 1914-18 के बीच धुर राष्ट्रों का व्यय (डॉलर में)

जर्मनी	37,775,000,000
ऑस्ट्रिया-हंगरी	20,622,960,000

तुर्की	1,430,000,000
बुलगेरिया	815,200,000
कुल	**60,643,160,000**

प्रथम विश्व युद्ध में हुई कुल मानवीय क्षति

देश	मौतें	गंभीर घायल	अन्य घायल	कैदी या लापता
रूस	2,762,064	1,000,000	3,950,000	2,500,000
जर्मनी	1,611,104	1,600,000	2,183,143	772,522
फ्रांस	1,427,800	700,000	2,344,000	453,500
ऑस्ट्रिया-हंगरी	911,000	850,000	2,150,000	443,000
ग्रेट ब्रिटेन	807,451	617,714	1,441,394	64,907
सर्बिया	707,343	322,000	28,000	100,000
इटली	507,160	500,000	462,196	1,359,000
तुर्की	436,924	107,772	300,000	103,731
रूमानिया	339,117	200,000	–	116,000
बेल्जियम	267,000	40,000	100,000	10,000
अमेरिका	107,284	43,000	148,000	4,912
बुल्गारिया	101,224	300,000	852,339	10,825
ग्रीस	15,000	10,000	30,000	45,000
पुर्तगाल	4,000	5,000	12,000	200
जापान	300	–	907	3
कुल	**9,998,771**	**6,295,512**	**14,002,039**	**5,983,600**

10,000,000	मृत सैनिक
3,000,000	अनुमानित मृत सैनिक
13,000,000	नागरिक मौतें
20,000,000	घायल
3,000,000	कैदी
9,000,000	बेघर अनाथ
5,000,000	युद्ध विधवा
10,000,000	शरणार्थी

प्रथम विश्व युद्ध : युद्ध-विवरण

28 जून, 1914	: ऑस्ट्रिया-हंगरी के युवराज फ्रेंज फर्डिनेंड की सर्बिया में हत्या।
23 जुलाई, 1914	: ऑस्ट्रिया-हंगरी की सर्बिया को चेतावनी।
28 जुलाई, 1914	: ऑस्ट्रिया-हंगरी की सर्बिया के खिलाफ युद्ध की घोषणा।
1 अगस्त, 1914	: जर्मनी ने रूस के खिलाफ युद्ध की घोषणा की।
3 अगस्त, 1914	: जर्मनी ने फ्रांस के खिलाफ युद्ध की घोषणा की।
4 अगस्त, 1914	: जर्मनी का बेल्जियम पर हमला। इसकी प्रतिक्रिया-स्वरूप ब्रिटेन का जर्मनी पर हमला।
अगस्त 1914	: टेनिनबर्ग का युद्ध।
10 अगस्त, 1914	: ऑस्ट्रिया-हंगरी ने रूस के विरुद्ध युद्ध की घोषणा की।
13 अगस्त, 1914	: जापान ने जर्मनी के विरुद्ध युद्ध की घोषणा की।
सितंबर 1914	: ब्रिटेन, रूस और फ्रांस के बीच संधि।
9 अक्तूबर, 1914	: बेल्जियम पर जर्मन कब्जा। एंट्रेप पर घेरा।
29 अक्तूबर, 1914	: ऑटोमन साम्राज्य ऑस्ट्रिया-हंगरी तथा जर्मनी के पक्ष में युद्ध में कूदा।
2 नवंबर, 1914	: ऑटोमन साम्राज्य पर रूसी हमला।
5 नवंबर, 1914	: ब्रिटेन और फ्रांस ने तुर्की तथा ऑटोमन साम्राज्य के खिलाफ युद्ध की घोषणा की।
फरवरी 1915	: ब्रिटिश प्रधानमंत्री विंस्टन चर्चिल का इस्तीफा।
25 अप्रैल, 1915	: गॉलीपॉली अभियान। तुर्की ने मित्र राष्ट्रों को भारी शिकस्त दी।
26 अप्रैल, 1915	: ब्रिटेन, फ्रांस तथा रूस से इटली की गुप्त संधि, जिसे 'लंदन पैक्ट' नाम दिया गया।

23 मई, 1915	:	ऑस्ट्रिया-हंगरी के विरुद्ध इटली की युद्ध-घोषणा। बुल्गारिया ने धुरी राष्ट्रों के समर्थन में सर्बिया के विरुद्ध युद्ध की घोषणा की।
9 मार्च, 1916	:	पुर्तगाल के विरुद्ध जर्मनी की युद्ध-घोषणा।
अप्रैल 1916	:	रूमानिया का धुरी राष्ट्रों के पक्ष में युद्ध में प्रवेश।
31 मई, 1916	:	जुटलैंड का युद्ध।
28 अगस्त, 1916	:	इटली ने जर्मनी के विरुद्ध युद्ध की घोषणा की।
28 नवंबर, 1916	:	पहला हवाई हमला।
21 फरवरी-नवंबर, 1916	:	वर्दून का युद्ध।
1 जुलाई-नवंबर, 1916	:	सॉदिए का युद्ध।
दिसंबर 1916	:	लॉयड जॉर्ज ब्रिटिश प्रधानमंत्री बने।
16 जनवरी, 1917	:	जर्मनी ने मेक्सिको को तार भेजकर संयुक्त राज्य अमेरिका के विरुद्ध संधि की पेशकश की। तार अमेरिका के हाथ लगा।
6 अप्रैल, 1917	:	अमेरिका ने जर्मनी के खिलाफ युद्ध की घोषणा की।
27 जून, 1917	:	ग्रीस जर्मनी के विरुद्ध युद्ध में कूदा।
14 अगस्त, 1917	:	चीन मित्र राष्ट्रों के समर्थन में युद्ध में उतरा।
26 अक्तूबर, 1917	:	दक्षिण अमेरिकी देश ब्राजील धुरी राष्ट्रों के विरुद्ध युद्ध में कूदा।
दिसंबर 1917	:	ब्रेस्ट लिटोवस्क की संधि हुई। रूस युद्ध से हटा।
अप्रैल 1918	:	रैपिड एक्शन फोर्स का गठन।
8-11 अगस्त, 1918	:	आमिएँ का युद्ध।
अक्तूबर, 1918	:	फ्रांस एवं बेल्जियम पर पुनः मित्र राष्ट्रों का कब्जा।
30 अक्तूबर, 1918	:	तुर्की से संधि। मित्र राष्ट्रों को तुर्की साम्राज्य से होकर हमला करने की छूट।
नवंबर 1918	:	हिंडनबर्ग लाइन ध्वस्त।
9 नवंबर, 1918	:	जर्मन सम्राट् कैसर ने पद छोड़ा।
11 नवंबर, 1918	:	दोनों पक्षों के बीच संधि और युद्ध-समाप्ति की घोषणा।

❑

प्रथम विश्व युद्ध : मुख्य तथ्य

- प्रथम विश्व युद्ध आधिकारिक रूप से सन् 1914 में आरंभ हुआ।
- इस युद्ध में 4 करोड़ से अधिक लोग मारे गए।
- जर्मन युद्धपोत एमडेन ने मित्र राष्ट्रों के 23 पोत डुबोए।
- विश्व युद्ध के दौरान जर्मन पनडुब्बियों ने मित्र राष्ट्रों के 2,600 से अधिक जहाजों को समुद्र में डुबो दिया।
- विश्व युद्ध में 124 देशों ने पक्ष/विपक्ष में युद्ध किया।
- जून 1918 का 'बेलेयू वुड' का युद्ध इतना भयानक था कि प्रति वर्ग मील क्षेत्र में अमेरिका के हताहत सैनिकों की संख्या 5,200 तक जा पहुँची थी।
- युद्ध के दौरान जर्मनी ने 123 जेपलिन और इसी तरह के वायुयान बनाए थे।
- युद्ध के दौरान ब्रिटेन ने 5,400 कैमल युद्धक विमान बनाए थे।
- सोमे के युद्ध में पहले ही दिन लगभग 58,000 ब्रिटिश सैनिक हताहत हुए थे।
- वर्दून के युद्ध में 3 करोड़ 20 लाख तोप के गोले चलाए गए थे।
- लगभग 2,75,000 इतालवी कैदियों को कापोरेट्टो ले जाया गया।
- सन् 1918 में साइबेरिया में 75,000 जापानी सैनिकों को भेजा गया।
- वारसा की संधि के तहत जर्मन सेना 1 लाख सैनिकों तक सीमित कर दी गई।
- प्रथम विश्व युद्ध के दौरान घायल सैनिकों की संख्या 2 करोड़ के लगभग थी।
- इस युद्ध में अनुमानित 200 अरब डॉलर खर्च हुए।

❑

प्रथम विश्व युद्ध में भारत की भूमिका

प्रथम विश्व युद्ध में भारत ने महत्त्वपूर्ण भूमिका का निर्वाह किया था, जिसे प्रायः अनदेखा किया गया, क्योंकि उन दिनों भारत देश गुलाम था। सन् 1914 में जब प्रथम विश्व युद्ध छिड़ा, भारत में राजनीतिक अस्थिरता का दौर था। इंडियन नेशनल कांग्रेस कई खेमों में बँटी हुई थी, जिनमें कुछ 'स्वराज' के पक्ष में थे और कुछ ब्रिटिश शासन के।

युद्ध की शुरुआत से पहले जर्मनी ने ब्रिटिश विरोधी माहौल बनाने के लिए भारत में अपनी काफी ऊर्जा खर्च की थी। कई राष्ट्रवादियों को आशा थी कि ब्रिटेन पर मुसीबत आएगी तो भारत में आजादी के आंदोलन को बल मिलेगा। युद्ध के दौरान उन्होंने आजादी की माँग में इस दबाव को शामिल भी किया।

सन् 1914 में युद्ध के शुरुआती दिनों में भारतीय सैनिकों की तैनाती पश्चिमी मोरचे पर फ्रांस और बेल्जियम में की गई और उन्होंने 'थेर्प्स' के पहले समर में हिस्सा लिया। सन् 1915 तक असंख्य भारतीय रण-बाँकुरों की शहादत के कारण उन्हें वहाँ के मोरचे से पीछे हटा लिया गया।

गैलिपॉली और उत्तरी तथा पूर्वी अफ्रीका के मोरचे पर भी भारतीय सैन्य दल ने लड़ाई में हिस्सा लिया। तकरीबन 8 लाख भारतीय सैनिक इस लड़ाई का हिस्सा बने, जिनमें से लगभग 47,746 शहीद हुए और लगभग 65,000 जख्मी।

भारतीय सैनिकों को 13,000 वीरता पदक और 12 विक्टोरिया क्रॉस हासिल हुए। पहला विक्टोरिया क्रॉस खुदादाद खान को प्राप्त हुआ।

पश्चिमी मोरचे पर लगभग 1,40,000 भारतीय सैनिक तैनात किए गए

थे, जिनमें से 90,000 अग्रिम मोरचे पर और 50,000 सहायक के रूप में तैनात थे। थेर्प्स के मोरचे पर सिपाही खुदादाद खान ने परम वीरता का परिचय दिया। 129वीं बलूची बटालियन का काम था—घायल या अग्रिम पंक्ति से हटे ब्रिटिश सैनिकों की जगह लेना और जर्मन सेना को फ्रांस तथा बेल्जियम में घुसने से रोकना। अगर जर्मन सेना फ्रांस के बोलोग्ने और बेल्जियम के न्युपूर्ट शहर हथिया लेती तो अंग्रेज सेना की रसद और युद्ध सामग्री की आपूर्ति ठप पड़ जाती। इस मोरचे पर मशीन गनर खुदादाद खान ने अपनी अद्‌भुत सूझबूझ से जर्मन सेना को छका दिया। उनकी सारी बटालियन मारी गई, लेकिन उन्होंने मोरचा नहीं छोड़ा। बाद में पीछे से सहायता आ गई और सैनिकों ने जर्मनों को पीछे खदेड़ दिया।

लगभग 7 लाख भारतीय सैनिक मध्यपूर्व के मोरचे पर डटे हुए थे। उन्होंने मेसोपोटामिया अभियान में तुर्कों को कड़ी टक्कर दी। कई हिंदुस्तानी बटालियनें गैलिपॉली प्रायद्वीप में, कई पूर्वी और पश्चिम अफ्रीका में, कुछ चीन तक आगे बढ़ी हुई थीं।

मार्च 1915 में ब्रिटिश और भारतीय सैन्य टुकड़ियों ने जर्मनी के न्यूवे चैपल पर हमला करके जर्मन की अग्रिम पंक्ति को बुरी तरह से ध्वस्त कर दिया और युद्ध के पहले दिन ही नगर पर कब्जा कर लिया। लेकिन अगले दिन जर्मनी ने अतिरिक्त बल के साथ हमला बोल दिया। तीन दिन चले इस युद्ध में 13,000 ब्रिटिश और हिंदुस्तानी सैनिक शहीद हुए। रसद खत्म होने पर मित्र सेना को पीछे हटना पड़ा। यहाँ भी भारतीय फौजियों ने अपने दमखम को इतिहास में दर्ज करा दिया।

विश्व युद्ध की समाप्ति पर भारत की अर्थव्यवस्था कंगाली के कगार पर पहुँच गई। भारतीय नेताओं को उम्मीद थी कि युद्ध में अंग्रेजों का साथ देने के एवज में वे भारत को गुलामी की जंजीरों से आजाद नहीं करेंगे तो कम-से-कम 'स्वराज' तो दे ही देंगे; लेकिन वैसा नहीं हुआ—शायद दूसरे विश्व युद्ध का इंतजार था।

❑❑❑